Seminar
Wissenschaftspropädeutisches Arbeiten

Erarbeitet von Angelika Gassner, Carmen E. Kühnl,
Peter Riedner, Nicole Sacher und Jens Willhardt

Ernst Klett Verlag
Stuttgart · Leipzig

1. Auflage   1   6   5   4   3   2 | 15   14   13   12   11

Alle Drucke dieser Auflage sind unverändert und können im Unterricht nebeneinander verwendet werden. Die letzte Zahl bezeichnet das Jahr des Druckes.

Das Werk und seine Teile sind urheberrechtlich geschützt. Jede Nutzung in anderen als den gesetzlich zugelassenen Fällen bedarf der vorherigen schriftlichen Einwilligung des Verlages. Hinweis § 52 a UrhG: Weder das Werk noch seine Teile dürfen ohne eine solche Einwilligung eingescannt und in ein Netzwerk eingestellt werden. Dies gilt auch für Intranets von Schulen und sonstigen Bildungseinrichtungen. Fotomechanische oder andere Wiedergabeverfahren nur mit Genehmigung des Verlages.

Auf verschiedenen Seiten dieses Heftes befinden sich Verweise (Links) auf Internet-Adressen. Haftungshinweis: Trotz sorgfältiger inhaltlicher Kontrolle wird die Haftung für die Inhalte der externen Seiten ausgeschlossen. Für den Inhalt dieser externen Seiten sind ausschließlich die Betreiber verantwortlich. Sollten Sie daher auf kostenpflichtige, illegale oder anstößige Inhalte treffen, so bedauern wir dies ausdrücklich und bitten Sie, uns umgehend per E-Mail davon in Kenntnis zu setzen, damit beim Nachdruck der Verweis gelöscht wird.

© Ernst Klett Verlag GmbH, Stuttgart 2011. Alle Rechte vorbehalten. www.klett.de
Programmbereich Klett-Auer

Autorinnen und Autoren: Angelika Gassner, München; Carmen E. Kühnl, München; Peter Riedner, München; Nicole Sacher, München; Jens Willhardt; München

Gestaltung: Image Design Astrid Sitz, Köln
Umschlaggestaltung: weissbunt design und kontext, Berlin
Illustrationen: Uli Knorr, München
Satz: Fotosatz H. Buck, Kumhausen
Druck: Offizin Andersen Nexö, Leipzig

Printed in Germany
ISBN 978-3-12-006133-5

Inhalt

Arbeiten und Lernen mit diesem Buch 5

1. Zielsetzungen des W-Seminars 8
2. Wissenschaftliches Arbeiten 15
3. Kontakte zu Hochschulen 18

Seminararbeit: Zielsetzung 23
1. Themenfindung 25
2. Zeitplanung 35

4. Beschaffen von Informationen 38
4.1 Verschiedene Informationsquellen 38
4.2 Recherche über das Internet 43
4.3 Bibliotheken 52
4.4 Archive und Museen 57
4.5 Recherche in Hörfunk und Fernsehen 63
4.6 Interviews und Umfragen 65

Seminararbeit: Bibliografieren 77

5. Auswerten von Informationen 81
5.1 Texte 81
5.2 Interviews und Umfragen 91
5.3 Statistiken und Diagramme 94
5.4 Archivierung von Informationen 99

6. Auseinandersetzen mit Informationen von unterschiedlichen
   Standpunkten aus 101
6.1 Methode: Moderation 102
6.2 Methode: Pro-Kontra-Diskussion 107
6.3 Methode: Rollenspiel 111

7. Ordnen von Informationen 115
7.1 Strukturieren 115
7.2 Die Mind Map 118

Seminararbeit: Aufbau 120
1. Anordnen 120
2. Gliedern 129
3. Argumentieren 132
4. Zitieren und Urheberrecht 136

Seminararbeit: Fertigstellung 145
  1. Layout 145
  2. Redaktion 147

8. Präsentieren von Ergebnissen 153
8.1 Verschiedene Arten von Präsentationen 153
8.2 Inhaltliche Auswahl und Aufbau 158
8.3 Planung des Medieneinsatzes 164
8.4 Präsentationsmedien 170
8.5 Erstellen eines Redemanuskripts und eines Handouts 176
8.6 Der Vortrag 180

Seminararbeit: Präsentation 184

Liste gängiger Suchmaschinen 185
Liste gängiger Online-Lexika 186
Weiterführende Literatur und Links 186
Stichwortverzeichnis 187
Quellenverzeichnis 190

Arbeiten und Lernen mit diesem Buch

Wesentliche Inhalte und Anliegen

Das Seminar **wissenschaftspropädeutisches Arbeiten** in der Oberstufe des Gymnasiums bereitet Sie gezielt auf das wissenschaftliche Arbeiten als eine wesentliche Anforderung eines jeden Studiengangs und auf die Anforderungen der modernen Arbeitswelt vor. Im Vordergrund steht die systematische Vermittlung von allgemeiner und fachspezifischer **Methodenkompetenz** sowie einer grundlegenden **Fachkompetenz** im W-Seminar. Es kommt aber auch auf die Vermittlung von **Sozial- und Selbstkompetenz** an. Weitere Schwerpunkte sind das Erlernen einer **selbstständigen und fächerübergreifenden Arbeitsweise**. Da sich das in der Schule Gelernte durch eine Abnahme der Halbwertszeit des Wissens sehr rasch ändert, können Sie sich nicht darauf verlassen, in der Schulzeit das Wichtigste für ein ganzes Leben zu lernen. Deshalb werden in diesem Buch über die verschiedenen Kompetenzen hinaus auch wichtige Voraussetzungen für ein lebenslanges Lernen geschaffen.

Ein wesentliches Ziel dieses Buches ist, die notwendigen Voraussetzungen für das Verfassen einer individuellen schriftlichen **Seminararbeit** zu einem Teilaspekt des gewählten Rahmenthemas mit einer Präsentation der Ergebnisse zu schaffen. Dadurch können Sie sich an den aktuellen Standards des wissenschaftlichen Arbeitens an der Hochschule im Zusammenhang mit der Erstellung einer wissenschaftlichen Arbeit orientieren und vorbereiten. Der mit der Anfertigung einer Seminararbeit zusammenhängende Arbeitsprozess erfordert von Ihnen gezielte Planung und Umsetzung sowie präzises und korrektes Arbeiten. Die einzelnen Schritte des Entstehungsprozesses einer Seminararbeit werden in diesem Buch in Abschnitte gegliedert. Ihre Lehrkräfte stehen Ihnen bei der Anfertigung der Seminararbeit beratend zur Seite.

In diesem Buch lernen Sie in einer wissenschaftspropädeutischen Arbeitsweise
- Kompetenzen kennen und diese zu erwerben,
- Methoden zielorientiert anzuwenden,
- wissenschaftlich relevante Informationen zu recherchieren, auszuwerten, zu bewerten, zu strukturieren und aufzubereiten,
- die gewonnenen Lösungen und Ergebnisse in geeigneter Weise zu präsentieren und
- Ihre Seminararbeit anzufertigen.

Heutzutage ist das Gymnasium offen für Partner beispielsweise aus Hochschulen und Forschungseinrichtungen, aber auch aus Unternehmen. Hilfreich bei der Umsetzung dieses Ansatzes ist dabei u. a. eine Einbeziehung von Experten, die das Seminar fachlich kompetent begleiten und beraten. Im Seminar werden dadurch fächerübergreifende Arbeitsweisen, Wirklichkeitsnähe, Praxisbezug und Aktualität vermittelt.

Bestimmte Kompetenzen und Methoden wie Teamentwicklung und Zeitmanagement spielen auch im P-Seminar eine wichtige Rolle. Deshalb können Sie die geforderten Kompetenzen und Methoden verknüpfen und an geeigneten Stellen vertiefen.

Dieses Buch schafft wichtige **allgemeine Grundlagen** für die Bearbeitung von Seminarthemen aus unterschiedlichen Fächern bzw. Fachbereichen. In Abhängigkeit vom ausgewählten Seminarthema und Fachbereich gibt es jedoch ein unterschiedliches Angebot an Ansatzpunkten. Bestimmte fachspezifische Methoden werden deshalb von der Seminarfachlehrkraft wiederholt, vertieft oder zusätzlich eingeführt. Ziel dieses Buches ist also nicht die konkrete Umsetzung des an Ihrer Schule ausgewählten individuellen Seminarthemas und der damit zusammenhängenden Themen der Seminararbeit, sondern eine allgemeine Grundlage für W-Seminare.

Die Vermittlung der Inhalte dieses Buches kann je nach Konzeption des Seminarthemas sowohl im Block als auch in einzelnen Bausteinen erfolgen. Die Reihenfolge des Vorgehens und die Auswahl der Inhalte erfolgen deshalb individuell. Denkbar ist auch, dass die dargestellten Inhalte und die ausgewählten Methoden mit unterschiedlicher Intensität in das W-Seminar einbezogen werden.

Konzept und Aufbau dieses Buches

Der Aufbau dieses Buches orientiert sich am Entstehungsprozess der Behandlung eines Seminarthemas und den damit zusammenhängenden Seminararbeiten. Aufgrund unterschiedlicher Schwerpunktsetzungen und Anforderungen im individuellen W-Seminar und den jeweiligen Seminararbeiten erfordert dieser Ansatz Flexibilität bei der Auswahl von Inhalten, Materialien, Methoden und Arbeitsanweisungen. Das Bausteinprinzip schafft die notwendigen Spielräume.

Die Seminararbeit ist in diesem Buch nicht in einem Komplex, sondern in verschiedenen Etappen des Entstehungsprozesses dargestellt. Die entsprechenden Abschnitte lassen sich durch einen gelben Seitenrand schnell auffinden.

Arbeitsanweisungen werden durch blau unterlegte Kästen und ein entsprechendes Piktogramm hervorgehoben. Sie haben unterschiedliche Zielsetzungen und sollen z. B. motivieren und Impulse setzen, dienen aber ebenso der Wiederholung und Einübung von Lerninhalten, der Anwendung von Methoden, der Vertiefung, der gedanklichen Weiterführung und der fächerübergreifenden Verknüpfung. Arbeitsanweisungen berücksichtigen verschiedene Schwierigkeitsgrade, ermöglichen Einzel- oder Teamarbeit und ergänzen den Unterricht durch Vorschläge zur häuslichen Übung oder Vorbereitung. Die vielfältigen Arbeitsanweisungen sind als Anregungen gedacht; eine sinnvolle Auswahl wird dringend empfohlen. Je nach Interesse können Sie selbstständig eigene Schwerpunkte setzen und Ihr Wissen bzw. Ihre Kompetenzen – z. B. durch weitere Recherchen – vertiefen.

Im Rahmen Ihres Seminars ist es ein zentrales Anliegen, dass Sie sich über das Seminar hinaus weiter informieren. Nützliche Literaturtipps und weiterführende Internet-Adressen sind durch ein Info-Piktogramm besonders gekennzeichnet. Darüber hinaus geben eine Übersicht über die gängigen Suchmaschinen und Online-Lexika sowie weitere Literaturempfehlungen am Ende dieses Buches konkrete Hinweise auf Möglichkeiten der Informationsbeschaffung.

Verschiedene Checklisten sind hilfreich für eine systematische Bearbeitung von ausgewählten Sachverhalten. Sie erleichtern ein zielorientiertes Vorgehen.

In diesem Buch werden verschiedene wichtige **Methoden** systematisch eingeführt und angewendet. Die dargestellten Methoden können flexibel eingesetzt werden. Sie sind einerseits eine wichtige Grundlage für die Umsetzung dieses Seminars, andererseits eignen sie sich auch für die Bearbeitung Ihres Seminarthemas, z. B. die Durchführung einer Expertenbefragung. Wichtig sind auch die Querverbindungen zu Methoden, die im P-Seminar schwerpunktmäßig zur Anwendung kommen. Inhalte veralten teilweise schnell, weniger jedoch die Methoden. Aus Gründen der Übersichtlichkeit wurden die vielfältigen Methoden in diesem Band nicht eigens gekennzeichnet.

Im Seminar spielen Praxisbezug, Aktualität und Anschaulichkeit eine große Rolle. Die entsprechenden **Arbeits- und Informationstexte** sind hellblau unterlegt, Beispiele gelb.

Im **Inhaltsverzeichnis** können Sie sich schnell über die wesentlichen Inhalte und Methoden informieren, die das Buch Ihnen anbietet. Wichtige Stichwörter finden Sie alphabetisch geordnet in einem **Stichwortverzeichnis.**

Wir wünschen Ihnen beim Seminar und beim Arbeiten mit diesem Buch viel Freude und Erfolg. Anregungen zur Verbesserung nehmen die Autoren und der Verlag gern entgegen.

Die Verfasser

1 Zielsetzungen des W-Seminars

Abb. 1.1: Studenten recherchieren in der Universitätsbibliothek für eine Seminararbeit – auf diese und andere Anforderungen eines Hochschulstudiums bereitet Sie das W-Seminar vor.

Ein wesentliches Ziel der gymnasialen Oberstufe ist die Vorbereitung der Schülerinnen und Schüler auf die Anforderungen in Hochschule und Arbeitswelt. Im wissenschaftspropädeutischen Seminar (W-Seminar) werden grundlegende neue Impulse gesetzt, damit Sie diese Anforderungen besser bewältigen können. **Wissenschaftspropädeutik** bedeutet die Hinführung zu wissenschaftlichen Arbeitsweisen und Methoden, wie sie später in jedem Studiengang gefordert werden. Ziel dieses methodischen Ansatzes ist der Erwerb von **Kompetenz im wissenschaftlichen Arbeiten** an exemplarisch vertieften Fachinhalten des Seminarthemas. Am Ende dieses Lernprozesses stehen Ihre selbstständig verfasste Seminararbeit und deren Präsentation (siehe auch „Seminararbeit: Zielsetzung"). Weiterführende Ausführungen zur Wissenschaftspropädeutik und zum wissenschaftlichen Arbeiten finden sich in Kapitel 2.

Was genau ist unter „Kompetenz im wissenschaftlichen Arbeiten" zu verstehen? Wie Abb. 1.2 zeigt, nimmt **Methodenkompetenz** dabei einen hohen Stellenwert ein. Im W-Seminar geht es also in Bezug auf die Methodenkompetenz darum, wissenschaftliche Informationen

- zu beschaffen (siehe Kapitel 4),
- auszuwerten (siehe Kapitel 5),
- unter Einbeziehung unterschiedlicher Perspektiven zu diskutieren (siehe Kapitel 6),
- zu ordnen (siehe Kapitel 7),
- schriftlich darzustellen (siehe Abschnitte zur Seminararbeit) sowie
- anschaulich zu präsentieren (siehe Kapitel 8).

Verschiedene der in Abb. 1.2 dargestellten Methodenkompetenzen haben Sie in Grundzügen bereits in der Unter- und Mittelstufe kennengelernt. Mit dem folgenden Fragenbogen (S. 10) können Sie ermitteln, in welchen Kompetenzen Sie bereits gute Kenntnisse und Fähigkeiten haben und bei welchen Kompetenzen Sie noch Hilfestellungen benötigen. Der Fragebogen kann je nach Seminarthema individuell variiert und erweitert werden.

1 Zielsetzungen des W-Seminars

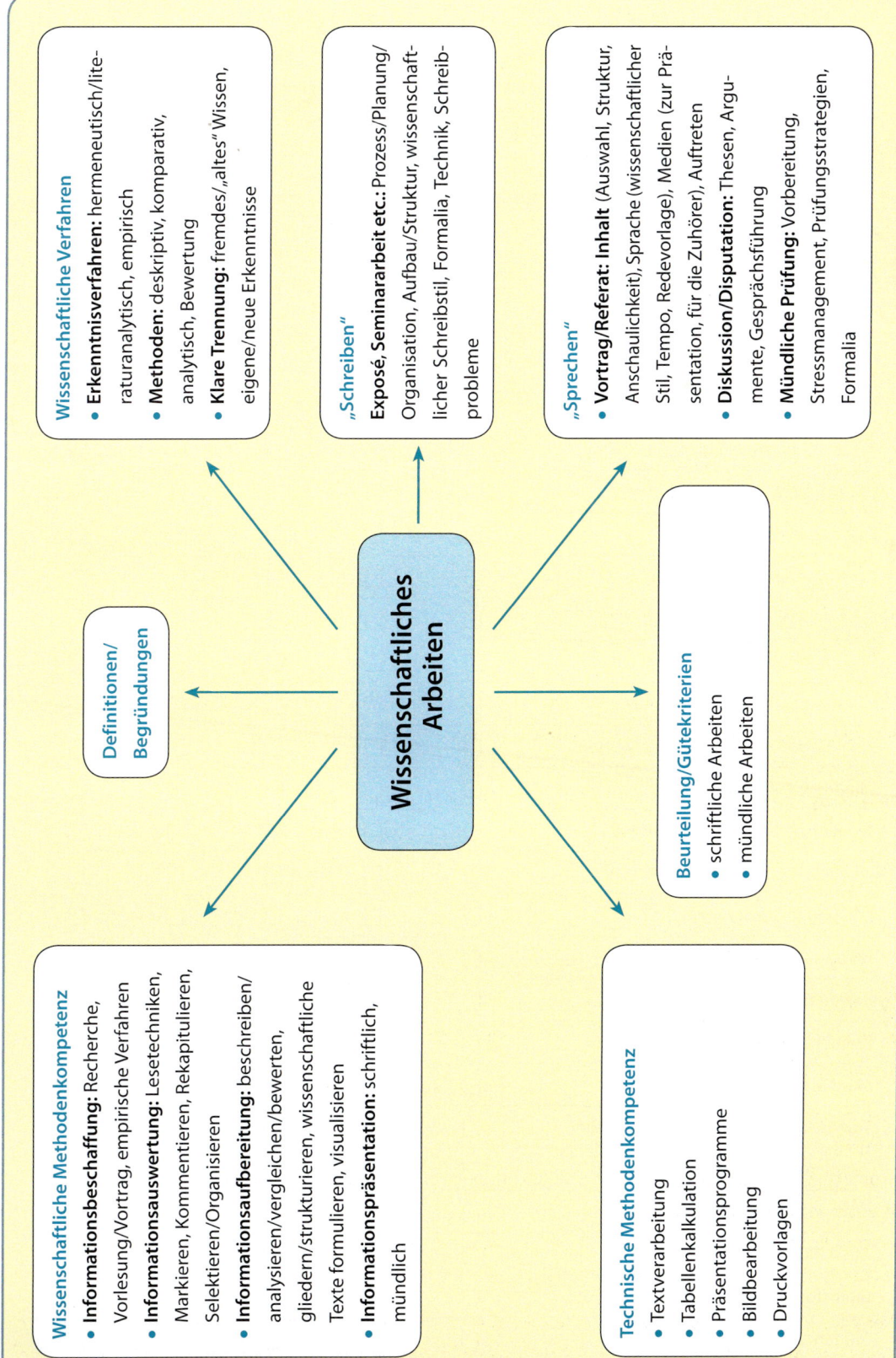

Abb. 1.2: Bereiche des wissenschaftlichen Arbeitens (Quelle: nach Kerstin Vonderau, in wpv-Mitteilungen Nr. 1/2008, S. 19)

1. Kopieren Sie den Fragebogen und stellen Sie mit seiner Hilfe fest, inwieweit Sie bereits Kenntnisse und Fähigkeiten in den einzelnen Kompetenzen haben!
2. Werten Sie im Team die ausgefüllten Fragebögen des gesamten W-Seminars aus und stellen Sie die Ergebnisse in geeigneter Form dar, um davon ausgehend Schwerpunkte in Ihrem Seminar festzulegen!

Fragebogen zur Ermittlung der Methodenkompetenzen

Aufgrund meiner Selbsteinschätzung kann ich bereits Folgendes leisten

	trifft voll zu	trifft zu	trifft in etwa zu	trifft kaum zu	trifft nicht zu
Selbstständig arbeiten	☐	☐	☐	☐	☐
Niederschriften anfertigen	☐	☐	☐	☐	☐
Unterstreichtechnik anwenden	☐	☐	☐	☐	☐
Ergebnisse darstellen	☐	☐	☐	☐	☐
Ziele formulieren	☐	☐	☐	☐	☐
Exzerpte erstellen	☐	☐	☐	☐	☐
Im Internet recherchieren	☐	☐	☐	☐	☐
In der Bibliothek recherchieren	☐	☐	☐	☐	☐
Fragebogen erstellen und auswerten	☐	☐	☐	☐	☐
Interview vorbereiten und durchführen	☐	☐	☐	☐	☐
Teamarbeit erfolgreich gestalten	☐	☐	☐	☐	☐
Wissenschaftliche Texte auswerten	☐	☐	☐	☐	☐
Erkundung vorbereiten	☐	☐	☐	☐	☐
Vortrag effektiv halten	☐	☐	☐	☐	☐
PowerPoint nutzen	☐	☐	☐	☐	☐
Dateien verwalten	☐	☐	☐	☐	☐
Mind Maps entwerfen	☐	☐	☐	☐	☐
Eigene Meinung begründet darstellen	☐	☐	☐	☐	☐
Zeitmanagement planen	☐	☐	☐	☐	☐
Notizen zu einem Vortrag erstellen	☐	☐	☐	☐	☐
Ausstellungen gestalten	☐	☐	☐	☐	☐
Brainstorming durchführen	☐	☐	☐	☐	☐
Moderation durchführen	☐	☐	☐	☐	☐
Präsentationen vornehmen	☐	☐	☐	☐	☐

Neben den allgemeinen Methodenkompetenzen wiederholen, vertiefen oder erarbeiten Sie je nach Rahmenthema Ihres Seminars bestimmte **fachspezifische Methoden**. Diese hängen vom jeweiligen Untersuchungsgegenstand ab, z. B.

- **Fremdsprachen:** gezielte Arbeit mit Wörterbüchern
- **Naturwissenschaften:** präzise Messung von Daten und deren Auswertung sowie Dokumentation
- **Deutsch:** Tonaufnahme von Sprachbeispielen und deren Transkription (schriftliche Wiedergabe)
- **Mathematik:** Umgang mit Formeln und Grafiken (Erstellung und Einbindung)
- **Geschichte:** Interviews mit Zeitzeugen
- **Sport:** Durchführung und Auswertung eines sportmotorischen Tests
- **Wirtschaft und Recht:** Analyse von wirtschaftlichen Kennzahlen

Weitere Hinweise zu besonderen Arbeitsweisen und Methoden in den verschiedenen Fächern finden sich im Kapitel „Seminararbeit: Themenfindung".

Mit den fachspezifischen Methodenkompetenzen hängt auch die Vertiefung Ihrer **Fachkompetenz** eng zusammen. Beispielsweise wenden Sie in einem Mathematik-Seminar bei der Lösung von komplexen Anwendungsfällen vor allem logisches und analytisches Denken an, während Sie in einem Kunst-Seminar z. B. Ihr räumliches Vorstellungsvermögen bei der Gestaltung von Plastiken trainieren.

Ebenfalls von Bedeutung ist im W-Seminar der Erwerb von **Sozialkompetenz**, z. B. im Rahmen einer moderierten Diskussion oder eines Rollenspiels. Dazu gehören z. B.

- **Kooperationsbereitschaft:** mit Konflikten umgehen, im Team arbeiten …
- **Kommunikationsfähigkeit:** Gesprächsregeln beachten, logisch argumentieren …
- **Kritikfähigkeit:** Feedback geben, mit Kritik umgehen …

Nicht zuletzt spielt auch Ihre **Selbstkompetenz** eine Rolle, z. B. in Bezug auf

- **Selbstdisziplin:** Zeitpläne einhalten, Geduld aufbringen …
- **Selbstständigkeit:** Ziele formulieren, kreative Lösungen finden …
- **Urteilsfähigkeit:** Standpunkte bewerten, die eigene Meinung begründen …

Neben der Wissenschaftspropädeutik gehört auch ein möglichst anwendungsbezogenes und handlungsorientiertes Vorgehen zu den methodischen Ansätzen des W-Seminars, um Wissen und Kompetenzen nachhaltig zu verankern. In Abhängigkeit vom gewählten Seminarthema spielen deshalb **Handlungsorientierung** und **Praxisbezug** eine wichtige Rolle, z. B. durch die Planung und Durchführung eines Rollenspiels (siehe Kapitel 6) oder den Kontakt zu Hochschulen (siehe Kapitel 3).

Darüber hinaus stellt die **fächerübergreifende Zusammenarbeit** je nach Seminarthema einen wichtigen methodischen Ansatz dar, um interdisziplinäres Denken, d. h. Denken über den „Tellerrand" des eigenen Faches hinaus, gezielt zu fördern – eine weitere Anforderung, die Sie in Hochschule und Arbeitswelt erwartet.

Abb. 1.3 (S. 12) zeigt zusammenfassend die methodischen Ansätze und Zielsetzungen des W-Seminars:

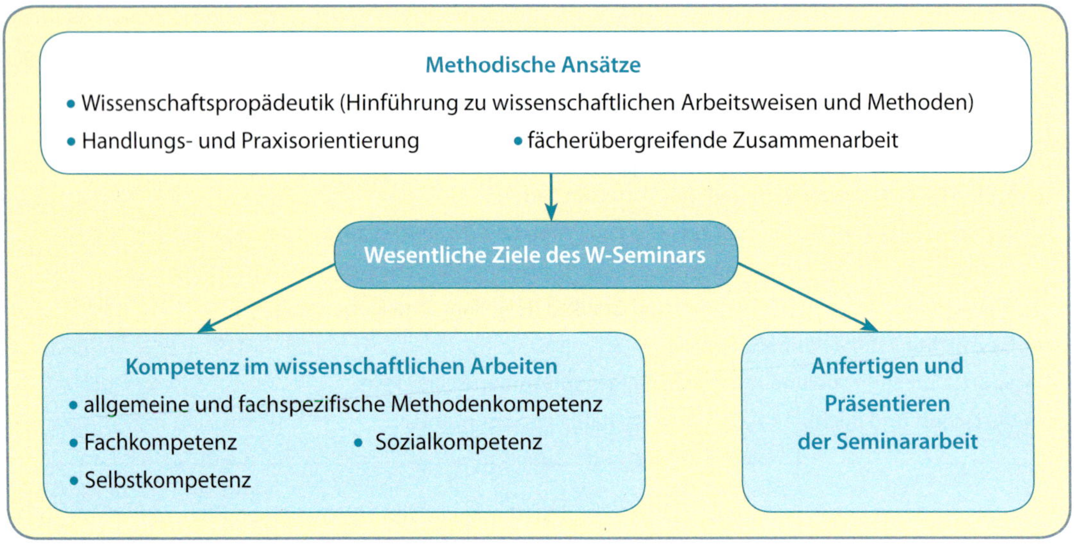

Methodische Ansätze

- Wissenschaftspropädeutik (Hinführung zu wissenschaftlichen Arbeitsweisen und Methoden)
- Handlungs- und Praxisorientierung
- fächerübergreifende Zusammenarbeit

Wesentliche Ziele des W-Seminars

Kompetenz im wissenschaftlichen Arbeiten
- allgemeine und fachspezifische Methodenkompetenz
- Fachkompetenz
- Sozialkompetenz
- Selbstkompetenz

Anfertigen und Präsentieren der Seminararbeit

Abb. 1.3: Methodische Ansätze und wesentliche Ziele des W-Seminars

Wie die dargestellten Kompetenzen konkret in einem Studium zur Geltung kommen, zeigt das folgende Interview, das ein Schülerteam des Gymnasiums München/Moosach mit dem Privatdozenten Dr. Andreas Ruffing von der Technischen Universität München (TUM) geführt hat.

Dr. Andreas Ruffing, Technische Universität München

Welche Kompetenz erwarten Sie als Hochschullehrer im Fach Mathematik vor allem?

Sehr wichtig ist die Fähigkeit, mathematische Schlussfolgerungen richtig und effizient zu treffen. Dies setzt stets logisches und analytisches Denken voraus. Sowohl bei der Untersuchung theoretischer Fragestellungen wie bei der Behandlung von Problemen aus der angewandten Wissenschaft Mathematik und angrenzender Wissenschaften sind diese Voraussetzungen wesentlich. Hierbei hilft es sehr, wenn man eine große Freude an mathematischen Strukturen mitbringt. Mathematik ist nicht nur schön, sie stellt auch oft harte Arbeit dar. Die Fähigkeit, sich konsequent mit einem aufgeworfenen Problem auseinanderzusetzen, ohne vorschnell aufzugeben, sollte man daher unbedingt besitzen.

Welche Bedeutung haben dabei Fach- und Methodenkompetenz?

Ein großer Vorteil mathematischen Arbeitens ist die Entscheidbarkeit, ob eine Schlussfolgerung, eine Berechnung oder der Ansatz eines Beweises richtig oder falsch sind. Hierin unterscheidet sich die Mathematik bisweilen von den Naturwissenschaften, in denen es vor allem darum geht, brauchbare und nicht in erster Linie wahre Aussagen zu formulieren.

Auf der Seite der Methodenkompetenz ist das Arbeiten mit Materialien aus Bibliotheken und Datenbanken von großer Bedeutung. Viele mathematische Resultate sind einerseits in Standard-Lehrbüchern zu finden. Auf der anderen Seite gibt es auch eine Menge Spezialwissen, das aus wissenschaftlichen Fachzeitschriften und dem Internet bezogen werden kann.

Wichtige Methoden sind auch im Umgang mit Datenverarbeitungssystemen, Programmiersprachen sowie Text- und Formelverarbeitungsprogrammen zu sehen. Viele mathematische Probleme lassen sich mit sogenannten Algorithmen behandeln, also klar formulierten Schritten zur Lösung eines Problems. Der Umgang mit solchen Rechenverfahren und ihr Entwurf sind bei den mathematischen Methoden unverzichtbar. Mathematische Resultate werden in der Regel durch Fachvorträge in Seminaren oder auf Konferenzen präsentiert. Daher sollte sich ein Mathematiker schon früh mit dem Vortragen und Darstellen seiner Resultate beschäftigen.

Spielen im Studium auch Sozial- und Selbstkompetenz eine Rolle?
Selbstdisziplin und die Bereitschaft zur Übernahme von Verantwortung sind wichtige Voraussetzungen, um mathematische Forschung betreiben zu können. Weiterhin: Mathematik macht nicht an irgendeiner Staatsgrenze halt, sie ist international. Daher ist die Beschäftigung mit englischsprachiger Literatur ebenso wichtig wie die Fähigkeit, ein mathematisches Problem in Englisch zu beschreiben. Internationalität im Auftreten und die Fähigkeit, mit anderen Kulturen tolerant umzugehen, sind hierbei stets wichtige Voraussetzungen. Man sollte sich zudem nicht von fehlgeschlagenen Versuchen abbringen lassen, an spannenden mathematischen Fragen zu arbeiten. Eine wichtige Aufgabe für einen jungen mathematischen Forscher besteht auch darin, die eigene Kreativität erst einmal zu entdecken und zu erkennen, was einen individuell zum Auffinden neuer mathematischer Sachverhalte inspiriert.

Was erwarten Sie in puncto Teamfähigkeit von Ihren Studierenden?
Bereits im Studium wird es in zunehmendem Maße wichtig, mit anderen Menschen zusammen ein Problem erfolgreich zu lösen, und sich nicht ausschließlich selbst damit zu beschäftigen. Auch später in der Forschung wird oftmals an ein und derselben Problematik an verschiedenen Orten auf der Erde gearbeitet. Eine wichtige Eigenschaft liegt in der gemeinsamen Organisation einer Problemlösung bzw. dem gemeinsamen Erreichen eines Ziels. Dies betrifft sowohl die abstrakte mathematische Aufgabenstellung wie auch konkrete Ziele des wissenschaftlichen Miteinanders, z. B. die Organisation einer wissenschaftlichen Tagung oder Konferenz.

Wie haben sich nach Ihren Beobachtungen die Kompetenzen bei Referaten oder Präsentationen in den vergangenen Jahren entwickelt?
Referate werden – auf einer langen Zeitskala betrachtet – immer besser und ausgefeilter. Hierbei ist in Seminaren oftmals zu beobachten, dass sich die Vortragenden gesteigert um die Empathie der Zuhörer, d. h. das Einfühlungsvermögen für andere Studierende, bemühen. Oftmals trifft man bereits bei den Vorträgen von relativ jungen Studierenden auf hervorragende mediale Präsentationen, z. B. Powerpoint oder die Verwendung von dynamischer Software-Geometrie.

Welche Beobachtungen haben Sie bei der Korrektur von wissenschaftlichen Arbeiten wie Konzepten in Seminaren oder Vordiplom- oder Zwischenprüfungen gemacht?
Um als Studierender einer wissenschaftlichen Arbeit bereits eine weitgehende Qualität zu geben, ist in der Regel das wissenschaftliche Mentoring von zentraler Bedeutung: Es ist eindrucksvoll zu sehen, wie Studierende unter gezielter und intensiver Anleitung erfolgreiche Konzepte mathematischen Arbeitens übernehmen. Auch an einer zeitlich früher angesiedelten Stelle, nämlich dem Übergang Schule/Hochschule, ist es zu einer deutlichen Qualitätssteigerung gekommen und zwar durch die Einrichtung sogenannter Brückenprogramme wie etwa dem Programm „AbiTUMath": Hier werden begabten und interessierten Schülerinnen und Schülern durch angeleitete Zusammenarbeit mit Studierenden frühzeitig Einblicke in mathematische Sachverhalte vermittelt. Die Leistungen in Vordiploms- und Zwischenprüfungen sowie auch in Diplomprüfungen sind in der Regel sehr erfreulich. Wer das Niveau und den Status eines Diplomanden schon erreicht hat, besitzt heutzutage bereits tiefe Einblicke in die Mathematik und ihren unendlich geistigen Reichtum.
Herzlichen Dank für das Interview!

Interessant sind auch die Ergebnisse einer Kollegenumfrage von Prof. Dr. Markus Janka von der Ludwig-Maximilians-Universität München:

Kompetenzprofil „Studierfähigkeit"

- Fachliches Können und Weiterstreben: Solides Einstiegsniveau und Erkenntnisinteresse
- Aufgeschlossenheit für die Eigenart wissenschaftlichen Fragens [...]
- Auffassungsgabe für die an fachliche Gegenstände gebundene Methodenschulung [...]
- Korrektheit und Präzision im schriftlichen und mündlichen Ausdruck, Argumentationsfähigkeit
- Rhetorische Gewandtheit
- Offenheit für fächerverbindendes Denken [...]
- Ausbildung fundierten Urteilsvermögens [...]
- Frustrationstoleranz
- Entwicklung von gegenstandsadäquaten Lernstrategien
- Selbstorganisation/Bereitschaft zum zunehmend selbstgesteuerten Erkenntnisgewinn [...]
- Sozialkompetenz [...]

Referat von Prof. Dr. Markus Janka am 16. Oktober 2007 zum Thema „Wissenschaftspropädeutisches Arbeiten in der Oberstufe" an der Akademie für Lehrerfortbildung und Personalführung in Dillingen

3. Fassen Sie die Kernaussagen des Interviews mit Dr. Andreas Ruffing zusammen!
4. Diskutieren Sie im W-Seminar, welche Folgerungen die Aussagen der Hochschulvertreter auf die Arbeitsweisen in Ihrem W-Seminar haben könnten! Vergleichen Sie Ihre Erwartungen mit den folgenden Aussagen von Schulen, die am Schulversuch „Neue gymnasiale Oberstufe in Bayern" teilgenommen haben!

Die Schülerinnen und Schüler sind ein Stück weit erwachsener geworden und haben – z.T. erstmals – selbst Verantwortung für ihr Lernen und Arbeiten übernommen. Manche brauchten sehr lange, um zu erkennen, dass die Lehrkraft wirklich nicht mehr ist als Coach, Berater und Impulsgeber. [...] Die Vorstellung, über ihr selbst gewähltes Thema vor einer nichtschulischen Öffentlichkeit zu sprechen, ist für meine Schülerinnen und Schüler von Anfang an mindestens so aufregend gewesen wie die Erstellung einer Arbeit mit wissenschaftlichem Anspruch.
(Helene-Lange-Gymnasium Fürth)

Die Seminarform stellt für einige Schülerinnen und Schüler ungewohnte Anforderungen in Bezug auf selbstständiges Arbeiten (Literaturrecherche, Präsentationstechnik, Erfassen wesentlicher Aussagen wissenschaftlicher Texte). [...] Die Seminarform ermöglicht es den Schülerinnen und Schülern, ihre Neigungen und Interessen zur Geltung zu bringen. Dies steigert die Motivation deutlich. [...] Leider ist die erforderliche Einsatzfreude nicht selbstverständlich und muss entwickelt werden.
(Gymnasium Kirchheim)

Schüler können unglaublich viel „fürs Leben lernen". Planung und Durchführung eines größeren Vorhabens, Bedeutung von Zuverlässigkeit und Pünktlichkeit, wie gelingt Kommunikation, welche Stärken und Schwächen bringe ich in ein Team ein. All das kann unglaublich schwierig und nervenaufreibend oder unglaublich produktiv sein. [...]
(Klenze-Gymnasium München)

Staatsinstitut für Schulqualität und Bildungsforschung. Die Seminare in der gymnasialen Oberstufe. München, 2. Aufl. 2008, S. 10 f.

2 Wissenschaftliches Arbeiten

Wie im vorherigen Kapitel bereits erläutert, ist wissenschaftspropädeutisches Arbeiten und damit die Hinführung zu wissenschaftlichen Arbeitsweisen und Methoden ein Kernanliegen des W-Seminars. Was aber genau macht wissenschaftliches Arbeiten aus? Laut dem italienischen Schriftsteller und Medienwissenschaftler Umberto Eco ist eine Untersuchung wissenschaftlich, wenn sie die folgenden Anforderungen erfüllt:

> 1. Die Untersuchung behandelt einen erkennbaren Gegenstand, der so genau umrissen ist, dass er auch für Dritte erkennbar ist. […]
> 2. Die Untersuchung muss über diesen Gegenstand Dinge sagen, die noch nicht gesagt worden sind, oder sie muss Dinge, die schon gesagt worden sind, aus einem neuen Blickwinkel sehen. […]
> 3. Die Untersuchung muss für andere von Nutzen sein. […]
> 4. Die Untersuchung muss jene Angaben enthalten, die es ermöglichen, nachzuprüfen, ob ihre Hypothesen falsch oder richtig sind, sie muss Angaben enthalten, die es ermöglichen, die Auseinandersetzung in der Öffentlichkeit fortzusetzen.
>
> *Eco, Umberto. Wie man eine wissenschaftliche Abschlussarbeit schreibt. Doktor-, Diplom- und Magisterarbeit in den Geistes- und Sozialwissenschaften. 6., durchges. Auf. der deutschen Ausgabe. Heidelberg: C. F. Müller 1993, S. 40-45 (Rechtschreibung angepasst)*

Diese Kriterien gelten gleichermaßen für wissenschaftliches Arbeiten in den Natur-, Geistes- oder Sozialwissenschaften, und somit auch übergreifend für alle W-Seminare. Welche Methoden jedoch in den einzelnen Fachbereichen zum Einsatz kommen, ist höchst unterschiedlich und hängt vom jeweiligen Untersuchungsgegenstand ab. Weitere Hinweise zu besonderen Arbeitsweisen und Methoden in den verschiedenen Fächern finden sich im Kapitel 1 sowie im Kapitel „Seminararbeit: Themenfindung".

Standards des wissenschaftlichen Arbeitens

Im Folgenden werden wichtige Aspekte wissenschaftlichen Arbeitens näher erläutert, die für alle Fachbereiche gelten und auch für Ihre eigene Seminararbeit von Bedeutung sind. In der Literatur zum wissenschaftlichen Arbeiten werden beispielsweise folgende Standards des wissenschaftlichen Arbeitens genannt:

- **Systematisch:** Eine wissenschaftliche Arbeit muss einen klaren Aufbau aufweisen, um den Gang der Untersuchung nachvollziehbar zu machen. In einer Seminararbeit mit einem Experiment ist es zum Beispiel wichtig, den Versuchsaufbau genau zu beschreiben und erst dann die Ergebnisse zu analysieren und zu interpretieren. Weiterhin ist es wichtig, sich durchgängig an eine bestimmte Herangehensweise zu halten, z. B. indem man sich einem Thema **deduktiv** – also vom Allgemeinen zum Besonderen – oder **induktiv** – vom Besonderen zum Allgemeinen – nähert. Wichtige Hinweise zum Anordnen der Seminararbeit und deren logische Darstellung erhalten Sie in den Kapiteln 7 sowie „Seminararbeit: Aufbau".
- **Objektiv:** Wie auch Eco fordert, muss eine wissenschaftliche Arbeit sämtliche Quellen genau angeben (siehe Kapitel „Seminararbeit: Bibliografieren" sowie „Seminararbeit: Zitieren und Urheberrecht"). Zudem muss jede Behauptung nachvollziehbar begründet werden (siehe Kapitel „Seminararbeit: Argumentieren"). Vermeiden Sie daher rein subjektive Äußerungen und achten Sie auf eine ausgewogene Auswahl der Quellen, die auch unterschiedliche Meinungen berücksichtigt. **Objektivität** spielt – neben den anderen Gütekriterien **Reliabilität** (Zuverlässigkeit) und **Validität** (Gültigkeit) – auch bei Messungen innerhalb von Experimenten, aber auch bei Befragungen eine wichtige Rolle (siehe Kapitel 4.6).

- **Eigenständig:** Wissenschaftliches Arbeiten zeichnet sich dadurch aus, dass man eigene Überlegungen zu einem Thema anstellt. Dabei spielt die Auseinandersetzung mit anderen Arbeiten eine wesentliche Rolle. Ziel sollte stets sein, einen eigenen Beitrag für die wissenschaftliche Forschung zu leisten. Dabei kann es im Rahmen des W-Seminars nicht darum gehen, „das Rad neu zu erfinden" und z. B. eine neue mathematische Formel zu entdecken. Ein wissenschaftlicher Beitrag zeichnet sich dadurch aus, dass man einen Gegenstand aus einer anderen Perspektive betrachtet, z. B. die Frauenbewegung des 21. Jahrhunderts aus dem Blickwinkel der Literatur.
- **Präzise:** Die wesentlichen Begriffe einer wissenschaftlichen Arbeit müssen genau definiert werden, damit dem Leser klar wird, auf welchen Grundlagen die Arbeit beruht (siehe auch folgenden Abschnitt). In einer Seminararbeit zum Thema „Fitness" ist es beispielsweise wichtig zu definieren, was unter dem Begriff „Fitness" genau zu verstehen ist.

Definieren von Begriffen

Wie oben bereits gesagt, ist es in einer wissenschaftlichen Arbeit wichtig, besonders die Kernbegriffe sauber zu definieren. Dabei gibt es keine „richtigen" oder „falschen", sondern präzise oder unpräzise, für einen bestimmten Zweck geeignete oder ungeeignete Definitionen. Grundsätzlich lassen sich zwei Arten von Begriffsbestimmungen unterscheiden:

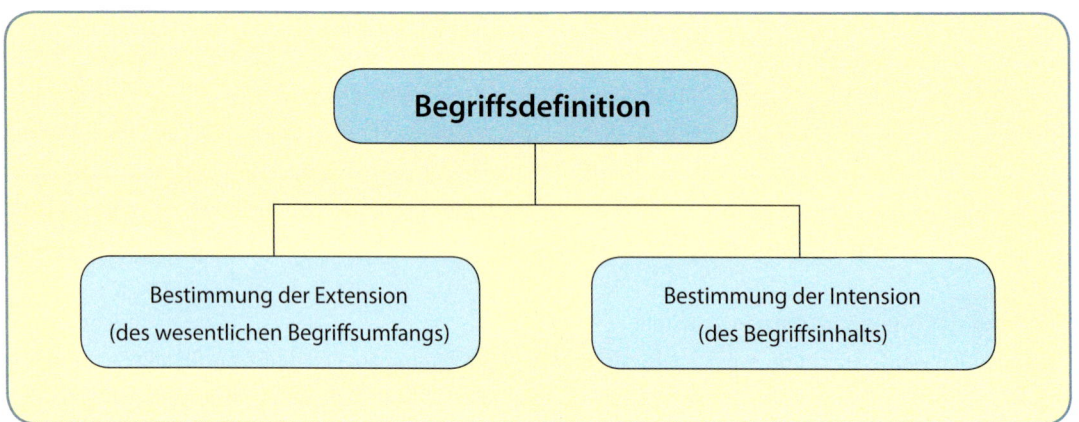

Abb. 2.1: Arten von Begriffsbestimmungen

Bestimmung der Extension (= des Begriffsumfangs)

In diesem Fall zählt man das auf, was unter den Begriff fällt. Man behandelt also einen Begriff wie eine Menge, die durch die in ihr enthaltenen Elemente bestimmt wird. Im Falle des Begriffs „Planet" würden also alle bekannten Planeten aufgezählt.

Bestimmung der Intension (= des Begriffsinhalts)

In diesem Fall ist es Ziel, den zu definierenden Begriff möglichst präzise zu umschreiben, z. B. mithilfe von wesentlichen Merkmalen und Eigenschaften oder mithilfe von Besonderheiten, mit denen sich der Begriff von verwandten Begriffen abgrenzen lässt. Oftmals ist es sinnvoll, die Herkunft des Begriffs anzugeben, um so erste Hinweise auf den Begriffsinhalt zu erhalten, z. B. wie im folgenden Beispiel.

Chanson [das, früher bzw. in der Alten Musik: die; französisch, „Lied"], ursprünglich die gesungene epische und lyrische Dichtung, vom altfranzösischen Heldenlied *(Chanson de geste)* bis zum Volkslied *(Chanson populaire)*; entfaltete sich, von den Troubadours ausgehend, in der Renaissance zu höchster Blüte; Hauptmeister: *C. Janequin*. Weiterentwicklung zum Madrigal. Heute versteht man unter Chanson
5 das Kabarettlied.

Wissen Media Verlag (www.wissen.de).02.06.2009. http://www.wissen.de/wde/generator/wissen/ressorts/bildung/index,page=1073964.html

Chanson (französisch *chanson:* Lied), im französischen Mittelalter zunächst jedes einstimmig gesungene Gedicht, später überwiegend ein dreistimmiges Lied mit liedhafter, gesungener Oberstimme und zwei instrumentalen Begleitstimmen. Seit Ende des 13. Jahrhunderts bis zur Gegenwart wandelte sich das
10 Chanson auf vielfältige Weise.

MSN Encarta (http://encarta.msn.com). 02.06.2009. http://de.encarta.msn.com/encyclopedia_721525501/Chanson.html

1. Vergleichen Sie die beiden Definitionen hinsichtlich ihrer Bestandteile und ihrer Klarheit!

Definitionen sind von Menschen konstruiert und deshalb auch Änderungen unterworfen, z. B. im Fall der Definition von „Planet", als die Diskussion um den Status von Pluto aufkam. Zudem sind Begriffe oft je nach Kontext unterschiedlich zu verstehen. Der Begriff „Relativität" etwa bedeutet in der Alltagssprache etwas anderes als im Zusammenhang mit der Physik Einsteins. Eine gelungene Definition zeichnet sich durch folgende Eigenschaften aus:

- **Vermeidung negativer Bestimmung:** So ist die Aussagekraft einer Definition „Ein Dreieck ist kein Kreis" nur sehr gering, da nicht gesagt wird, was ein Dreieck tatsächlich auszeichnet.
- **Trennschärfe, Präzision und allgemeine Anerkennung:** Die Bestimmung sollte möglichst genau sein. Beispielsweise reicht die Definition „Arrangement" für den Begriff „Medley" in der Musik nicht aus, um diesen Begriff exakt zu erfassen.
- **Nachvollziehbarkeit:** Eine Umschreibung eines Begriffs darf nicht Teil dieses Begriffs sein, wie etwa in der Definition „Emotionen gehen mit Gefühlen einher".

2. Wählen Sie einen Kernbegriff aus dem Rahmenthema Ihres W-Seminars aus und definieren Sie diesen! Erläutern Sie am Beispiel dieses Begriffs, welche Art des Definierens für wissenschaftliche Arbeiten die geeignetere ist!

3 Kontakte zu Hochschulen

Abb. 3.1: Schüleruni im Fachbereich Physik an der Technischen Universität Dortmund

Im Rahmen des W-Seminars bietet sich eine Zusammenarbeit mit dem Hochschulbereich an, denn wissenschaftspropädeutisches Arbeiten bedeutet, wissenschaftliche Arbeitsweisen einzuüben, die an der Hochschule üblich sind. Folgende Kontakte sind denkbar (Abb. 3.2):

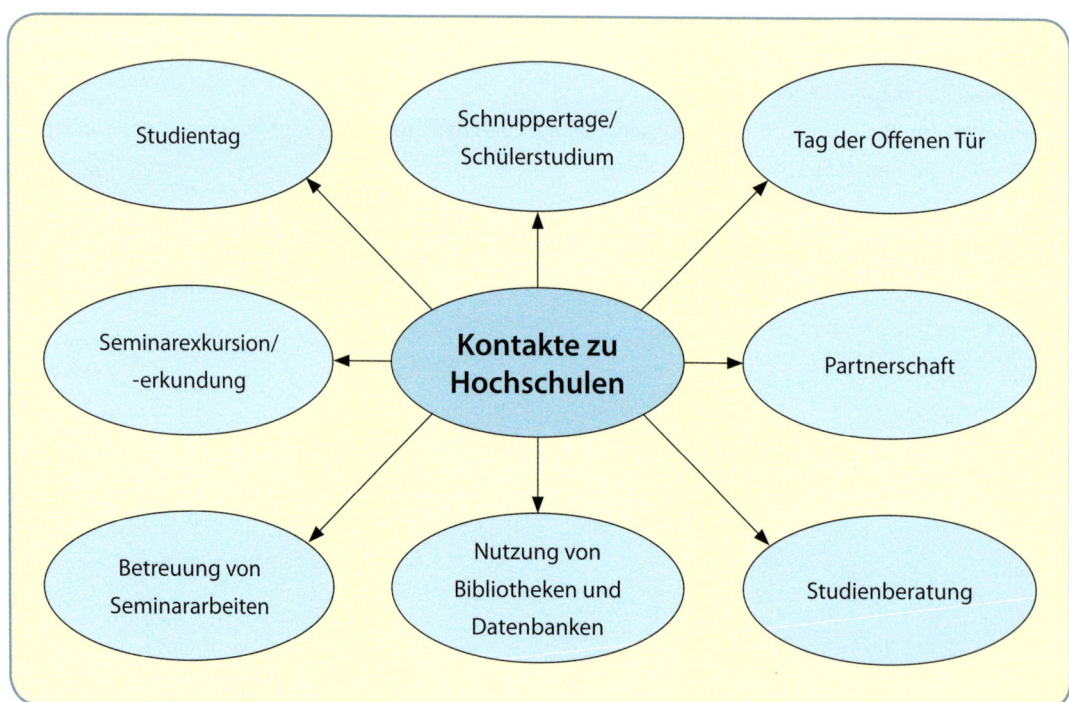

Abb. 3.2: Möglichkeiten einer Zusammenarbeit von Schule und Hochschule beim W-Seminar

3 Kontakte zu Hochschulen

- Hochschulen bieten immer wieder einen **Tag der Offenen Tür** in Form von Hochschultagen u. a. an, bei denen beispielsweise ein Überblick über Studienangebote, Forschungsschwerpunkte oder auch Arbeitsweisen gegeben wird. Derartige Veranstaltungen können vom W-Seminar genutzt werden, um erste Kontakte zu knüpfen.

- Die **Studienberatung** kann ebenfalls Kontakte vermitteln. Einerseits kann sie für das W-Seminar Informationsveranstaltungen organisieren, andererseits für das Seminarthema auch Experten aus dem Hochschulbereich oder eine Zusammenarbeit mit Instituten und Fachbereichen vermitteln.

- Verschiedene Schulen bzw. Hochschulen haben eine **Partnerschaft** mit einer konkreten Zusammenarbeit zwischen Hochschule und Gymnasium entwickelt. Dieser Ansatz kann allgemeiner, aber auch fachspezifischer Art sein. Besonders Letzteres ist eine ideale Voraussetzung für das W-Seminar. Ist beispielsweise ein Fachbereich für Maschinenbau der Partner, bieten sich vor allem für W-Seminare in den Fächern Mathematik oder Physik vielfältige Ansätze einer konkreten Zusammenarbeit an.

- An Bedeutung gewinnen auch sogenannte **Schnupperkurse,** bei denen Schülerinnen und Schüler für einige Tage an der Hochschule eine Art Kurzpraktikum absolvieren. Viele Hochschulen bieten auch die Möglichkeit des **Schülerstudiums** (siehe Abb. 3.1) an, in dessen Rahmen begabte Schülerinnen und Schüler schon während der Schulzeit Vorlesungen besuchen und z. B. auch Klausuren mitschreiben können. Diese Leistungen werden dann bei einem möglicherweise anschließenden Studium angerechnet.

- Von besonderem Interesse ist eine **Betreuung von Seminararbeiten** durch Studierende oder Mitarbeiter der Hochschule. Sie können einen Einblick in wissenschaftliche Arbeitsweisen geben und beim Schreiben der Seminararbeit beraten. Denkbar ist in diesem Zusammenhang auch, spezielle Einrichtungen der Hochschulen zu nutzen, z. B. Labore für die Durchführung von Experimenten.

- Sehr nützlich für das W-Seminar sind auch die **Bibliotheken** (siehe Kapitel 4.3) sowie die **Datenbanken** (siehe Kapitel 4.2) der Hochschulen. Bibliotheksführungen und eine Einführung in die Nutzung universitärer Datenbanken erleichtern den Zugang zum wissenschaftlichen Arbeiten.

- Beim W-Seminar ist es sinnvoll, am Ende eines größeren Abschnitts gemeinsam mit externen Partnern aus dem Hochschulbereich einen **Studientag** zu organisieren. Dieser kann einen Tag oder gegebenenfalls zwei Tage dauern und sollte nach Möglichkeit in Räumen der Hochschule stattfinden, damit eine besondere Atmosphäre entstehen kann. Um die Teamfähigkeit innerhalb des W-Seminars zu stärken, sollten Sie als Teilnehmerinnen und Teilnehmer den Ablauf des Studientags weitgehend selbstständig planen.

1. Sammeln Sie in Teams, z. B. in Brainstorming-Verfahren, geeignete Ansatzpunkte für einen Studientag im Rahmen Ihres W-Seminars!
2. Stellen Sie den Kontakt zu geeigneten externen Partnern aus dem Hochschulbereich her und planen Sie in Zusammenarbeit mit diesen Partnern den Ablauf des Studientages! Ein Programmbeispiel finden Sie auf S. 20.
3. Erstellen Sie eine kleine Broschüre bzw. einen Beitrag für die Homepage der Schule zu diesem Studientag!

Programmbeispiel eines Studientags

im W-Seminar mit dem Thema _____

des Gymnasiums _____ mit der Hochschule _____

Veranstaltungsort: Hochschule A

Zeitplanung	Themen	Bearbeiter
8:00 – 8:15 Uhr	Begrüßung und kurze Einführung	Hochschule und Schulleitung
8:15 – 8:45 Uhr	Vorstellung der Hochschule und Information über das Beratungsangebot mit Gesprächsmöglichkeit	Studienberater
8:45 – 9:15 Uhr	Was muss ich zum Beginn des Studiums im Fach/Fachbereich… beachten?	Studierende, ggf. Ehemalige der Schule Studienberater
9:15 – 9:45 Uhr	Anforderungen der Hochschule an Abiturienten Verfahren Hochschulzugang mit Diskussion	Professor X Studierende
9:45 – 10:30 Uhr	Erkundung der Institutsräume, z. B. des Labors	Studierende Assistentin
10:30 – 11:15 Uhr	Pause, Gesprächsmöglichkeiten mit Vertretern aus der Hochschule	Alle Teilnehmer
11:15 – 12:30 Uhr	Präsentation und Diskussion der Ergebnisse der Arbeitsgruppen des W-Seminars zum Seminarthema	Arbeitsgruppen Vertreter der Hochschule
12:30 – 13:30 Uhr	Gemeinsames Mittagessen in der Mensa	Hochschule
13:30 – 14:00 Uhr	Wissenschaftliches Arbeiten an der Hochschule am Beispiel eines Proseminars	Assistentin
14:00 – 15:00 Uhr	Besuch anderer Fachbereiche/Institute mit Themen wie Studienwege Bachelor und Master, Prüfungen, Stipendien	Hochschule
15:00 – 15:30 Uhr	Abschlussgespräch, anschließend ggf. zwangsloses Beisammensein mit vertiefenden Gesprächen	

Ein weiterer Ansatzpunkt kann eine **Seminarexkursion** mit einer Erkundung eines oder mehrerer Institute bzw. Fachbereiche passend zum Seminarfach sein. Folgende Zielsetzungen sind dabei denkbar:
- Eigenverantwortliche Mitgestaltung der Erkundung durch einzelne Schülerinnen und Schüler bzw. Teams
- Gewinnung eines Einblicks in wissenschaftliche Arbeitsweisen im Hochschulbereich
- Einplanung persönlicher Begegnungen mit Ansprechpartnern aus der Hochschule
- Förderung von Kooperationen zwischen Schule und Hochschule, gegebenenfalls Beratung von Schülerinnen und Schülern bei der Anfertigung einer Seminararbeit durch Mitarbeiter der Hochschule
- Reflektierte Auseinandersetzung mit der eigenen Studien- und Berufswahl mit Querverbindungen zum P-Seminar

Ablaufschema einer Erkundung

Das folgende Ablaufschema kann entsprechend der örtlichen Situation angepasst werden. Wichtig ist, dass es sich nicht um eine standardisierte Erkundung handelt, sondern um eine Erkundung mit bestimmten Aspekten und Schwerpunkten, die sich an den individuellen Bedürfnissen des W-Seminars orientiert. Das erfordert eine vertrauensvolle Zusammenarbeit und eine geeignete Kommunikation zwischen Schule und Hochschule.

Vorbereitung einer Erkundung

Eine Erkundung sollte vorab im Unterricht nach Möglichkeit durch Teams und unter Beachtung folgender Fragestellungen geplant werden:
- Welche Themenschwerpunkte (Aspekte) mit Bezug zum Seminarthema interessieren Sie als Teilnehmerinnen und Teilnehmer des W-Seminars besonders? Auf welche Fragen erhoffen Sie sich konkrete Antworten?
- Wie können Sie sich gezielt einbringen, z. B. einen Fragenkatalog im Team erstellen, Fragetechniken einüben, Interviews vorbereiten (siehe auch Kapitel 4.6), Arbeitsaufträge und Fragen für die Erkundung des Instituts/Fachbereichs zusammenstellen?
- Welche Vorinformationen über den zu erkundenden Hochschulbereich werden vorausgesetzt? Wer übernimmt die gegebenenfalls notwendigen Recherchen, z. B. Anforderung von Informationsmaterialien durch ein zu formulierendes Anschreiben, ein Gespräch oder mithilfe einer Internetrecherche?
- Welches Vorwissen ist bereits vorhanden?
- Welche Begriffe müssen Sie vorab noch klären?
- Was müssen Sie organisatorisch beachten, z. B. Termin, Zeitdauer, Treffpunkt und Ansprechpartner?

Durchführung einer Erkundung
- Erkundungsgang in Gruppen mit bestimmten Aufgaben und Themenschwerpunkten entsprechend der Vorbereitung und Aufgabenverteilung
- Fragemöglichkeiten und Diskussion, z. B. auch mit Studierenden
- Abschlussgespräch am Ende der Erkundung mit ersten Rückmeldungen

Nachbereitung einer Erkundung

- Auswertung der Erkundungsaufträge z. B. in Teams in der Schule
- Vorbereitung der Präsentation der Ergebnisse in Teams
- Schriftliche Fixierung der wesentlichen Ergebnisse, gegebenenfalls Darstellung mithilfe von Plakaten, Powerpoint oder auf der schuleigenen Homepage
- Überprüfung und Diskussion: Inwieweit sind die gewonnenen Ergebnisse auf andere Hochschulbereiche übertragbar?
- Sammeln offener Fragen und Weiterleitung an die Hochschule, gegebenenfalls Nachbereitung mit einem Mitarbeiter der Hochschule
- Erkenntnisgewinn für das Seminarthema bzw. für die eigene Seminararbeit
- Wichtig ist auch, dass Sie die Hochschule über wesentliche Ergebnisse der Erkundung informieren.

Sowohl bei einer Seminarexkursion als auch während der Teilnahme an einer Vorlesung oder einem Schnupperkurs ist es wichtig, dass Sie **Notizen** zu wesentlichen Aspekten anfertigen, die Sie z. B. für Ihre Seminararbeit oder für Ihre Studienorientierung nutzen können. Auch im späteren Studium ist diese Kompetenz unerlässlich, um Vorlesungen besser folgen und nachbereiten, z. B. als Vorbereitung auf Klausuren, zu können. Wer mitschreibt, hört aktiv zu und fasst das Gehörte in eigenen Worten zusammen. Die folgende Checkliste gibt Ihnen nützliche Hinweise zum Anfertigen von Notizen, die Sie z. B. auch während einer Expertenbefragung, einer Pro-Kontra-Diskussion oder eines Referats anwenden können.

> ✓ **Checkliste: Notizen anfertigen**
>
> ✓ Datum und Thema der Vorlesung/Präsentation angeben
> ✓ Notizblätter durchnummerieren
> ✓ Deutlich schreiben
> ✓ Stichworte und Schlüsselbegriffe notieren (keine ganzen Sätze ausformulieren)
> ✓ Durch Absätze, Trennlinien, Aufzählungen sinnvoll gliedern
> ✓ Symbole, Pfeile und Abkürzungen nutzen, um Zusammenhänge aufzuzeigen
>
> *(Quelle: in Anlehnung an Bundeszentrale für politische Bildung. „Notizen anfertigen". 15.06.2009. www.bpb.de/methodik/54YB0B,2,0,Methoden_von_MP.html.)*

Seminararbeit: Zielsetzung

Abb. 1: Erwerben von Kompetenzen für ein Studium

Die Zielsetzung des wissenschaftspropädeutischen Lernprozesses liegt vor allem im Erlernen von Kompetenzen und Methoden, die später in der Hochschule beherrscht und angewendet werden sollen (siehe auch Kapitel 1 und 2). Das Schreiben der Seminararbeit ist dabei ein zentrales Anliegen, da Sie dadurch an eine wesentliche Anforderung in jedem Studiengang herangeführt werden: das wissenschaftliche Schreiben. Warum ist eine wissenschaftliche Arbeit von so großer Bedeutung?

Eine Seminar- oder Studienarbeit bzw. eine schriftliche Ausarbeitung zu einem Referat sollen die Fähigkeit des Verfassers zu selbstständigem wissenschaftlichen Arbeiten nachweisen. Sie ist optimal gelungen, wenn sie Lesern in klaren und eindeutig nachvollziehbaren Schritten zu neuen Erkenntnissen führt, die als Ergebnisse der Arbeit dargelegt werden. [...]

In einer Seminararbeit sollen komplexe Sachverhalte so einfach (aber nicht vereinfachend!) und deutlich wie möglich vermittelt werden. Die Seminararbeit hat dabei zwei Hauptziele: Zum einen dient sie als Nachweis, dass die/der Studierende in der Lage ist, ein wissenschaftliches Thema selbstständig zu erfassen, in begrenzter Zeit angemessen zu erarbeiten und zu präsentieren. Zum anderen soll eine Seminararbeit (vor allem das dazugehörige Referat) den übrigen Studierenden in übersichtlicher und stringenter Form neue Einsichten vermitteln. Maßstab ist das Vorwissen dieser Zielgruppe und der bereits behandelte Themenstoff des Seminars; hieran sollte sich die Arbeit ausrichten und so weit wie möglich anschließen.

Zentrum für Angewandte Kulturwissenschaft und Studium Generale (Universität Karlsruhe). „Leitfaden zur Erstellung einer Seminararbeit". 09.10.2008. www.zak.uni-karlsruhe.de/img/content/Zak_Leitfaden_Erstellung_Seminararbeit_10-07.pdf

1. Vergleichen Sie die Definition der Universität Karlsruhe mit den von Umberto Eco festgestellten Charakteristika einer wissenschaftlichen Untersuchung (S. 15)! Welche grundlegenden Aspekte einer wissenschaftlichen Arbeit sprechen beide Texte an?

Seminararbeit: Zielsetzung

Wenn auch das Schreiben im Seminarfach noch nicht in dem Maße „wissenschaftlich" ist wie später an der Universität, werden bestimmte Vorgaben auch in der Seminararbeit der Oberstufe vorausgesetzt. Dazu gehören u. a. das **Einhalten von Formalien**, der **richtige Aufbau** unter Berücksichtigung der Grundsätze der Stoffanordnung sowie **wahrheitsgetreues Zitieren** und **Bibliografieren**.

Verschiedene Grundformen wissenschaftlichen Schreibens

Auch die Grundformen des Schreibens orientieren sich bei einer wissenschaftspropädeutischen Arbeit an der Hochschule. Sie entsprechen den Methoden, die allgemein im wissenschaftlichen Arbeiten Anwendung erfahren.

Dokumentieren
Ein Gegenstand wird als Ganzes beschrieben. Die zu beobachtenden Einzelheiten werden zuvor festgelegt und möglichst realitätsgetreu und ohne Wertung dargestellt.
z. B.: Protokoll, Exzerpt

Argumentieren
Sachliche Auseinandersetzung mit Gründen und Gegengründen, die zu einer Abwägung führt. Die eigene Entscheidung wird plausibel gemacht.
z. B.: Erörterung

Analysieren
Der Gegenstand wird mithilfe bestimmter Kriterien in seine Einzelbestandteile zerlegt, deren Zusammenhänge das Ganze verständlich machen können.
z. B.: Textanalyse literarischer Texte

Interpretieren
Aufarbeitung, Deutung von verschiedenen Positionen, Texten.
z. B.: Interpretation von Ergebnissen oder poetischen Texten

Schreibformen geordnet nach Gegensatzpaaren

Kompilieren
Rein abbildende Zusammenstellung verschiedener Theorien, Modelle oder Fakten ohne eigene Wertung.
z. B.: Darstellung von vorhandener Literatur über ein Thema

Systematisieren
Verschiedene Bestandteile eines komplexen Sachverhaltes, z. B. Positionen, Aussagen, werden in eine bestimmte Systematik gebracht und geordnet.
z. B.: Lehrbuch

Kontrastieren
Vergleich verschiedener Theorien, Modelle, Fakten und Herausstellen von Unterschieden oder Ähnlichkeiten.
z. B.: Text-, Methodenvergleiche

Evaluieren
Bewertung bestimmter Positionen zu einem bestimmten Sachverhalt nach zuvor festgelegten Kriterien.
z. B.: Gutachten

Abb. 2: Verschiedene Schreibformen innerhalb des wissenschaftlichen Schreibens

Es besteht natürlich ein Unterschied, ob eine Theorie untersucht und bewertet wird oder ob das Verhalten einer bestimmten Bevölkerungsgruppe, z. B. in Form einer statistischen Auswertung dargestellt werden soll. Je nach der Absicht der Arbeit werden Vorgehensweise und damit auch Schreibform ausgewählt. Die Grenzen zwischen den Schreibformen sind fließend. Daher wird eine Seminararbeit zumeist eine Mischung aus verschiedenen Schreibformen darstellen.

1. Die Themenfindung

Eine wesentliche Aufgabe des wissenschaftspropädeutischen Prozesses liegt darin, aus dem allgemeinen Rahmenthema des Seminars ein eigenes Thema herauszulösen. Folgende Vorüberlegungen sollen helfen, den Schritt zur individuellen Problemstellung nachzuvollziehen. Idealerweise werden einige dieser Schritte im Seminarkurs absolviert, was hilfreich ist, da die Kenntnisse und Ideen der anderen Seminarteilnehmer nützlich sind. Zunächst werden gemeinsam Hintergrundinformationen erarbeitet, die der Orientierung dienen und für die Themenfindung unerlässlich sind.

Völlig frei wird Ihre Themenwahl nicht sein. Das Rahmenthema ist bereits durch das Seminar abgesteckt und die einzelne Problemstellung ist ebenfalls begrenzt durch allgemeine Vorgaben wie die Forderung, nicht nur auf ausgetretenen Pfaden zu gehen, oder andererseits nicht gänzlich neue Erkenntnisse darlegen zu müssen. Vor allem aber ist der begrenzte Umfang ausschlaggebend. Das Thema sollte zudem nicht nur sachspezifische Ansprüche erfüllen, sondern auch Ihre Neigungen und favorisierten Arbeitsschwerpunkte berücksichtigen.

Innerhalb der Grenzen des Rahmenthemas wird der Einzelne unterschiedlich vorgehen müssen:

- Kann innerhalb der Grenzen des Seminarrahmens **selbst ein Teilbereich ausgewählt werden**, wird es darum gehen zu entscheiden, **welche Aspekte eine Auseinandersetzung ermöglichen**. Im Mittelpunkt der Erwägung sollte nicht nur das Interesse stehen, sondern auch die Frage, welche Quellen und Hilfsmittel für die Erarbeitung benutzt werden können.
- Als Arbeitstitel formulierte **Themenvorschläge** durch den/die Seminarlehrer/in bedeuten noch nicht, dass die Themenfindung bereits abgeschlossen ist. Auch derartige Themen können erfordern, selbst Arbeitsschwerpunkte zu setzen, auch in Bezug auf das eigene Interesse. Vor allem aber muss herausgefunden werden, **welche Aspekte des Themas im Mittelpunkt stehen**. Diese werden gegen benachbarte Aspekte abgegrenzt.

Die Themenfindung stellt ein Zusammenwirken von sachlichen und fachlichen Vorgaben durch das Rahmenthema und individuellen Interessenschwerpunkten dar (siehe Abb. 3). Nachfolgend werden die in Abb. 3 dargestellten Schritte an Beispielen konkretisiert. Vorausgesetzt wird dabei, dass sich der Einzelne seiner persönlichen Interessen bereits bewusst ist. Im Mittelpunkt stehen vielmehr die bevorzugten Arbeitsschwerpunkte sowie das Eingrenzen des Themengebietes und die Ermittlung zentraler Fragestellungen, da diese im Seminarkurs erfahrungsgemäß größere Herausforderungen mit sich bringen.

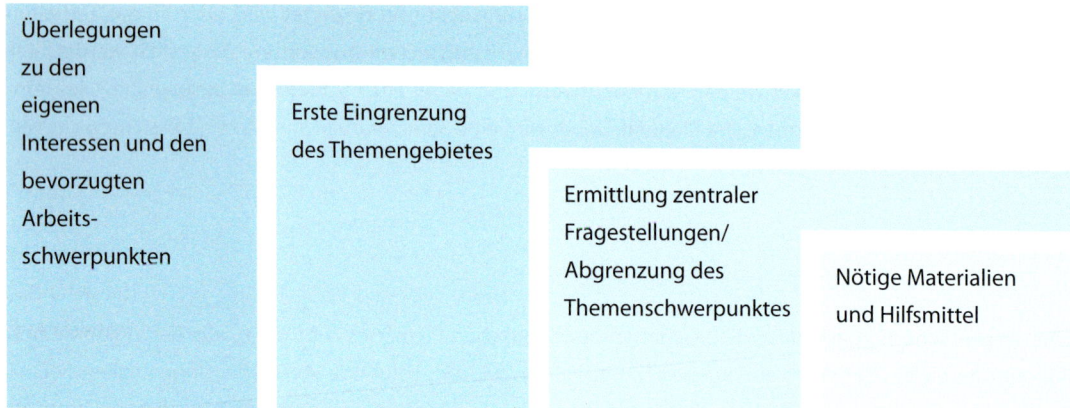

Abb. 3: Allgemeine Vorüberlegungen zur Themenfindung

Die Arbeitsschwerpunkte in einer wissenschaftspropädeutischen Arbeit

Die wichtigsten Arbeitsschwerpunkte innerhalb des wissenschaftlichen Arbeitens sind auch auf den wissenschaftspropädeutischen Bereich übertragbar. Diesen Arbeitsschwerpunkten entsprechen bestimmte Methoden, mit deren Hilfe man zu den jeweiligen Ergebnissen gelangen kann (siehe auch Kapitel 1 und 2). Die wissenschaftlichen Schreibformen, die in Abb. 2 dargestellt wurden, gehen als Konsequenz aus den Arbeitsschwerpunkten hervor. Da die Seminararbeit in schriftlicher Form alle Problemstellungen und Lösungen des gesamten Arbeitsprozesses darstellt, werden bestimmte Methoden also bestimmte Schreibformen nach sich ziehen. Beispielsweise wird eine Seminararbeit im Fach Chemie zum Thema „Bodenchemie" eine empirische Untersuchung einschließen, die anschließend dokumentiert, analysiert und interpretiert wird. Häufig verlangen Themen eine Mischform. Handlungs- oder produktionsorientierte Themenstellungen werden vor allem in bestimmten Fächern wie Kunst oder Musik die Schwerpunktsetzung darstellen. Die folgenden Erläuterungen geben einen Überblick über die verschiedenen Arbeitsschwerpunkte, die im Rahmen des jeweiligen W-Seminars je nach Erfordernis des Rahmenthemas vertieft und ergänzt werden sollten.

- **Literaturanalytisch**

Dies ist ein häufiger Arbeitsschwerpunkt innerhalb des studienorientierten Arbeitens. Es wird vor allem mit bereits vorhandenem Material gearbeitet, das hinsichtlich einer bestimmten Fragestellung untersucht wird. Dementsprechend liegt der Arbeitsschwerpunkt vor allem in der Arbeit mit Primär- und Sekundärtexten. In den Fremdsprachen kommt hier als Besonderheit der Umgang mit der jeweiligen Sprache hinzu, sowohl bei Auseinandersetzung mit fremdsprachlichen Texten als auch beim Formulieren des eigenen Textes.
→ *Geschichte: „Analyse politischer Rhetorik während eines Wahlkampfes"*
→ *Englisch: „The Romeo and Juliet Motif in Contemporary Art and Literature"*

- **Empirisch**

Die Daten für die wissenschaftliche Untersuchung müssen selbst erhoben oder aus einem Experiment gewonnen werden. Sie werden mithilfe bestimmter Fragestellungen und methodischer Verfahren ermittelt und ausgewertet. Umfragen und Interviews fallen unter diesen Arbeitsschwerpunkt; auch Experimente in den Naturwissenschaften dienen dazu, bestimmte Ergebnisse selbst zu ermitteln. Eine besondere Herausforderung stellt dabei die Verbalisierung und Visualisierung dieser Ergebnisse dar.
→ *Geografie: „Analyse eines Stadtviertels: Untersuchungen zum Freizeitverhalten"*
→ *Physik: „Faszination Fliegen: Experimente mit Papierflugzeugen"*

- **Handlungsorientiert**

Die Gestaltung eines bestimmten Prozesses steht im Mittelpunkt. Dabei sind eigene Leistungen im Planen und Organisieren gefordert. Dieser Arbeitsschwerpunkt wird meist ein Aspekt einer Themenstellung sein, die eher auf wissenschaftliche Verfahren als auf Handeln hin ausgerichtet ist.

→ *Deutsch: „Thomas Mann in München – Eine Stadtführung mit literaturtheoretischem Hintergrund"*
→ *Sport: „Fitness und Gesundheit – Durchführung eines Fitnesstests"*

- **Produktionsorientiert**

Es wird ein Produkt angestrebt, das neben der wissenschaftsorientierten Seminararbeit entsteht, diese jedoch nicht vollkommen ersetzen wird. In bestimmten Fächern, wie z. B. Kunst, nimmt die produktionsorientierte Aufgabenform sicherlich einen größeren Stellenwert ein als in anderen.

→ *Kunst: „Die Einrichtung der neuen Schulbibliothek: Erstellen eines Modells/Plans innerhalb eines Architekturprojekts"*
→ *Musik: „Erarbeitung und Interpretation eines Musikwerkes aus der Moderne"*

> 2. Ordnen Sie die unten stehenden Themenstellungen den Arbeitsschwerpunkten zu und überlegen Sie, welche wissenschaftlichen Schreibformen der Abb. 2 darin besondere Anwendung erfahren!
> 3. Überlegen Sie, welche der dargestellten Arbeitsschwerpunkte innerhalb Ihres Seminarkurses vorstellbar sein könnten!
> 4. Prüfen Sie mithilfe des Fragenbogens auf S. 28, welche Arbeitsschwerpunkte und Schreibformen Ihnen besonders entgegenkommen!

1. Latein: Das Fortleben und Fortwirken der römischen Antike am Beispiel von Augsburg.
2. Deutsch: Die Literaturverfilmung von Süßkinds „Parfum": Gesellschaftskritik in Roman und Film.
3. Geografie: Der Stadtteil Milbertshofen. Stadtstrukturen und Stadtentwicklung im Hinblick auf das planerische Leitbild „kompakt? urban? grün?" der Stadt München.
4. Wirtschaft und Recht: Aktuelle Krisen auf den Finanzmärkten: Gründe, Auswirkungen und politische Maßnahmen.
5. Biologie: Versuche zur Lichtabhängigkeit der Fotosynthese.
6. Chemie: Isolierung von Koffein und Bestimmung des Koffeingehaltes von Getränken.

Abb. 4: Seminararbeitsthemen als Beispiele unterschiedlicher Arbeitsschwerpunkte

Seminararbeit: Zielsetzung

	Arbeitsschwerpunkte: Soll in meiner Arbeit …	viel Raum einnehmen					wenig Raum einnehmen
literaturanalytische Schwerpunktsetzung	Informationsentnahme aus Büchern	☐	☐	☐	☐	☒	☐
	Zusammentragen von Wissen	☐	☒	☐	☐	☐	☐
	Suche in Bibliotheken, Archiven	☐	☐	☒	☐	☐	☐
	Untersuchen von gegebenen Zusammenhängen	☐	☐	☐	☒	☐	☐
	Einordnen von Informationen in andere Zusammenhänge	☐	☐	☒	☐	☐	☐
	Umformulieren bekannter Ergebnisse	☐	☐	☐	☒	☐	☐
	Vergleichen von Theorien, Quellen, Texten	☐	☐	☐	☒	☐	☐
	Interpretieren von Sachverhalten, Quellen, Ergebnissen	☐	☒	☐	☐	☐	☐
	Genaues Untersuchen von Texten	☐	☒	☐	☐	☐	☐
	Strukturieren von gegebenen Informationen	☐	☐	☒	☐	☐	☐
	Arbeit am Schreibtisch	☐	☐	☒	☒	☐	☐
	Suchen von Fakten in Büchern, Zeitschriften, Internet	☐	☒	☐	☐	☐	☐
	Anlehnen der Formulierungen an untersuchte Texte	☐	☐	☐	☒	☐	☐
	Überprüfen von Behauptungen	☐	☒	☐	☐	☐	☐
	Lösen noch nicht geklärter Problemstellungen	☐	☒	☐	☐	☐	☐
empirische Schwerpunktsetzung	Zusammenarbeit mit Experten	☐	☐	☒	☐	☐	☐
	Erklären eines Phänomens durch eigene Untersuchungen	☐	☐	☒	☐	☐	☐
	Durchführung eigener Interviews	☐	☒	☐	☐	☐	☐
	Ermitteln neuer Daten durch eigene Erhebungen	☐	☐	☒	☒	☐	☐
	Interpretieren selbst ermittelter Werte	☐	☐	☐	☒	☐	☐
	Entwickeln von Neuem	☐	☒	☐	☐	☐	☐
	Testen methodisch-experimenteller Verfahren	☐	☐	☒	☒	☐	☐
	Eigenständige Formulierungen eigener Ergebnisse	☐	☒	☐	☐	☐	☐
produktionsorientierte Schwerpunktsetzung	Selbstständige Gestaltung	☐	☒	☐	☐	☐	☐
	Einbringen der eigenen Kreativität	☐	☒	☐	☐	☐	☐
	Kontakt mit Menschen	☐	☐	☒	☐	☐	☐
	Anfertigen von Modellen	☐	☐	☐	☒	☐	☐
	Einbringen von handwerklichem Geschick	☐	☐	☐	☒	☐	☐
	Einbeziehen künstlerischer Fähigkeiten	☐	☒	☐	☐	☐	☐
handlungsorientierte Schwerpunktsetzung	Planen von – Veranstaltungen	☐	☐	☐	☐	☐	☒
	– Ausstellungen	☐	☐	☐	☐	☐	☒
	– Führungen	☐	☐	☐	☐	☐	☒
	Szenisches Darbieten, z. B. Aufführungen	☐	☐	☐	☒	☒	☐
	Durchführen von Veranstaltungen, z. B. Themenabende	☐	☐	☐	☐	☐	☒
	Sportveranstaltungen	☐	☐	☐	☐	☐	☒
	Lösen organisatorischer Aufgaben	☐	☐	☐	☐	☐	☒

Abb. 5: Fragebogen zu den Arbeitsschwerpunkten

Eingrenzung des Themengebietes

Eine erste Eingrenzung des Themengebietes ist möglich, sobald feststeht, mit welchen inhaltlichen und methodischen Schwerpunkten Sie sich auseinandersetzen möchten. Die Abb. 6–9 zeigen am Beispiel der Seminarthemen „Literaturverfilmungen" (Deutsch) sowie „Paris et la banlieue" (Französisch), welche Ideen für die Eingrenzung des Themengebietes entstehen können, nachdem die eigenen Interessen und bevorzugten Arbeitsschwerpunkte analysiert wurden. Daraus ergeben sich dann die zentrale Fragestellung sowie die benötigten Hilfsmittel.

Eigene Interessen:
- Lesen von Romanen
- Spannung, Kriminalplots
- Kinofilme
- Kostüm-/Historienfilme
- Aktuelle Literatur

Arbeitsschwerpunkte:
- Genaues Untersuchen von Quellen
- Interpretieren von literarischen Texten
- Arbeit mit Sekundärliteratur
- Eigenständiges Entwickeln von Ideen

Idee:
Vergleich eines bekannten Romans mit einem aktuellen/neuen Film

Möglichkeiten:
- Hilfestellung durch Sekundärliteratur
- Durch Aktualität der Quelle Möglichkeit einer eigenständigen Analyse
- Analyse und Interpretation als eigentlicher Arbeitsschwerpunkt

Zentrale Fragestellung:

Hilfsmittel:

Abb. 6: Vorüberlegungen auf dem Weg zur Themenfindung, Beispiel einer Arbeit im Fach Deutsch zum Rahmenthema „Literaturverfilmungen" mit quellenanalytischer Schwerpunktsetzung

Eigene Interessen:
- Spannung, Kriminalplots
- Filmische Mittel, z. B. zum Erzielen von Spannung
- Kinofilme

Arbeitsschwerpunkte:
- Interpretationen
- Kein reines Umformulieren von gegebenen Ergebnissen
- Eigenständiges Entwickeln von Ideen
- Selbstständige Gestaltung
- Orientierung nach Außen/Experten

Idee:
- Interpretation der spannenden Stellen eines Films
- Einbringen von Eigentätigkeit durch Untertitelung einer Szene für Gehörlose

Möglichkeiten:
- Interpretation
- Eigentätigkeit durch Untertitelung als Arbeitsschwerpunkt
- Nutzen von Experten

Zentrale Fragestellung:

Hilfsmittel:

Abb. 7: Vorüberlegungen auf dem Weg zur Themenfindung, Beispiel einer Arbeit im Fach Deutsch zum Rahmenthema „Literaturverfilmungen" mit produktionsorientierter Schwerpunktsetzung

Eigene Interessen:
- Interesse an Land und Leuten
- Persönliche Kontakte einbringen
- Vertiefen der Sprachkenntnisse durch Lektüre und Konversation

Arbeitsschwerpunkte:
- Keine rein textlastige Arbeit
- Recherche vor Ort beim nächsten Frankreichaufenthalt (Einbringen von eigenen Erhebungen, empirisches Vorgehen)

Idee:
Das Leben von Jugendlichen in der ‚banlieue'

Möglichkeiten:
- Einbringen des landeskundlichen Interesses
- Kommunikation mit Einheimischen
- Nutzen der persönlichen Kontakte als Hilfe bei der Kontaktaufnahme
- Umfangreiche Sekundärliteratur als Basis für die eigene Fragestellung

Zentrale Fragestellung:

Hilfsmittel:

Abb. 8: Vorüberlegungen auf dem Weg zur Themenfindung, Beispiel einer Arbeit im Fach Französisch zum Rahmenthema „Paris et la banlieue" mit empirischer Schwerpunktsetzung

Eigene Interessen:
- Politik
- Gesellschaftlich relevante Themen
- Aktuelle Fragestellungen
- Einbringen sehr guter Sprachkenntnisse

Arbeitsschwerpunkte:
- Genaues Untersuchen von Quellen (aber keine fiktionalen Texte)
- Analyse von journalistischen Texten (rein literaturanalytisch)

Idee:
Auswertung der aktuellen Berichterstattung über die ‚banlieue'

Möglichkeiten:
- Einbringen des Interesses an sozialpolitischen Themen
- Sichten und Analysieren von aktuellen Texten
- Einsetzen der nahezu perfekten Sprachkenntnisse in der Analyse von Zeitungstexten

Zentrale Fragestellung:

Hilfsmittel:

Abb. 9: Vorüberlegungen auf dem Weg zur Themenfindung, Beispiel einer Arbeit im Fach Französisch zum Rahmenthema „Paris et la banlieue" mit literaturanalytischer Schwerpunktsetzung

Ermittlung zentraler Fragestellungen/Abgrenzung des Themenschwerpunktes

Um innerhalb eines knappen Zeitrahmens eine Arbeit mit wissenschaftspropädeutischem Anspruch zu verfassen, muss in Folge darauf geachtet werden, dass deren Umfang begrenzt ist. Hierfür ist nötig, das im vorherigen Schritt entwickelte Themengebiet vor dem Schreiben enger abzustecken, da sonst die Gefahr entsteht, dass die Seminararbeit während des Entstehungsprozesses immer weiter ausufert.

Es geht dabei darum, die genaueren inhaltlichen Fragen und Problemstellungen zu ermitteln, die aufgenommen werden. Aspekte, die daneben liegen, werden bewusst ausgeschlossen. Dies macht aber deutlich: Ohne weitere Hintergrundinformationen ist der Schritt, in dem die zentrale Fragestellung ermittelt werden soll, nicht möglich. Die Recherche zu dem jeweiligen Thema wird die unterschiedlichsten Aspekte ans Licht bringen: Diese Fragestellungen, inhaltlichen Gesichtspunkte oder Theorien eröffnen ein weites Feld, das vor der endgültigen Schwerpunktsetzung geordnet werden muss.

Dieser Arbeitsschritt des Ordnens und Strukturierens beinhaltet die eigentliche Abgrenzung des Themenschwerpunktes, denn hier wird schon deutlich, welche Aspekte nicht interessieren, zu weit führen oder zugunsten der gewählten Fragestellung zurücktreten müssen. Im Einzelnen gliedert sich dieser Schritt in folgende Ebenen:

Ebene 0: Übergeordnetes Themengebiet
Nach dem Abwägen von Neigungen, persönlichem Interesse und gewünschtem Arbeitsschwerpunkt entstand im ersten Schritt (Abb. 6–9) eine erste Idee, welches Themengebiet innerhalb des Rahmenthemas favorisiert wird.

Ebene 1: Ermitteln von Fragestellungen
Ein Brainstorming zum übergeordneten Themengebiet ergibt eine große Bandbreite an Einfällen, die mit diesem zusammenhängen. Ausgeschlossen werden bereits Aspekte, die nicht dem unmittelbaren Interesse entsprechen.
Mögliche Fragen: Welche Fragestellungen innerhalb des übergeordneten Themengebietes eröffnen sich? Welche Aspekte sind von Interesse innerhalb dieses Themengebietes? Welche Fragestellungen sind besonders reizvoll?

Ebene 2 und 3: Konkretisieren der einzelnen Aspekte
Hier wird geprüft, ob die Fragestellungen auch weiterführen, ob die einzelnen Aspekte auch gehaltvoll genug sind.
Mögliche Fragen: Welche Untergliederung der einzelnen Aspekte, der einzelnen Fragestellungen ist vorstellbar? Welche Inhalte finden sich dazu im Werk?

Ebene 4: Bestimmte Schwerpunktsetzung als Ergebnis
In der Fülle der Aspekte, die zum Teil zusammenhängen, wird ein oder werden bestimmte Aspekte ins Auge stechen, weil sie besonders provokant oder ergiebig sind, weil sie interessante Zusammenhänge aufweisen. Am Ende des Prozesses werden ein oder mehrere Schwerpunktthemen zur Verfügung stehen. Im günstigsten Fall ergeben die Aspekte der untergeordneten Ebenen bereits eine erste Gliederung, eine erste Beantwortung der Fragestellung, die Sie mit Ihrem Seminarlehrer besprechen können.
Mögliche Fragen: Welche Aspekte hängen zusammen? Welcher thematische Zusammenhang interessiert mich besonders?

Diese Ebenen finden sich auch in den Abb. 10 (S. 33) und Abb. 11 (S. 34), die die Ermittlung zentraler Fragestellungen wiederum am Beispiel der Seminarthemen „Literaturverfilmungen" sowie „Paris et la banlieue" darstellen. Am Ende dieses Arbeitsschrittes steht die Formulierung eines Titels für die Arbeit. Da dieser schon feststeht, bevor der größte Teil der Recherche abgeschlossen ist, wird von einem Arbeitstitel gesprochen. Im Laufe der Informationsbeschaffung kann es sein, dass er – in Absprache mit dem/der Seminarlehrer/in – noch weiter eingeschränkt oder in Teilen geändert werden muss.

Nötige Materialien und Hilfsmittel

Bereits während der Eingrenzung des Themas sollten Sie beachten, welche Hilfsmittel und Materialien für die Bearbeitung erforderlich sind. Auch hier sind wie beim Umfang der Seminararbeit gewisse Grenzen gesetzt. Während sich beispielsweise der Roman und die DVD „Das Parfum" vergleichsweise leicht besorgen lassen, ist ein Interview mit dem Regisseur des Films vermutlich nicht zu realisieren. Dies kann wiederum Konsequenzen auf die Eingrenzung des Themas haben.

5. Notieren Sie bereits während Ihrer Recherche im Rahmen der Themenfindung alle auffallenden Aspekte oder Fragestellungen und diskutieren Sie mit Ihren Seminarteilnehmern deren Relevanz!
6. Bringen Sie diese Stoffsammlung bis zu einem einheitlich gesetzten Termin in eine Ordnung, die Sie den anderen Seminarteilnehmern vorstellen können!
7. Beziehen Sie zur Auswahl des eigentlichen Themas Ihre/n Seminarlehrer/in in Ihre Überlegungen ein und formulieren Sie gemeinsam einen griffigen Arbeitstitel!

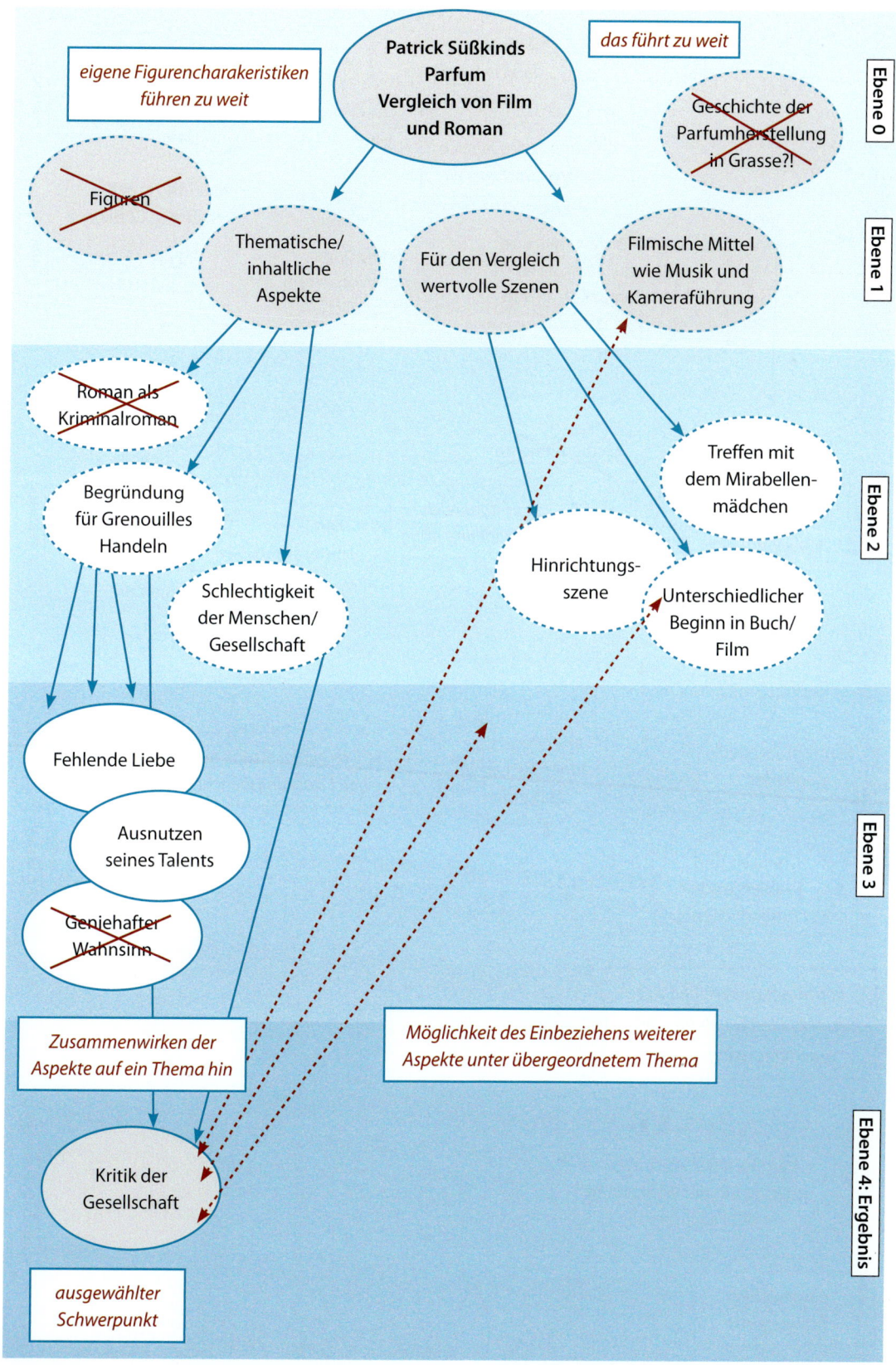

Abb. 10: Ermittlung einer zentralen Fragestellung in Abgrenzung zu anderen Aspekten am Beispiel des Seminarthemas „Literaturverfilmungen"

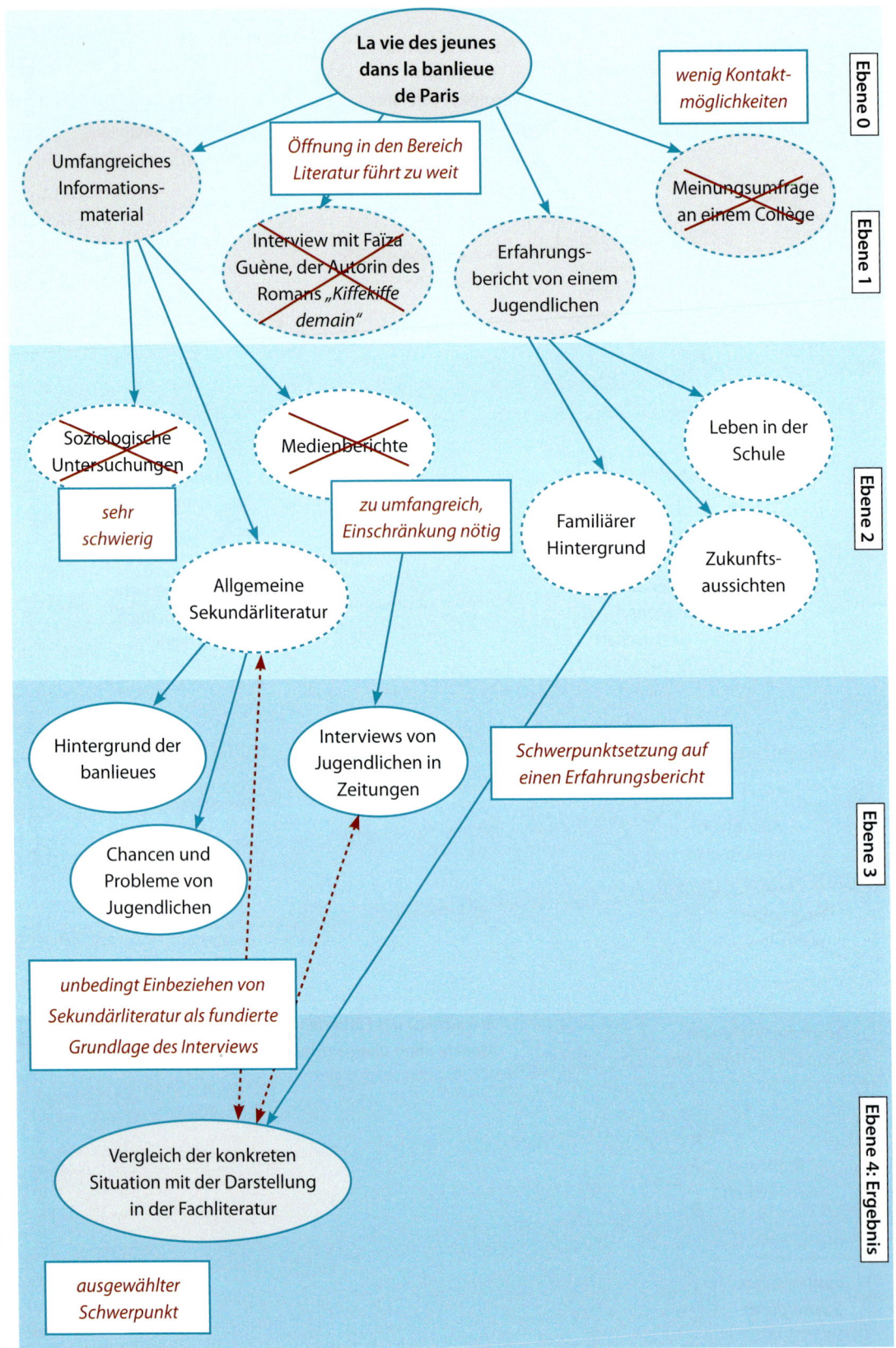

Abb. 11: Ermittlung einer zentralen Fragestellung in Abgrenzung zu anderen Aspekten am Beispiel des Seminarthemas „Paris et la banlieue"

2. Die Zeitplanung

Wenn auch die Themenfindung die interessanteste Aufgabe der ersten Wochen zu sein scheint, sollte daneben auch der Zeitplanung Beachtung geschenkt werden. Das fesselndste Thema ist wenig wert, wenn die Zeit zu seiner Bearbeitung nicht ausreicht. Unbedingt sollten bereits zu Beginn des Seminars allgemeine Vorgaben bekannt sein, so z. B. der Zeitpunkt der Abgabe, die Daten für zu erbringenden Zwischenergebnisse oder weitere wichtige Termine des Seminars. Auch Informationen über Gegebenheiten innerhalb und außerhalb der Schule sollten eingeholt werden. Sie beeinflussen die zeitliche Planung. Wenn z. B. vorab das Wissen von Experten eingeholt oder Archive aufgesucht werden sollen, die nur zu bestimmten Zeiten zur Verfügung stehen, oder wenn bestimmte Arbeitstechniken angewendet werden müssen, die einen zeitlichen Vorlauf benötigen, muss das vorab bekannt sein, um nicht am Ende in Zeitknappheit zu geraten. Zu klären ist,

1. welche **Quellen und Institutionen** nützlich sein können. Dazu gehören Lexika ebenso wie das Internet oder die zur Verfügung stehenden Einrichtungen wie Bibliotheken, Archive u. Ä., von denen man nachweisbare Informationen erhalten kann.
2. welche **Untersuchungsmethoden** vorab festgelegt werden müssen. Insbesondere bei Seminararbeiten mit empirischem oder produktionsorientiertem Schwerpunkt muss feststehen, welche fachspezifischen Verfahren vorausgesetzt werden.
3. welches **Material**, welche Apparaturen oder Stoffe in den Naturwissenschaften nötig sind, um die Untersuchung durchzuführen, und welche Genehmigungen möglicherweise eingeholt werden müssen.
4. welche **Hilfestellungen von außen**, z. B. von Forschungseinrichtungen oder Spezialisten bestimmter Bereiche, nutzbringend oder notwendig sind.

Anhand dieser Aufgaben wird ein Zeitplan angelegt, der vom Enddatum her konzipiert sein sollte. Um Verzögerungen ausgleichen zu können, sollte dieses Enddatum **vor** dem eigentlichen Abgabetag liegen. In regelmäßigen Abständen sollte kontrolliert werden, ob der Zeitrahmen noch erfüllt ist.

Die allgemeinen Vorgaben der Seminararbeit:

- Umfang etwa 10–15 Seiten
- Abgabedatum November des folgenden Jahres, genaues Abgabedatum erfragen!
- Gewichtung zur Präsentation 3:1
- Lehrer als Ansprechpartner!

Aufgabe in der benötigten Abfolge	Zeitrahmen/Soll	Zeitrahmen/Ist	Kontrolle/Abweichung
Beschaffen eines Bibliotheksausweises Beschaffen der Sekundärliteratur Sichten/Recherchieren der relevanten Informationen …	11.11.20_ _ 17.11.20_ _		am 16.11. noch <u>nicht</u> erledigt → unbedingt rechtzeitig vor Ort sein!!!

Abb. 12: Beispiel eines Zeitplans

8. Gehen Sie gemeinsam den auf der folgenden Doppelseite dargestellten exemplarischen Zeitplan durch und überlegen Sie, welche Meilensteine auf Ihr Seminar zutreffen!

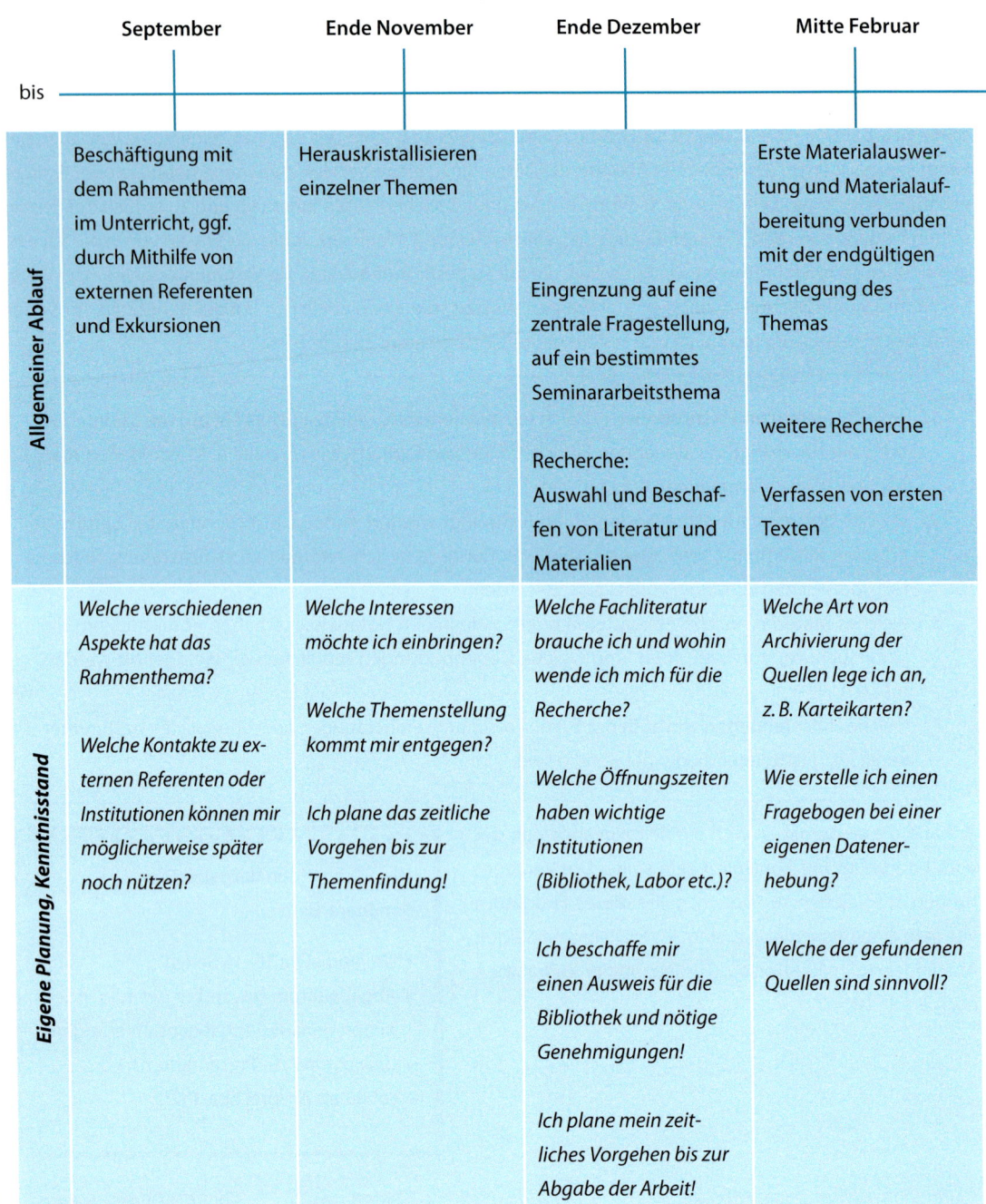

Abb. 13: Vorschlag für das eigene zeitliche Vorgehen

Seminararbeit: Zielsetzung

Ende März	Ende April	Mitte Juni	Ende November	→ Präsentation
Materialauswertung Erstellen der Gliederung, weitere Schreibversuche, z. B. Erstellen eines Exposés über das bereits Erarbeitete	Materialaufbereitung, Schreibvorgang Erarbeitung des Konzepts und Umsetzung bei empirischen, handlungs- und produktionsorientierten Arbeiten	Endgültiger Abschluss der Datenerhebung Erstellen eines Rohmanuskripts	Abgabe des formal korrekten Manuskripts	
Ich strukturiere meine Informationen, *formuliere Antworten auf die zentralen Fragestellungen (Thesen),* *erstelle eine endgültige Gliederung!*	*Ich setze meine theoretischen Vorarbeiten in die Praxis um (z. B. Experimente, Umfragen)!* *Ich beginne mit dem Abfassen der Arbeit!*	*Ich entwickle notwendige Visualisierungen!*	*Zeit ist eingeplant …* *für das Korrekturlesen,* *für das Angleichen des Literaturverzeichnisses,* *für das Gestalten des Deckblattes und Anlegen des Anhangs,* *für den Ausdruck,* *möglicherweise für das Binden.*	

4 Beschaffen von Informationen

Abb. 4.1: Tägliche Informationsflut

4.1 Verschiedene Informationsquellen

Die Informationsflut, der jeder von uns in Form von Hunderten Zeitschriftentiteln, Fernsehprogrammen, laufend neuen Bücherausgaben oder im Internet täglich ausgesetzt wird, ist riesig. Welche Aussagen treffen zu, welche Informationen lassen sich sinnvoll verwerten, wo ist Vorsicht geboten, welche Information ist überflüssig? Im Alltag entscheidet jeder individuell, soweit er dies kann, welche Information für ihn relevant, welche überflüssig ist, was glaubhaft klingt, was nicht. Wer selbst über Ereignisse berichtet, wissenschaftliche Ergebnisse präsentiert oder über die Ergebnisse der Forschung schreibt, muss nicht nur wissen, wo er sich die geeigneten Informationen beschaffen kann, er muss diese Informationen auch aufnehmen, verarbeiten, sortieren sowie klar strukturieren, um die Richtigkeit seiner Aussagen abzusichern. In diesem Kapitel geht es daher um grundlegende Aspekte von Recherchearbeit sowie um verschiedene Informationsquellen, die in den nachfolgenden Kapiteln jeweils näher erläutert werden.

Glaubwürdigkeit basiert auf guter Recherchearbeit.

Forderungen an gute Recherchearbeit
- **Relevanz:** Beinhalten die beschafften Informationen wichtige Aspekte zum Thema? Sind die Sachverhalte von Interesse und praktischem Nutzwert?
- **Gültigkeit:** Sind die Informationen in Bezug auf die Sachverhalte, über die berichtet wird, tatsächlich zutreffend?
- **Verständlichkeit:** Sind die Informationen präzise und so ausführlich, dass Zusammenhänge nachvollziehbar sind?

(nach: Haller, Michael. Recherchieren. 6. Auflage. Konstanz: UVK 2004, S. 51)

4.1 Verschiedene Informationsquellen

Recherche bedeutet also, relevante Informationen beschaffen, auf Zuverlässigkeit prüfen, auswerten und gegebenenfalls vereinfachen, um den jeweiligen Untersuchungsgegenstand nachvollziehbar darzustellen – unabhängig davon ob es sich um ein Experiment zur Fotosynthese, den Vergleich zweier Gedichte oder die Analyse eines Musikwerkes handelt. Beim Aufspüren passender Quellen sowie beim Finden und Filtern von widersprüchlichen Ergebnissen ist Kleinarbeit gefragt, um bei seiner Darstellung nicht an der Oberfläche zu bleiben. Bei einer Seminararbeit zum Thema „Die Bedeutung der Windenergie in der Region" sollte man z. B. nicht nur geografische Daten (z. B. Wetterdaten) untersuchen, sondern auch Dokumente von Interessenverbänden und politischen Parteien vor Ort berücksichtigen. Geeignete Informationen müssen sorgfältig sortiert und ausgewählt werden. Geduld braucht man bei der sinnvollen Zusammenstellung der Ergebnisse.

Besonders wichtig bei der Recherche für die Seminararbeit sind das Sammeln und Auswerten von wissenschaftlicher Sekundärliteratur. Aber auch systematische Datenerhebungen, Interviews oder persönliches Nachfragen schriftlicher bzw. telefonischer Art gehören zur Recherchearbeit wie die eigene Beobachtung, beispielsweise bei Veranstaltungen oder in öffentlichen Einrichtungen. Fotos zählen in diesem Zusammenhang zu den eigenen Beobachtungen und ergänzen schriftliche Aufzeichnungen.

Es ist von wesentlicher Bedeutung, danach zu fragen, in welchen Arten von Quellen die benötigten Informationen voraussichtlich zu finden sein werden. Eine Auswahl von Quellen zeigt Abb. 4.2:

	Wissenschaftliche Sekundärliteratur	Allgemeine Daten und Dokumente	Aktuelle Artikel und Beiträge	Eigene Erhebungen und Beobachtungen
Art der Quelle	• Bücher • Fachzeitschriften • Dissertationen (Doktorarbeiten)	• Melderegister • Historische Karten • Museumskataloge • Unternehmensberichte	• Zeitungsreportage • Radiobeitrag • TV-Dokumentation • Fachvortrag • Pressemitteilungen von Unternehmen	• Interviews mit Zeitzeugen • Umfrage • Expertengespräch
Ort der Recherche	• Bibliotheken (vor Ort oder über Online-Zugang) • Datenbanken • Wissenschaftliche Institute • …	• Behörden • Kirchenarchiv • Museen • …	• Zeitungen • Hörfunk • Fernsehen • Internet • CDs/DVDs • …	• Veranstaltungen • Fachmessen • Hochschule • …
Beispiele	• Bayerische Staatsbibliothek • Max-Planck-Gesellschaft	• Archiv der ev. Landeskirche Bayern • Katasteramt der Gemeinde	• Zeitungsinterview mit einem Hirnforscher • Kanzlerduell im TV	• Wahlkampfveranstaltung • Jubiläumsfest des Sportvereins

Abb. 4.2: Informationsquellen für die Recherche

1. Finden Sie für Ihr Seminarthema weitere Beispiele für die verschiedenen Kategorien!

4 Beschaffen von Informationen

Tätigkeitsfeld Recherchieren

sammeln — beobachten — selektieren
prüfen — nachfragen — gliedern
strukturieren — absichern — archivieren
katalogisieren — besuchen — verwerfen

⬇

Rechercheergebnis

Kompliziertes wird vereinfacht	Wichtiges und Unwichtiges wird getrennt	Besonderes wird herausgearbeitet	Anregung zur Diskussion wird gegeben
= ORIENTIERUNG	= SELEKTION	= SIGNALWIRKUNG	= DISKURSFUNKTION

Abb. 4.3: Ergebnis gelungener Recherche

Wie wird sinnvoll recherchiert?

Wie Abb. 4.3 oben zeigt, beinhaltet der Schritt des Recherchierens nicht nur die eigentliche Suche nach Informationen, sondern auch deren Einordnung, Prüfung und Archivierung. Um hierbei zu brauchbaren Rechercheergebnissen zu kommen, ist die Vorgehensweise von großer Bedeutung:

START → Recherchebedarf klären → Informationsquellen finden (Bibliotheken, Archive, Museen, Medien, Experten) → Informationen sammeln und strukturieren → Hypothesen formulieren → Widersprüche nachrecherchieren → Fakten prüfen, auswerten → endgültigen Text verfassen → **ZIEL**

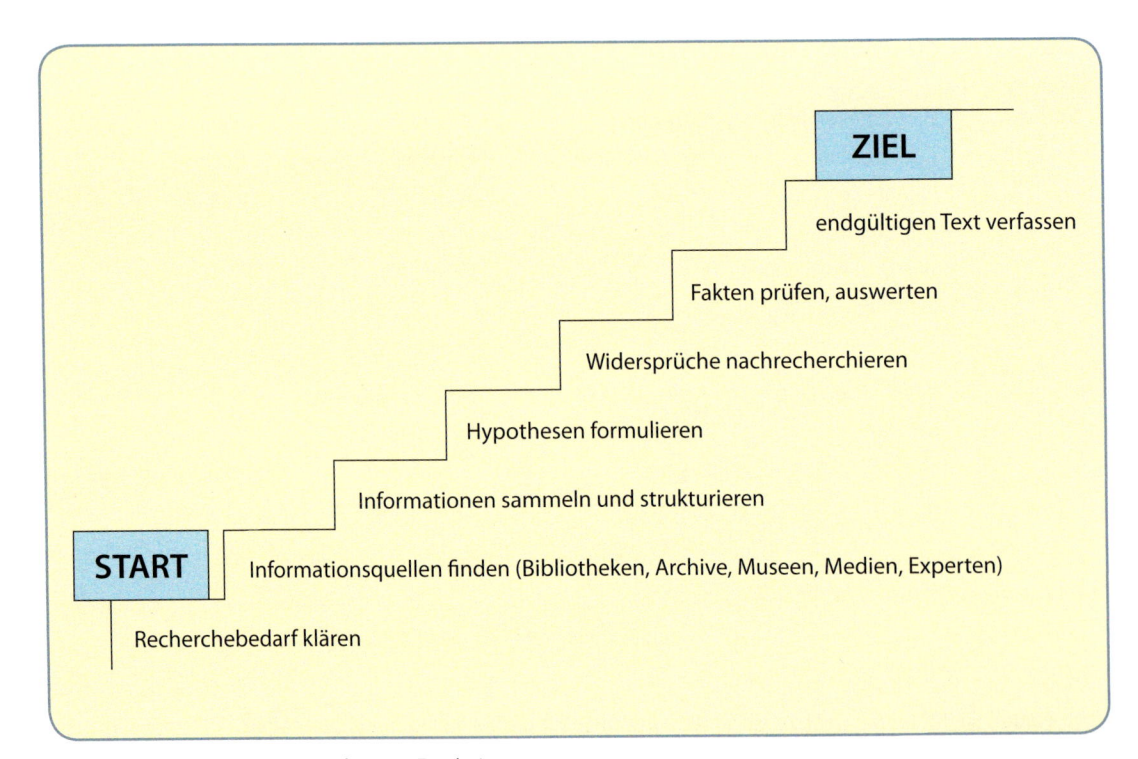

Abb. 4.4: Schritt für Schritt zu zuverlässigen Ergebnissen

4.1 Verschiedene Informationsquellen

Auf jeder Stufe der zielführenden Recherchearbeit ergeben sich Fragen, die für ein strukturiertes und gesichertes Recherchieren unbedingt beantwortet werden müssen. Aus Hauptfragen ergeben sich Zusatzfragen.

Beispiel zur ersten Stufe (Abb. 4.4): Recherchebedarf klären

Was genau ist mein Thema?
- Wie lässt sich das Thema sinnvoll begrenzen?
- Welche Teilbereiche werden weggelassen?
- Wo lassen sich Schwerpunkte setzen?

Was weiß ich selbst?
- ....?
- ....?

Welche Informationen brauche ich? ....?

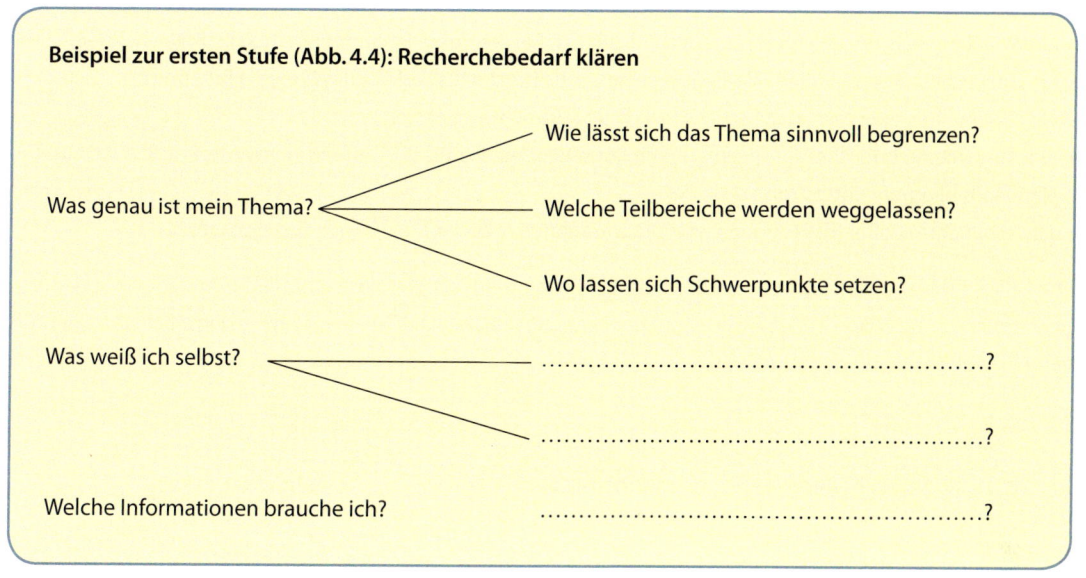

Abb. 4.5: Recherchebedarf klären

Beim Schritt „Informationsquellen finden" gilt es zu überlegen, welche Informationsquellen Ihnen bei Ihrem Seminarthema konkret weiterhelfen können, z. B. die nächste Universitätsbibliothek, eine bestimmte Fachzeitschrift, ein spezielles Museum etc.

2. Formulieren Sie konkrete Fragen für den 2. Schritt der Recherchearbeit „Informationsquellen finden"!
3. Welchem Rechercheschritt (Abb. 4.4) ordnen Sie die folgenden Fragen zu:
   - Wie möchte ich den Leser informieren?
   - Wie komme ich an Informationen?
   - Wie kann ich diese Informationen überprüfen?

Hilfsmittel für die Recherche

Wer erfolgreich recherchieren will, kann auf verschiedene Hilfsmittel zurückgreifen. Grundsätzlich wichtig ist der professionelle Umgang mit dem Computer und der entsprechenden Software, um verschiedene Quellen oder Adressen zu finden bzw. um Tabellen sowie Statistiken in einer angemessen kurzen Zeit zu erstellen. Für die Recherche wissenschaftlicher Sekundärliteratur bieten sich vor allem die (Online-) Kataloge der Bibliotheken an (siehe Kapitel 4.3), während bei der Internetrecherche Suchmaschinen und Linklisten helfen können, z. B. um Kontaktadressen herauszufinden (siehe Kapitel 4.2). Aber auch das Telefon sollte als Hilfsmittel nicht vernachlässigt werden, da sich viele Fragen oftmals telefonisch schneller klären lassen als z. B. per E-Mail oder Post. Nicht zuletzt sollte man bei der Recherche, z. B. in der Bibliothek, stets Kugelschreiber und Notizblock dabei haben, um wichtige Informationen schnell zu notieren.

Ein weiteres Hilfsmittel stellen allgemeine Nachschlagewerke dar, die im nächsten Abschnitt näher erläutert werden.

Allgemeine Nachschlagewerke

Wer Nachschlagewerke sucht, die keinen Aktualitätsanspruch erheben, wird in Bibliotheken schnell fündig. Als Beispiele seien hier nur folgende genannt:

- ein Weltalmanach, der alle Strukturdaten (z. B. Länder, Bevölkerung, Staaten, Gesellschaftsbereiche) beinhaltet
- ein Universallexikon mit allen Themenbereichen, z. B. „Brockhaus" oder „Encyclopedia Britannica"
- ein allgemeines oder fachspezifisches Lexikon und Sprachwörterbuch
- eine allgemeine oder themenspezifische Bibliografie (Verzeichnis von Literaturhinweisen), z. B. die Deutsche Nationalbibliografie (http://dnb.d-nb.de)
- Jahresberichte großer Institutionen und Organisationen, z. B. der Max-Planck-Gesellschaft.

Etliche Nachschlagewerke gibt es auch als CD, CD-ROM oder DVD. Der Vorteil dieser Form der Offline-Medien gegenüber der Papierform liegt z. B. in der schnelleren Recherche nach Stichwörtern. Im Einzelfall muss geprüft werden, welches Medium das geeignete ist (siehe Abb. 4.6).

- Suchgeschwindigkeit
- Seriosität der Quellen
- Aktualität der Daten
- Archiv- und Speicherplatz
- Verknüpfungsmöglichkeiten für die komplexe Datensuche
- Anschaffungs- und Nutzungskosten

Abb. 4.6: Kriterien für das geeignete Recherchemedium

Bei allen verwendeten Hilfsmitteln steht ein Grundsatz an erster Stelle:

> Nie darf an Zeit gespart werden, um die Informationen zu überprüfen. Skepsis ist wichtiger als Vertrauen.
>
> *Schneider, Wolf. Das neue Handbuch des Journalismus. 4. Auflage. Reinbek: Rowohlt (Tb.) 2008, S. 56*

Vor allem bei Statistiken oder naturwissenschaftlichen Forschungsergebnissen muss nach zuverlässigen Quellen gesucht werden. Dies gilt generell auch für Informationen aus dem Internet (siehe Kapitel 4.2). Hinweise auf die Seriosität einer wissenschaftlichen Publikation geben z. B.:

- **Autor/en:** eindeutige Nennung, Zuordnung zu einer wissenschaftlichen Institution möglich
- **Verlag:** bekannt als Wissenschaftsverlag ...
- **Layout:** sachlich, ruhige Gestaltung, übersichtliche Struktur
- **Sprache:** Fachbegriffe, korrekte Rechtschreibung ...
- **Belege:** Quellennachweise, korrekte Zitierweise, Literaturverzeichnis ...
- **Zugang:** in Universitätsbibliotheken erhältlich ...

Können fragwürdige Informationen durch Nachrecherchieren nicht abgesichert werden, muss auf diese Informationen verzichtet werden. Insgesamt sollte der Schritt der Recherche bis ca. Ende Februar (Halbjahr 11/2) abgeschlossen sein.

> **Literaturempfehlung für die Recherche:**
> Haller, Michael. Recherchieren. 6. Auflage. Konstanz: UVK 2004

4.2 Recherche über das Internet

Wenn man richtig mit dem Internet umgeht, kann es ebenfalls zur Recherche über Seminarinhalte herangezogen werden. Dies betrifft einerseits die allgemeine Recherche über Suchmaschinen, aber z. B. auch die gezielte Literaturrecherche in den Online-Katalogen der Bibliotheken (siehe Kapitel 4.3). Wie allerdings im vorherigen Kapitel schon angedeutet, schätzt man, dass etwa 90 % der 20 Milliarden Webseiten nachlässig recherchiert oder minderwertig sind. Zudem bringt das Überangebot an Informationen weitere Nachteile mit, wie der folgende Text zeigt.

Abb. 4.7: Vorsicht bei der Recherche im Internet

Die Daten-Sucht

[…] Zahlreiche Umfragen und Fallstudien kommen regelmäßig zu ähnlichen Ergebnissen. Der moderne Mensch ist online von früh bis spät, er surft von Link zu Link, nimmt Informationen auf, liest und bearbeitet E-Mails, als wäre er an einem digitalen Fließband beschäftigt.

Noch dazu an einem, das sich ständig beschleunigt. Fast geht es den Menschen im Internet-Zeitalter wie Charlie Chaplin als Akkordarbeiter in seinem Klassiker „Moderne Zeiten": Immer schneller läuft das Fließband an ihm vorbei, er versucht das Tempo zu halten, zu schrauben, zu schrauben, zu schrauben – und kommt doch nicht hinterher, bis ihn schließlich die Maschine verschlingt.

Es ist ein Paradox: Nie zuvor in der Geschichte gab es mehr Informationen, nie zuvor hatten mehr Menschen rund um die Erde günstiger und müheloser Zugang zu Wissen, Bildung und Kommunikation. Ein Traum wurde Wirklichkeit. Von einem „riesigen dynamischen Ökosystem des Wissens" schwärmt Wikipedia-Gründer Jimmy Wales. „Wer braucht noch ein Gedächtnis, wo es doch Google gibt?", jubelt das Fachblatt „Wired".

Und fast alle können daran teilhaben: 65 Prozent der Deutschen ab 14 Jahren sind online, vor zehn Jahren waren es rund 10 Prozent. Weltweit ist die Zahl der Internet-Nutzer auf etwa 1,4 Milliarden gestiegen – noch nie hat sich ein Massenmedium so schnell ausgebreitet. […]

Sie alle nutzen ein Medium, das ihr Leben erleichtert, sie können jederzeit informieren, sie können kommunizieren, arbeiten oder sich unterhalten lassen, sie können an fast jedem Ort shoppen, eine Reise buchen oder eine Überweisung ausstellen. Das ist die schöne Seite.

Aber es gibt auch eine andere, weniger schöne. Denn das Netz ist verführerisch, es verleitet dazu, sich in ihm zu verlieren, seine Zeit zu verschwenden – oder zu betrügen, wie es manche Studenten tun, die ihre Seminararbeiten vor allem mit den Computerfunktionen „Kopieren" und „Einfügen" erarbeiten.

Wie kein anderes Medium hat das Internet nicht nur das Leben der Menschen verändert, seine Bedürfnisse und sein Verhalten, es hat auch die Wirtschaft umgekrempelt und ganze Branchen, etwa die Musikindustrie, in Bedrängnis gebracht. Neue Giganten sind entstanden, allen voran das Suchmaschinenunternehmen Google, das den Markt für Online-Werbung dominiert und in immer neue Bereiche vordringt.

All diese Veränderungen vollziehen sich in einer Geschwindigkeit, die einzigartig ist. Sie bringen den Menschen so viele Vorteile, dass die nur langsam merken, dass es auch Nachteile gibt.

Das größte Problem des Internet ist die Kehrseite seines größten Vorteils – das Überangebot an Informationen. Suchmaschinen liefern zwar Millionen Treffer auf alle möglichen Fragen und sortieren sie hierarchisch quasi nach ihrer Beliebtheit im Netz – sozusagen Relevanz durch Plebiszit. Kritische Vernunft jedoch hat Google in seinen Algorithmen noch nicht eingeführt.

„In der Informationsgesellschaft denkt keiner mehr nach. Wir erwarteten, dass wir Papier aus unserem Leben verbannen, stattdessen haben wir die Gedanken verbannt": So schrieb es Michael Crichton schon 1990 in „Jurassic Park".

Jetzt, nach 10, 15 Jahren Intensivarbeit mit dem Internet, hat eine Debatte über die Nebenwirkungen der Info-Explosion begonnen.

„Früher war ich ein Taucher im Ozean der Worte", schreibt der amerikanische Autor Nicholas Carr, „nun surfe ich wie ein Typ auf Wasserskiern über die Oberfläche." Stundenlanges Lesen, komplizierte Gedankengänge verfolgen, all das bereite ihm mittlerweile Schwierigkeiten. Und anderen Intellektuellen gehe es ebenso. Die Lektüre von Tolstois „Krieg und Frieden" sei ihm unmöglich geworden, erzählte ihm einer, mehr als drei, vier Absätze am Stück lesen sei nicht mehr drin, nicht mal bei Blogs.

„Macht Google uns dumm?" – unter dieser Titelzeile hat Carr seine Abrechnung im US-Magazin „Atlantic" zusammengefasst. Das Stück hat offenkundig einen Nerv getroffen. Die „New York Times" startete prompt eine ganze Serie über die „Zukunft des Lesens". Vom britischen „Guardian" bis zur „Zeit" und „FAZ" wird über die angebliche oder tatsächliche Verblödung durchs Internet diskutiert. [...]

Carr, Nicholas. „Die Daten-Sucht". DER SPIEGEL 33/2008 vom 11.08.2008: S. 80 ff.

4. Der Autor Nicholas Carr behauptet, er surfe nun nur noch „wie ein Typ auf Wasserskiern über die Oberfläche", wohingegen er früher „ein Taucher im Ozean der Worte" gewesen sei. Erklären Sie die Bedeutung dieser Aussage und nehmen Sie Stellung zu seiner These!

Um das Internet in die wissenschaftspropädeutische Informationsbeschaffung einzubeziehen, muss man einige Hintergründe kennen. Nur so wird man Inhalte finden, die gut recherchiert wurden und die man in einer Seminararbeit überhaupt nutzen darf. Aus diesem Grund werden im Folgenden zunächst verschiedene Suchmöglichkeiten (Suchmaschinen, Linklisten, Datenbanken) beschrieben, bevor es um die konkrete Suche und die Prüfung der Qualität von Internetdokumenten geht.

Suchmaschinen

Diese Möglichkeit der Suche ist allseits bekannt: Die Suchmaschinen suchen das gesamte „WWW" nach Seiten ab, die das eingegebene Stichwort in ihrem Text enthalten, und stellen eine Liste mit diesen Treffern zusammen. „Google" ist z. B. eine solche Suchmaschine.

Wichtig: In solchen Suchmaschinen kommt die Reihenfolge der Liste durch die Anzahl der Links anderer Seiten auf die jeweilige Homepage zustande. Die oberen Plätze auf der Liste stellen also nicht unbedingt ein Qualitätsmerkmal dar, sondern zeigen das Interesse für diese Seite an. Eine eher unbekannte Fachpublikation wird also im Vergleich mit einer populären Seite eher am Ende der Liste angesiedelt sein, und ist daher schwerer aufzufinden.

Metasuchmaschinen

Diese verwalten keine eigenen Datenbanken. Sie suchen parallel in unterschiedlichen Suchmaschinen und ermöglichen so eine noch größere Treffermenge. Insbesondere, wenn Sie nach einem wenig geläufigen Begriff suchen, oder Ihre Stichworteingabe nur wenige Treffer erzielt hat, können Sie weitere Hilfe von einer Metasuchmaschine erhoffen. So durchsucht „Metacrowler" z. B. u. a. „Google", „Yahoo!", „MSN Search" etc. „MetaGer" ist ein Service des Rechenzentrums der Leibniz Universität Hannover, das über deutschsprachige Suchmaschinen sucht, so u. a. „Altavista", „Yahoo!", „T-Online".

Hierarchische Suchmaschinen

Hier werden Webseiten durch Redaktionen in ein bestimmtes hierarchisches System von Themengebieten und Unterkategorien geordnet. Das bedeutet zwar, dass die Treffermenge Ihrer Suche geringer ausfällt, die Treffer aber möglicherweise passender sind. Allgemeine hierarchische Suchmaschinen sind z. B. „Yahoo! Deutschland" oder „Yahoo! international", „Web.de" und „Dino". Eine der bekanntesten fachspezifischen Suchmaschinen, die hierarchisch gliedern, ist „Google Scholar".

> *Wichtig:* Trotz Redaktion garantiert die Liste keine Qualität der von der Suchmaschine aufgelisteten Seiten, da die Redaktion nicht auf Güte, sondern auf Zugehörigkeit der Inhalte zu der vorgegebenen Kategorie achtet.

Linklisten, z. B. der Universitäten

Diese Listen sind zumeist seriös geführt und garantieren für eine gewisse Qualität: Es gibt praktisch an jeder Universität Mitarbeiter, die fachspezifische Links auflisten, über die Sie wiederum an passende Informationen gelangen können. Die Linklisten sind nicht immer leicht zu finden, da die Systematik, unter der sie ins Netz gestellt werden, nicht immer die gleiche ist. Meist wird man über die übergeordnete Institution, also die Universität oder die Universitätsbibliotheken, zu den Fachbereichen, auch „Fachportale", gelangen. Diese präsentieren Linklisten, die für das jeweilige Fach relevant sind. Die Internetseiten, auf die verwiesen wird, sollten zwar nicht unkritisch übernommen werden, lassen aber eher seriöse Informationen erhoffen als Links von Laien. Die Suche kostet allerdings meist viel Zeit. Schneller sind Sie, wenn Sie sich vor Ort, z. B. in der Fakultätsbibliothek der nächstgelegenen Universität, nach Linklisten zu einem bestimmten Fachbereich oder Thema erkundigen.

> **Beispiele:**
> 1. **Ludwig-Maximilians-Universität München**
> Auf der Internetseite der LMU gelangt man über die Fakultäten zu den Departements und über diese an die Internetadressen der einzelnen Fachbereiche. In seinem Service verweist z. B. der germanistische Fachbereich der Fakultät „Sprache und Literaturwissenschaften" auf Linklisten. Dort findet man einen Link auf das „Goethezeitportal".
>
> www.germanistik.uni-muenchen.de/service/linklisten/ndl/index.html
> www.goethezeitportal.de/

2. Freie Universität Berlin

Auf der Internetseite der FU Berlin gelangt man über den Service der Universitätsbibliothek zu den Internetquellen, die alle Linklisten der Universität aufzeigen, darunter auch die Fachinformationen bestimmter Fachbereiche.

www.ub.fu-berlin.de/internetquellen/fachinformation/

5. Suchen Sie für Ihr Seminarthema nach passenden Linklisten, z. B. auf der Internetseite der Albert-Ludwigs-Universität Freiburg!

Spezielle Datenbanken

Eine weitere Recherchemöglichkeit über das Internet stellen Datenbanken dar. Dabei handelt es sich um Computerprogramme, mit deren Hilfe sich eine Vielfalt von Informationen speichern und problemlos abrufen lässt. Beispiele dafür sind die Datenbank des Statistischen Bundesamtes (www.destatis.de), über die man mit zahlreichen Links zu den Statistischen Landesämtern, zu Universitäten u. a. kommen kann, oder die Datenbank der Bundesagentur für Arbeit (www.arbeitsagentur.de). Für verschiedene Fachbereiche gibt es spezielle, allerdings meist kostenpflichtige Datenbanken, z. B. fiz Datenbank Karlsruhe (www.fiz-karlsruhe.de), eine technische Datenbank, LEXinform (www.datev.de), eine Steuerrechts-, Rechts- und Wirtschaftsdatenbank, oder GENIOS (www.genios.de), eine Datenbank mit hochwertigen Informationen aus Wirtschaft, Management, Unternehmen, Politik und Wissenschaft. Im Zusammenhang mit dem Seminar dürfte auch der Bayerische Schulserver, der einen Einsatz fachorientierter Datenbanken ermöglicht, von Interesse sein. Er bietet unter www.schule.bayern.de Verknüpfungen zu wichtigen Institutionen (z. B. Bayerisches Staatsministerium für Unterricht und Kultus, Staatsinstitut für Schulqualität und Bildungsforschung).

Beispiel für eine Datenbankabfrage beim Statistischen Bundesamt

Für eine Seminararbeit im Fach Wirtschaft und Recht benötigen Sie z. B. Informationen zur aktuellen Inflationsrate in Deutschland. Bei der Suche gibt es verschiedene Wege:

- Eingabe des Begriffs „Inflation" in das Feld „Suchen"
- Suche über „Sachgebiete" → „Preise" → „Verbraucherpreise"

Wählt man z. B. das Ergebnis „Verbraucherpreisindex für Deutschland" aus, erhält man eine Tabelle mit den entsprechenden Werten, die man in verschiedenen Dateiformaten (z. B. Excel) abspeichern kann. Auch eine Anzeige als Diagramm (Linien- oder Säulendiagramm) ist möglich. Zudem kann man den Zeitraum individuell anpassen, wenn man z. B. die Inflationsrate der 1980er Jahre betrachten möchte.

Je nach Datenbankstruktur wird die Suche unterschiedlich verlaufen. Bei einer Netzwerkdatenbank wie z. B. Wikipedia sind Beiträge untereinander vernetzt und man gelangt von einem Artikel über einen Link zu einem weiteren Artikel zum Suchbegriff. (Vorsicht allerdings bei der Verwendung von Informationen aus Wikipedia – hier kann jeder Beiträge verfassen und bearbeiten!) Bei hierarchischen Datenbanken wie z. B. dem Geoinformatik Lexikon sind die Einträge in einer vertikalen hierarchischen Struktur (Baumstruktur) geordnet (www.geoinformatik.uni-rostock.de). Gemeinsam haben alle Datenbanken bestimmte Grundelemente:

- Tabellen (z. B. in einer Adressdatenbank)
- Formulare (z. B. Bestellformulare)
- Abfragen (z. B. bei der Bibliotheksrecherche, wie etwa die Frage: Wie viele Bücher sind seit 2000 zu einem bestimmten Thema erschienen?)
- Berichte (z. B. Verbraucherstudien).

Die Struktur der jeweiligen Datenbank sollte im jeweiligen Benutzerhandbuch nachgelesen und im W-Seminar besprochen werden.

> 6. Stellen Sie eine Liste mit geeigneten Datenbanken für Ihr Seminarthema bzw. für Ihre Seminararbeit zusammen, die Sie bei der weiteren Recherche nutzen können!

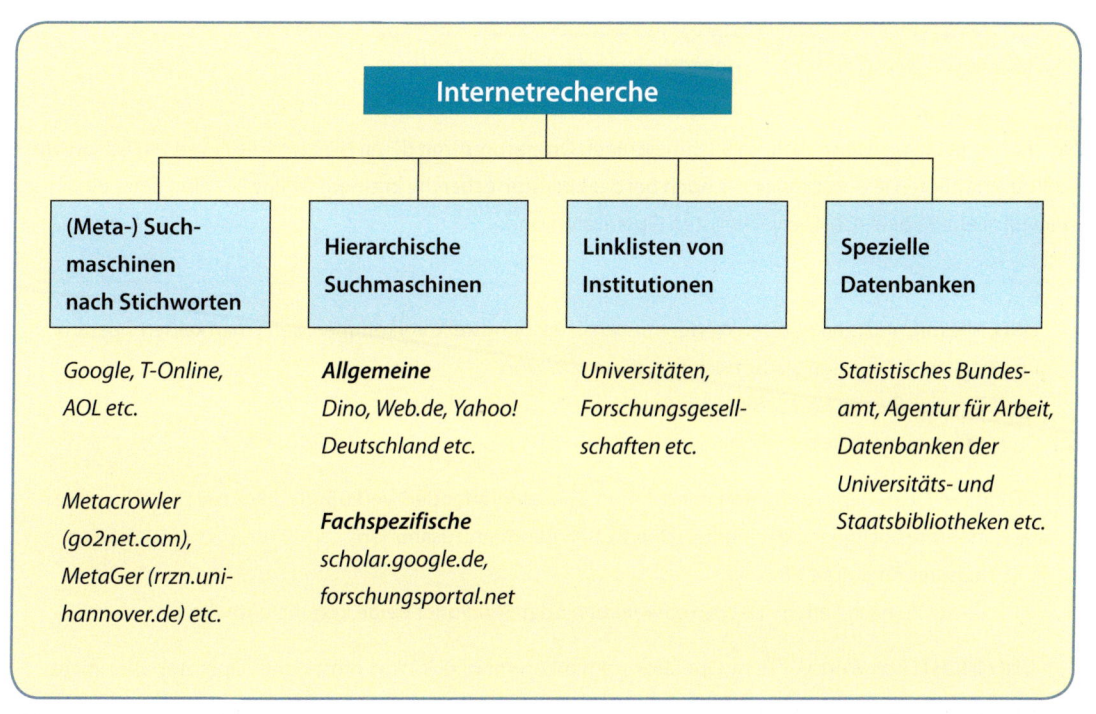

```
                              Internetrecherche
        ┌──────────────────┬──────────────┬──────────────┐
(Meta-) Such-        Hierarchische    Linklisten von    Spezielle
maschinen            Suchmaschinen    Institutionen     Datenbanken
nach Stichworten
```

(Meta-) Suchmaschinen nach Stichworten	Hierarchische Suchmaschinen	Linklisten von Institutionen	Spezielle Datenbanken
Google, T-Online, AOL etc. Metacrowler (go2net.com), MetaGer (rrzn.uni-hannover.de) etc.	*Allgemeine* Dino, Web.de, Yahoo! Deutschland etc. *Fachspezifische* scholar.google.de, forschungsportal.net	Universitäten, Forschungsgesellschaften etc.	Statistisches Bundesamt, Agentur für Arbeit, Datenbanken der Universitäts- und Staatsbibliotheken etc.

Abb. 4.8: Internetrecherche – im W-Seminar vor allem über Linklisten von Hochschulen und wissenschaftliche Datenbanken

Die richtige Suche

Internetrecherche kostet Zeit. Um die Suche zu optimieren, sollte man daher planvoll vorgehen. Am ehesten kommt man zu einem zufriedenstellenden Ergebnis, wenn ein spezieller, aussagekräftiger Begriff eingegeben wird. Nicht immer aber erlaubt das Thema dies. Um nicht wahllos Begriffe einzugeben, die einem gerade zum Thema einfallen, sollten Sie die Suche vorbereiten. Hier bietet sich ein Brainstorming auf Papier an. Sie können so die Suchanfrage konkretisieren (siehe auch Abb. 4.9).

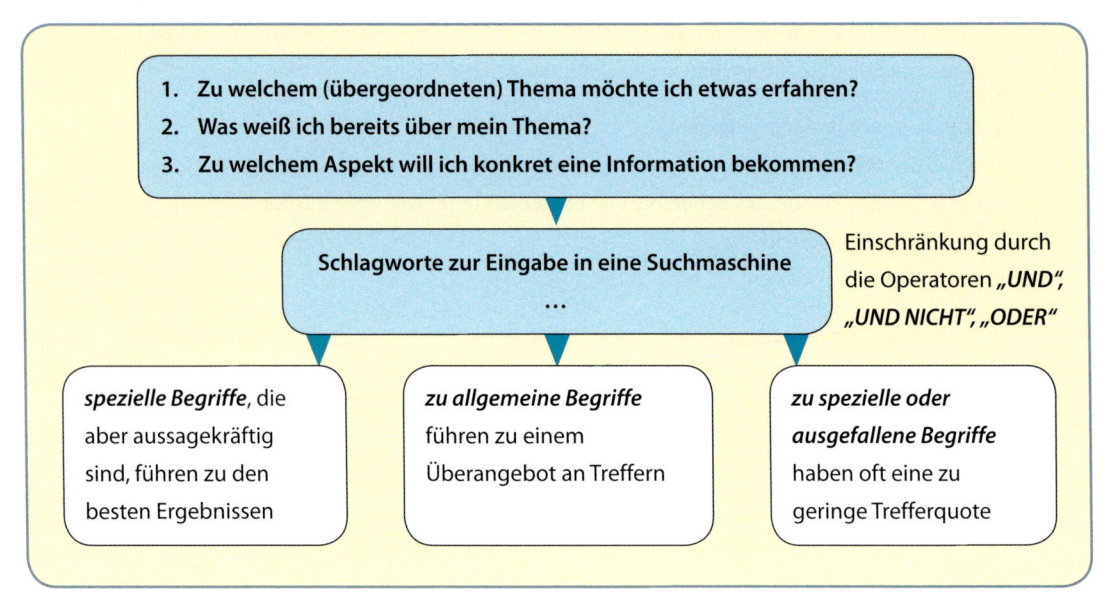

```
┌─────────────────────────────────────────────────────────────────────────┐
│           ┌─────────────────────────────────────────────────┐           │
│           │ 1. Zu welchem (übergeordneten) Thema möchte ich │           │
│           │    etwas erfahren?                              │           │
│           │ 2. Was weiß ich bereits über mein Thema?        │           │
│           │ 3. Zu welchem Aspekt will ich konkret eine      │           │
│           │    Information bekommen?                        │           │
│           └─────────────────────────────────────────────────┘           │
│                                   ▼                                     │
│              ┌──────────────────────────────────────┐  Einschränkung    │
│              │ Schlagworte zur Eingabe in eine      │  durch die        │
│              │ Suchmaschine                         │  Operatoren       │
│              │ …                                    │  „UND", „UND      │
│              └──────────────────────────────────────┘  NICHT", „ODER"   │
│                    ▼             ▼                ▼                     │
│         ┌──────────────┐ ┌──────────────┐ ┌──────────────┐              │
│         │ spezielle    │ │ zu allgemeine│ │ zu spezielle │              │
│         │ Begriffe, die│ │ Begriffe     │ │ oder         │              │
│         │ aber aussage-│ │ führen zu    │ │ ausgefallene │              │
│         │ kräftig sind,│ │ einem Über-  │ │ Begriffe     │              │
│         │ führen zu den│ │ angebot an   │ │ haben oft    │              │
│         │ besten       │ │ Treffern     │ │ eine zu      │              │
│         │ Ergebnissen  │ │              │ │ geringe      │              │
│         │              │ │              │ │ Trefferquote │              │
│         └──────────────┘ └──────────────┘ └──────────────┘              │
└─────────────────────────────────────────────────────────────────────────┘
```

Abb. 4.9: Vorgehen bei der Recherche im Internet

Nutzen Sie für die planvolle Suche in Suchmaschinen **Operatoren**, mit deren Hilfe sich die einzelnen Schlagworte logisch verknüpfen lassen. Dies ist z. B. auch bei der Literaturrecherche in einem Online-Katalog einer Bibliothek sinnvoll (siehe Kapitel 4.3). Die wichtigsten Operatoren sind:

UND: Alle mit „und" verknüpften Wörter müssen in der Fundstelle vorkommen. Setzt man keinen Operator, unterstellen die meisten Suchmaschinen diese Funktion.
  Beispiel: *Roman UND James UND Bond*
  → Suche nach Seiten, die alle drei Begriffe enthalten

ODER: Die Dokumente enthalten mindestens eines der mit „oder" verknüpften Wörter. Diese Funktion fasst mehrere Suchgänge nach unterschiedlichen Begriffen zusammen.
  Beispiel: *Roman ODER Bond*
  → Suche nach Seiten, die entweder *Roman* oder *Bond* oder beide Begriffe enthalten

UND NICHT: Das Wort vor dem Operator soll vorkommen, das Wort hinter dem Operator aber nicht. Hiermit kann man gezielt Begriffe ausschließen und somit das Thema eingrenzen.
  Beispiel: *James Bond UND NICHT Roman*
  → Suche nach Seiten, die zwar *James Bond*, nicht aber *Roman* enthalten

„ ": Mit Anführungszeichen kann man nach exakten Wortabfolgen suchen. In den Ergebnislisten angegeben werden nur die Seiten, die das Zitat enthalten.
  Beispiel: *„Geschichte der James Bond Verfilmungen"*
  → Suche nur nach Seiten, die diese Wortfolge enthalten

*: Dieser Operator entbindet von den (grammatischen) Endungen. Gesucht werden alle Seiten mit dem Wortstamm, die aber unterschiedlich enden können.
  Beispiel: *Verfilmung**
  → Suche nach Seiten, die auch andere Endungen, z. B. *Verfilmungen* etc., enthalten

> 7. Einigen Sie sich in Teamarbeit auf ein bestimmtes Thema aus Ihrem Seminar und bereiten Sie eine Internetrecherche vor, indem Sie mithilfe eines Brainstormings Schlagworte suchen und dann überlegen, welche Kombinationen zielführend sein können!
> 8. Suchen Sie in Partnerarbeit nach Informationen zu einem festgelegten Thema in einer allgemeinen und in einer fachspezifischen Suchmaschine und vergleichen Sie die Ergebnisse auf ihre Verwendbarkeit in einem wissenschaftspropädeutischen Seminar!

Die Prüfung der Qualität

Wie schon zu Beginn des Kapitels erläutert, ist die **Prüfung der Qualität von Informationen aus dem Internet unerlässlich**. Die folgende Methode soll Sie dabei unterstützen, ein Gespür für die Seriosität von recherchierten Informationen zu entwickeln:

Grundlegende Elemente von Internetseiten

Zunächst sollten Sie feststellen, ob die folgenden grundlegenden Elemente einer vertrauenswürdigen Quelle vorhanden sind.

1. Der Verfasser oder eine Kontaktperson (gewöhnlich im Fußbereich)
2. Eine Verbindung („link") zur lokalen Homepage (gewöhnlich im Fuß- oder im Kopfbereich)
3. Gegebenenfalls die Bezeichnung der Institution (Fuß- oder Kopfbereich)
4. Das Datum der Erstellung oder Überarbeitung des Dokuments (Fußbereich)

Die inhaltliche Überprüfung

Dazu ergeben sich folgende kritische Fragen:

1. **Der Verfasser**
- Wer ist der Verfasser des Dokuments? Hat gegebenenfalls ein anderer die Urheberrechte?
- Sind sein Beruf oder seine Ausbildung ersichtlich? Lässt sich etwas über den Zeitraum seiner gewonnenen Erfahrungen, seines Studiums sagen? Welche Stellung nimmt er derzeit ein?
- Vermittelt das vorliegende Dokument den Eindruck, dass der Verfasser in der Sache qualifiziert ist? Was spricht dafür, was dagegen? Ist der Autor eine ausgewiesene Fachkraft? Lässt sich dies auch im Text belegen?
- Wenn der Verfasser eine Institution ist: Handelt es sich um eine Universität, eine staatliche Stelle oder eine Firma? Handelt es sich um eine anerkannte Institution? Gewinnt man den Eindruck, dass die Institution die vorliegende Information redigiert oder genehmigt hat (z. B. durch entsprechende Hinweise)?

2. **Der Informationsgehalt des Dokuments:**
- Wann wurde das Dokument erstellt? Wann wurde es überarbeitet?
- Was ist der Zweck des Dokuments: Informieren? Erläutern? Überzeugen? Überreden?
- An welche Zielgruppe richtet sich das Dokument?
- Wie ist das Sprachniveau? Handelt es sich um eine gehobene Sprache oder um Umgangssprache? Werden Fachtermini benutzt?
- Wie ist die Information gegliedert, ist der Text logisch strukturiert?
- Sind die Informationen des Dokuments plausibel? Lassen sich einzelne Elemente stichprobenartig mithilfe bekannter seriöser Mittel (z. B. Brockhaus-Enzyklopädie) überprüfen?
- Wie ist der Gesamteindruck des Dokuments? Macht es einen inhaltlich wie formal seriösen Eindruck oder weckt es Zweifel? Gibt es z. B. viele Rechtschreibfehler? Werden Quellen genannt? Ist das Layout der Internetseite professionell erstellt? Kann aufgrund des Inhalts der Information etwas über den Standpunkt des Urhebers

ausgesagt werden? Ist er glaubhaft/unglaubwürdig, extrem/gemäßigt, gängig/ungewöhnlich, allgemein verbreitet/sonderbar?

Falls eine große Zahl der aufgelisteten Fragen nicht eindeutig zu klären ist, inhaltliche Widersprüche auftreten oder auch sonst keine Indikatoren vorliegen, die die Seriosität des Dokuments stützen, sollte auf die Verwendung dieser Information im Zweifelsfalle verzichtet werden.

Mit einem Steckbrief kann ein Internet-Dokument kurz und knapp charakterisiert werden:

„Steckbrief" eines Internet-Dokuments

URL:

Abrufdatum:

Rechercheziel:
(zugehöriger Gliederungspunkt der Seminarbeit etc.)

Zusammenfassung des relevanten Inhalts:

Bewertung der Qualität:

Bewertungsprofil für ein Internet-Dokument

	positiv	+2	+1	0	−1	−2	negativ
zu Verfasser/Quelle							
	angesehen						unseriös/unbekannt
zum Inhalt							
	aktuell						überholt/Zeit unbekannt
	systematisch						ungeordnet
	nachprüfbar						unbelegt
	sachlich						unsachlich
	ausgewogen						extrem(istisch)
	…						…

Abb. 4.10: „Steckbrief" eines Internet-Dokuments

Gesamturteil

Das Dokument ist für die Fragestellung bzw. für den Gliederungspunkt

1. uneingeschränkt geeignet
2. bedingt geeignet
3. kaum geeignet

(Quelle: In Anlehnung an Staatsinstitut für Schulpädagogik und Bildungsforschung. Nutzung des Internets im Fach Wirtschafts- und Rechtslehre. Donauwörth: Auer 2000, S. 45 ff.)

9. Erstellen Sie im Rahmen der Recherche für Ihre Seminararbeit einen Steckbrief zu einem Internetdokument!

Weiterführende Informationen zum Thema Recherche im Internet :
- Werle, Rainer. „Handbuch Internet Recherche". 12.06.2009. www.werle.com/intagent/index.htm.
- Steiner, Peter M. Effektiv arbeiten mit dem Internet.
  Darmstadt: Wissenschaftliche Buchgesellschaft 2006
- www.fix-finden.de (Verzeichnis von Online-Nachschlagewerken)

4.3 Bibliotheken

Abb. 4.11: Bibliothek-Lesesaal

Verlasse den Schreibtisch, um mehr zu erfahren

Die erste Anlaufstelle für die Recherchearbeit sollte die eigene Schulbibliothek sein, die zum Schulfach der Seminararbeit jeweils eine umfassende Auswahl an Fachbüchern anbietet. Hier findet sich in greifbarer Nähe eine erste Übersicht über relevante Informationen zum Thema. Städtische Bibliotheken, Staatsbibliotheken sowie Fachbibliotheken in den verschiedenen Städten bieten ein breit gefächertes Angebot an Wissensbeständen. Gerade für die Recherche nach wissenschaftlicher Literatur sind Bibliotheken unverzichtbar.

Der persönliche Kontakt öffnet dabei so manche Tür, die man verschlossen glaubte! Dies gilt nach der ersten Kontaktrecherche im Internet besonders für die Recherche in öffentlichen Einrichtungen und Ämtern, Bibliotheken, Archiven, Museen oder Medieneinrichtungen.

Vor dem Gang zur Bibliothek klären

So banal es klingt, die **Öffnungszeiten** z. B. zur Benutzung der Lesesäle oder Präsenzbibliothek sollte man kennen, damit man nicht vor verschlossenen Türen steht und die eigene Arbeitseuphorie verloren geht. Auch die Ausleihbedingungen unterscheiden sich jeweils bei den einzelnen Bibliotheken. Die städtischen Bibliotheken verleihen bereits an kleinere Kinder. Die bayerische Staatsbibliothek in München beispielsweise vergibt Ausweise für Schüler ab 16 Jahren mit Personalausweis, Schülerausweis und Verpflichtungserklärung der Eltern. An den Universitätsbibliotheken und deren Fachabteilungen ist das Ausleihen für Schüler in der Regel ab 18 Jahren möglich. Direkte Kontakte mit den jeweiligen Bibliotheken eröffnen aber vielleicht auch Möglichkeiten jenseits dieser Altersgrenze. Da spielt im Einzelfall Verhandlungsgeschick eine Rolle. Eine zusammenfassende Darstellung der einzelnen Schritte, die man im Vorfeld der eigentlichen Bibliotheksrecherche berücksichtigen sollte, bietet Abb. 4.12:

4.3 Bibliotheken

- Öffnungszeiten
- Mindestalter
- Ausweis
- Zugangsberechtigung

} klären für

Schulbibliotheken
städtische Bibliotheken
Staatsbibliotheken
Universitätsbibliotheken

Abb. 4.12: Vor dem Gang zur Bibliothek klären

Art der Bibliothek	Funktion/Aufgabe	Beispiele
Deutsche Nationalbibliothek	bewahrt alle Medien auf, die in Deutschland erscheinen oder sich mit Deutschland befassen	Frankfurt a. M. Leipzig, Berlin
Staatsbibliothek	meist historische, überregional bedeutende Sammlungen und nationale Aufgaben im wissenschaftlichen Bibliothekswesen	Berlin, München, Paris (Bibliotheque Nationale de France) London (The British Library)
Regionalbibliothek („Landesbibliothek")	Wissenschaftliche Literaturversorgung der Region. Sammelt Literatur der Region. Erstellung von Regionalbibliografien. Ergänzt Stadtbibliotheken (ab 10 000 Einwohnern)	Gottfried Wilhelm Leibniz Bibliothek in Niedersachsen
Hochschulbibliothek	an Universitäten, Hochschulen, Fachhochschulen, Akademien, Instituts-, Fachbereichs-, Seminarbibliotheken: Bereitstellung von Grundlagen- und Forschungsliteratur im Fächerkanon der Einrichtung für Lehrende und Lernende	Universitätsbibliothek Magdeburg, UB Erlangen, UB Fachhochschule Augsburg
Zentrale Fachbibliotheken	Überregionale Literaturversorgung für den hochspezialisierten Bedarf von Wissenschaft und Forschung. Sammeln alle Publikationsformen, zahlreiche Serviceleistungen zur Lieferung und Bereitstellung von Literatur (z. B. Humanmedizin, Umweltwissenschaften, Landwirtschaft, Weltwirtschaft, Volkswirtschaft, Technik, Chemie, Mathematik, Physik usw.)	ZBMED Bonn und Köln ZBW Hamburg TIB Hannover
Spezialbibliotheken	Bibliotheken, die sich einem Spezialgebiet widmen: Spezialbibliothek für Literaturwissenschaft von Aufklärung bis Gegenwart, deutsche und internationale Arbeiterbewegung	Bibliothek der Friedrich-Ebert-Stiftung; DAV-Bibliothek

Abb. 4.13: Was bieten die verschiedenen Bibliotheken?

10. Finden Sie für Ihr Seminarthema zu jedem Bibliothekstyp eine Internetadresse heraus!

Die Bayerische Staatsbibliothek beispielsweise erfüllt neben ihren Aufgaben als wissenschaftliche Universalbibliothek in Zusammenarbeit mit großen Nationalbibliotheken in Frankfurt a. M. und Leipzig sowie der Staatsbibliothek Berlin und weiteren die Aufgaben einer virtuellen Deutschen Nationalbibliothek, die es in der Realität nicht gibt. Hier werden Handschriften, Drucke vor 1700 und ausländische Forschungsliteratur angeboten. Die Bibliothek ist international ausgerichtet und pflegt weltweit partnerschaftliche Beziehungen zu anderen Bibliotheken.

Wer spezielles Fachwissen sucht, der kann sich über den Verbund an die Fachbibliotheken der Universitäten wenden. Darüber hinaus steht auch eine Aufsatzdatenbank von mehr als 40 Millionen Titeln aus mehr als 17 000 Zeitschriften ab 1993 zur Verfügung, die täglich aktualisiert wird.

Der Bibliotheksverbund Bayern (BVB) www.bib-bvb.de beruht auf dem Zusammenschluss großer und bedeutender bayerischer Bibliotheken, darunter befinden sich die Bayerische Staatsbibliothek, elf Universitätsbibliotheken, 17 Fachhochschulbibliotheken, zehn regionale Staatliche Bibliotheken und mehr als 60 weitere Bibliotheken. Entscheidend für den Suchenden ist dabei, dass jede dieser Verbundbibliotheken mit den anderen online verbunden ist. Jeder Nutzer kann somit auf alle Daten zugreifen. Die Verbundzentrale, die die Bayerische Staatsbibliothek beherbergt, bietet mehr als 14 Millionen Titel mit etwa 27 Millionen Bänden an. Dies zeigt die Fülle an Wissensbeständen, auf die zurückgegriffen werden kann.

Abb 4.14: Der Bibliotheksverbund Bayern

Das Internetportal Gateway Bayern (www.gateway-bayern.bib-bvb.de) mit parallelem Zugriff auf wichtige Kataloge und Datenbanken des In- und Auslandes ist nicht nur ein zentraler Ausgangspunkt für Informationssuchende in Bayern. Sowohl der Zugriff auf elektronische Volltexte, die Bestellung im lokalen Katalog, die Online-Fernleihe, Direktlieferdienste oder zusätzliche Recherchemöglichkeiten sind hier möglich.

Über die allgemeine Internetadresse der Staatsbibliothek kann man sich über ihr vielfältiges Angebot – es werden auch regelmäßig Einführungsveranstaltungen angeboten – informieren (www.bsb-muenchen.de) und Zugang zu den elektronischen Medien und den digitalen Sammlungen verschaffen. Ähnlich funktioniert dies auch bei anderen Bibliotheken. Die Adresse der jeweiligen Universitätsbibliothek führt zu sehr vielen Universitäts- und Fachbibliotheken.

Das **Bundesministerium für Bildung und Forschung** (www.bmbf.de) bietet eine „Übersicht über Fachinformationszentren und überregionale Informationseinrichtungen" an, die man im weitesten Sinne als „Fachbibliotheken" bezeichnen könnte. Auf dieser Seite gibt es auch zahlreiche Links zu Forschungsinstitutionen und -organisationen wie der Max-Planck-Gesellschaft.

Wer auf diesen Wegen noch nicht fündig geworden ist, kann auf den **Karlsruher Virtuellen Katalog (KVK)** www.ubka.uni-karlsruhe.de/kvk.html zurückgreifen. Dieser enthält alle Bibliotheksverbünde aus Deutschland und vielen weiteren Staaten – von Australien über Portugal bis hin zu den USA. Insgesamt steht ein Datenbestand von mehr als 500 Millionen Buchtiteln zur Verfügung.

Auf der Suche nach fremdsprachlicher Sekundärliteratur helfen neben den Bibliotheken auch die **Kulturinstitute**:

- Institut Français (www.kultur-frankreich.de)
- Amerikahaus (www.amerikahaus.de)
- Instituto Cervantes (www.instituto-cervantes.de)
- Instituto Italiano di Cultura (www.iicmonaco.esteri.it/IIC_Monaco)

Recherche über OPAC

Viele Bibliotheken sind in einem Verbund zusammengeschlossen, die Recherchemöglichkeiten über diese Zusammenschlüsse sind fast grenzenlos. Kern ist eine zentrale Verbunddatenbank, in die alle dort angeschlossenen Bibliotheken ihre Titeldaten einbringen und die im Gegenzug allen Bibliotheken Kataloge liefert. Dies ist ein aktueller, weltweit verfügbarer Onlinekatalog:

> OPAC = ONLINE PUBLIC ACCESS CATALOGUE =
> öffentlich zugänglicher elektronischer Bibliothekskatalog, den viele in- und ausländische Bibliotheken anbieten

Abb. 4.15: „OPAC" der Universität Frankfurt a. M.

Über eine beliebige Suchmaschine gelangt man mit der Eingabe „OPAC Stadt X" zur entsprechenden Übersichtsseite: Hier wird eine Standardsuche (einfache Suche) sowie häufig eine erweiterte Suche angeboten. Bei der **einfachen Suche** gibt man einen beliebigen Suchbegriff ein (z. B. Shakespeare) und erhält per Mausklick eine in der Regel umfangreiche Trefferliste – im Fall der Universitätsbibliothek München sind es 22150 Titel. Um die Anzahl der Treffer einzugrenzen, bietet es sich an, die in Kapitel 4.2 erläuterten Operatoren wie UND, ODER und UND NICHT zu nutzen. Über die Eingabe von „Shakespeare UND Biografie" lässt sich die Trefferliste z. B. auf 26 Titel beschränken.

Gezielter recherchieren können Sie mithilfe der **erweiterten Suche**. Hier öffnet sich meist eine Suchmaske, in die Sie konkrete Informationen z. B. zu Autor, Titel-Stichwort, Schlagwort, Erscheinungsjahr oder Verlag eingeben. Bei der Option „Titel-Stichwort" sucht das System ausschließlich nach Titeln von Büchern oder Aufsätzen, die das eingegebene Stichwort enthalten. Dies empfiehlt sich in der Regeln nur dann, wenn man nach einem Buch sucht, dessen Titel man zumindest teilweise kennt. Wer sich dagegen allgemeiner zu Literatur zu einem bestimmten Thema informieren will, nutzt besser die Option „Schlagwort". Darunter versteht man einen Begriff, der den Inhalt eines Buches oder Aufsatzes möglichst genau wiedergibt.

Fernleihe/Aufsatzbestellung

Literatur, die in der Bibliothek selbst nicht vorhanden ist, kann in der Regel über andere Bibliotheken besorgt werden. Die meisten öffentlichen Bibliotheken bieten dazu eine Fernleihe von Büchern als Dienstleistung an. Man kann auch einzelne Aufsätze aus Büchern oder Zeitschriften als Kopien bestellen. Die Fernleihe soll der wissenschaftlichen Aus- und Fortbildung dienen. Hörbücher, Präsenzliteratur (z. B. Nachschlagewerke) oder Loseblattsammlungen können daher nicht über diesen Weg bestellt und ausgeliehen werden. Um Titel per Fernleihe zu bestellen, benötigen Sie lediglich einen gültigen Bibliotheksausweis der Bibliothek, über welche die Fernleihe laufen soll. Oft lässt sich die Bestellung auch online abschicken. Die Bibliothek recherchiert, bestellt die Bücher bei anderen Bibliotheken und stellt sie dem Nutzer zur Verfügung. Manchmal wird für die Fernleihe eine pauschale Gebühr erhoben, die in der Regel zwischen 1 und 5 Euro pro Bestellung beträgt. Die Leihfristen liegen zwischen 4 und 8 Wochen.

11. Finden Sie über den OPAC einer Bibliothek Ihrer Wahl Fachartikel zum Thema „Grippeepidemien der letzten 50 Jahre"!
12. Klären Sie alle Konditionen der Bestellung über Fernleihe und Ausleihbedingungen dazu ab!
13. Suchen Sie über einen OPAC nach Informationen zur Entwicklung der Landbevölkerung in verschiedenen Bundesländern seit 1989!
14. Wählen Sie einen speziellen Teilaspekt, z. B. Altersstruktur der Landbevölkerung, und finden Sie den geeigneten Bibliothekstyp für umfassende Antworten!

4.4 Archive und Museen

Was ist ein Archiv?

Archiv (lateinisch, aus griechisch archeion > Rathaus >) das, Einrichtung zur systematischen Erfassung, Ordnung, Verwahrung, Verwaltung und Verwertung von Schriftgut, Bild- und/oder Tonträgern
5 (Archivalien). Seit dem 19. Jahrhundert werden die Archive v. a. für die Geschichtsforschung benutzt. Bedeutende Zentralarchive: (Deutsches) Bundesarchiv in Koblenz, Schweizerisches Bundesarchiv in Bern, Österreichisches Staatsarchiv in Wien.

10 Meyers Lexikon. Lexikonartikel „Archiv". 12.09.2008.
http://www.lexikon.meyers.de/wissen/archiv

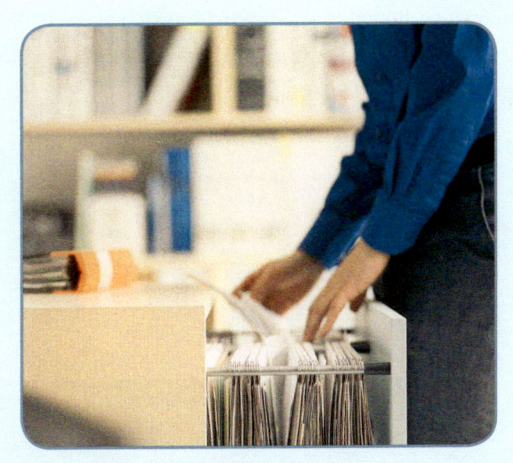

Abb. 4.16: Suche im Archiv

Wie Abb. 4.17 zeigt, bieten Archive vielfältige Möglichkeiten für die eigene Recherche. Ob und welches Archivmaterial für das eigene Thema ergiebig ist, welches nicht, das muss im Einzelfall durch Sichten herausgefunden werden.

Was wird archiviert?	Urkunden, Karten, Bilder, Aktien, Zeitungen, Zeitschriften, Ton- und Bildträger …
Wie wird archiviert?	Sammeln, sichten, kategorisieren, katalogisieren, aufbereiten, herausgeben, forschen …
Wo wird archiviert?	Dokumentenlager, Digitales Archiv, Bibliotheken, Museen, Privatarchive, Behörden, Institutionen

Abb. 4.17: Was wird wie und wo archiviert?

Zugang zu Archiven

Die Adressbücher jeder Stadt geben Auskunft über Anschrift, Telefonnummern sowie Faxnummern der einzelnen Archive. Bundesweit weisen die verschiedenen Internetsuchmaschinen über die Eingabe „Stadtarchiv" und die entsprechende Stadt die Archive der einzelnen Städte aus. Hier werden etliche Links mit Themenschwerpunkten vorgeschlagen.

> 15. Ermitteln Sie über Ihr Stadtarchiv Stadtplanänderungen in Ihrer Stadt in den vergangenen 20 Jahren!

Abb. 4.18: Würzburger Stadtarchiv

Ein Archiv übernimmt die archivwürdigen Unterlagen (Dokumente, Akten, Pläne, Fotos, Urkunden usw.) der städtischen Ämter, Schulen, Institutionen usw. und stellt sie auf Anfrage allen Interessierten, z. B. Wissenschaftlern, Heimat- und Familienforschern, Lehrern, Schülern und Publizisten zur Verfügung, soweit dem nicht rechtliche Bestimmungen (Datenschutz) entgegenstehen. Stadtarchive sowie Dokumentationszentren sind jedem Interessierten mit einem konkreten Forschungszweck zur gebührenpflichtigen Benutzung zugänglich. Wer wissenschaftliche oder schulische Zwecke nachweist, kann das Archiv kostenfrei nutzen. Dies gilt in der Regel auch für die Archive von Bibliotheken.

Zugang für den Laien

Öffentliche Archive	Pressearchive	Private Archive	Firmenarchive
ja	teilweise	selten	nein
☺	😐		☹

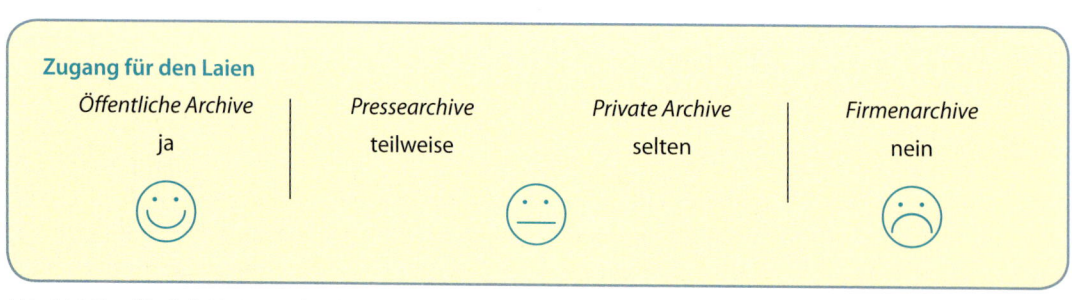

Abb. 4.19: Zugriffmöglichkeiten auf Archive

16. Finden Sie heraus, in welchem Archiv Sie Einblick in Unterlagen zu historischen Bauwerken Ihrer Stadt bekommen!
17. Recherchieren Sie im Internet nach privaten Archiven und listen Sie auf, welche Unterlagen dort aufbewahrt werden!

Auf manche Archive hat der suchende Laie nur eingeschränkt oder gar keinen Zugang (siehe Abb. 4.19). Gründe dafür können z. B. im Schutz persönlicher, wirtschaftlicher oder politischer Daten vor Gegnern oder Konkurrenten liegen. Die zahlreichen Pressearchive bleiben dem „Otto Normalverbraucher" in der Regel ebenfalls verschlossen. Häufig lohnt sich dennoch die persönliche Kontaktaufnahme mit den Zeitschriftenredaktionen oder Archiven. Im Einzelfall kommt man an nützliche Informationen. Das direkte Gespräch ermöglicht immer ein Nachhaken oder Erklären. Hier ist das Gesprächsgeschick des Einzelnen gefragt.

Beispiele für öffentlich zugängliche Archive
- ✓ Staatliche Archive
- ✓ Kommunalarchive
- ✓ Literaturarchive
- ✓ Archive politischer Parteien
- ✓ Wirtschaftsarchive
- ✓ Kirchliche Archive
- ✓ Archive sozialer Einrichtungen
- ✓ Universitätsarchive

Ausnahme Zeitungsarchiv

Für ihre Leser bieten die Zeitungsarchive Recherchemöglichkeiten zu Artikeln der letzten Tage, Wochen, Monate und Jahre an. Für die verschiedenen Themenschwerpunkte der eigenen Seminararbeit finden sich möglicherweise anschauliche und interessante Fachartikel und Kommentare aus vergangener Zeit, die als Zeitdokumente eine sinnvolle Ergänzung sein können (siehe Abb. 4.20).

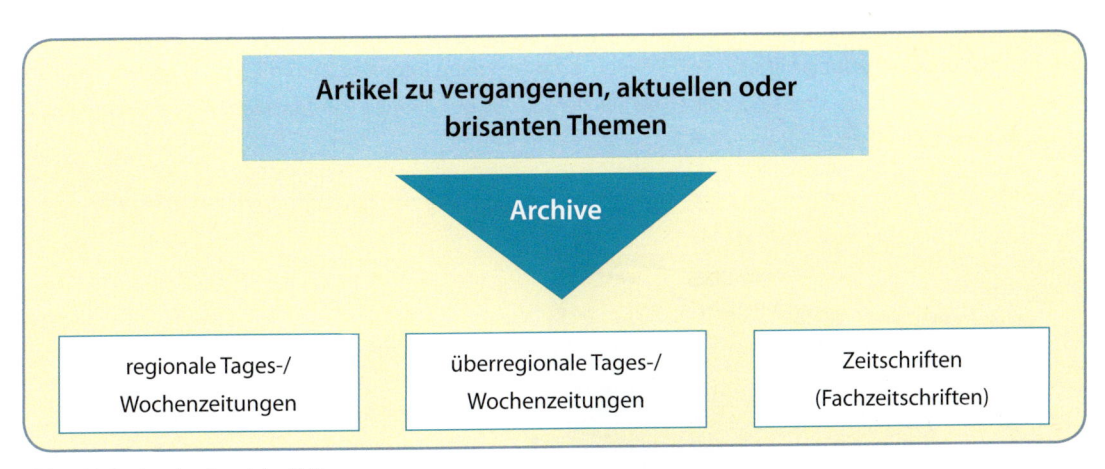

Abb. 4.20: Recherchedienst der Zeitungen

Die Konditionen zur Nutzung der Recherchedienste variieren jedoch zum Teil sehr: Die Süddeutsche Zeitung in München beispielsweise stellt ihren Lesern die Zeitungsausgaben der vergangenen zwölf Monate kostenlos zur Verfügung, über diesen Zeitraum hinaus (insgesamt 30 Jahre) wird die Recherche kostenpflichtig. Das entsprechende Recherchedienst-Formular kann über www.sz-recherchedienst.de bestellt werden. Bei der Frankfurter Allgemeinen Zeitung lautet die Adresse www.faz-archiv.de. Über die Internetadresse der Wochenzeitung Die Zeit, www.zeit.de, gelangt man zu deren Archivformularen bei der Suche nach bestimmten Artikeln aus der Vergangenheit.

18. Finden Sie heraus, zu welchen Konditionen verschiedene Tages- und Wochenzeitungen Recherchedienste anbieten!

Die Recherche bei Fachzeitschriftenverlagen gestaltet sich grundsätzlich ähnlich wie bei den Tageszeitungen. Die Pressestelle oder die Redaktion selbst empfiehlt sich für eine erste Kontaktaufnahme. Hier wird man erfahren, ob man Hilfe bei der Beantwortung bestimmter Themenfragen in Anspruch nehmen kann.

Die folgende Übersicht zeigt die Vielfalt der Zeitschriftenlandschaft. Unzählig sind allein die Titel und Themenschwerpunkte der Zeitschriften. Für nahezu jedes Spezialthema lässt sich ein eigener Titel finden.

Zeitschriftentitel	Schwerpunkte	Anschrift; Telefon
Das Capital	monatliches Wirtschaftsmagazin	Eupanerstr. 70, 50933 Köln; 0221 49080
Handelsblatt	börsentägliche Tageszeitung für Wirtschaft und Finanzen	Kasernenstr. 67, 40213 Düsseldorf; 0221 18870
Geo	monatliches Reportagemagazin für Wissenschaft, Politik, Technik; große Fotoreportagen	Am Baumwall 11, 20459 Hamburg; 040 37030
Art	monatliche Kunstzeitschrift	Anschrift s. Geo
Häuser	monatliches Magazin für Architektur und Design	Anschrift s. Geo

Das eigene Archiv

Bei der großen Auswahl an Datenbanken und anderen Informationsquellen ist es allerdings besonders wichtig, sich von Anfang an ein gut strukturiertes eigenes Archiv anzulegen, das zu den alphabetisch geordneten Themenbereichen die gefundenen Informationen enthält. Dazu gehören auch Adressen oder Personen, die bei der Informationsbeschaffung hilfreich sein können. Kommen neue Informationen dazu, sind andere hinfällig, weil sie zum Beispiel zu veraltet sind, sollten sie aus dem Archiv genommen werden. Mehr Hinweise zum Archivieren finden sich in Kapitel 5.4.

Das eigene Archiv

✓ wichtige Adressen

✓ Ansprechpartner

✓ alphabetisch geordnete Informationen

Abb. 4.21: Das eigene Archiv

4.4 Archive und Museen

Welche Möglichkeiten bieten Museen für die Recherche?

Pressestelle → Fotos, geschichtliche Daten, Ausstellungskataloge, Dokumentationen, Infos zu Künstlern und Ausstellungsstücken, Bilder

Besucherinformationsdienst →

Museumspädagoge →

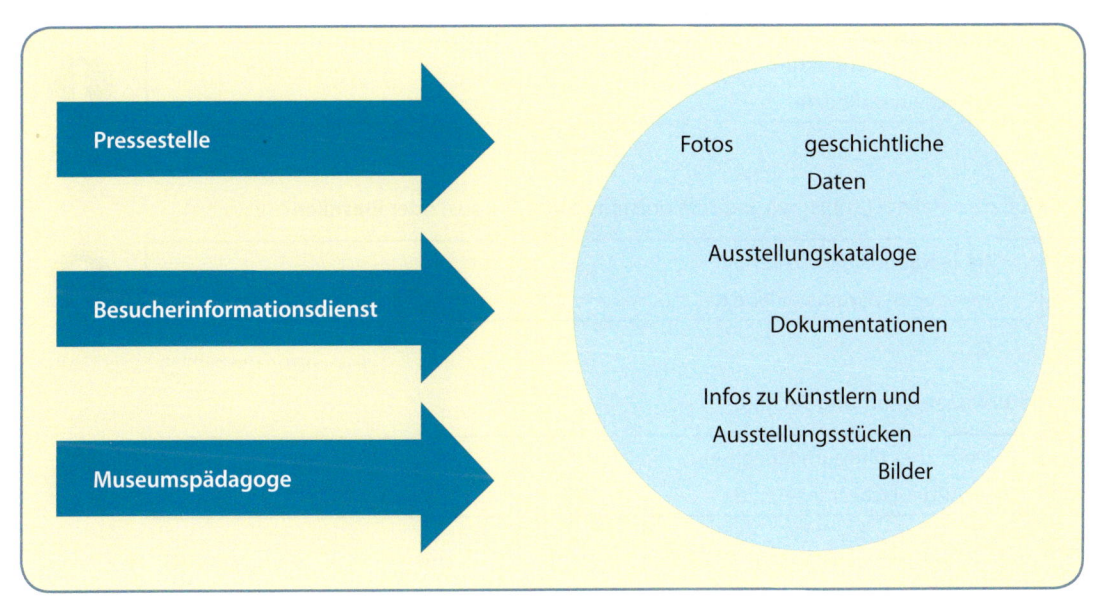

Abb. 4.22: Recherche in Museen

Museen archivieren wichtige Daten und Informationen, beispielsweise zu vergangenen oder künftigen Ausstellungen. Wer auf welche Informationen Zugriff haben kann, ist von Museum zu Museum unterschiedlich. Das Stadtmuseum der Stadt München gibt Interessierten die Möglichkeit, in ihrem Fotoarchiv zu vergangenen Ausstellungen zu recherchieren. Wem die gefundenen Informationen nicht ausreichen, dem werden bei persönlichem Kontakt im Museum Tipps für andere Quellen gegeben. Die Besucherdienste der Museen – fast alle haben diesen Dienst eingerichtet – geben auf individuelle Fragen Antwort. Dies kann telefonisch, schriftlich oder persönlich erfolgen. Kataloge vergangener Ausstellungen sind einsehbar – so beispielsweise in einer Präsenzbibliothek. Pressestellen oder Museumspädagogen bieten sich ebenfalls als bereitwillige Ansprechpartner für die eigene Quellensuche an.

> Das Germanische Nationalmuseum in Nürnberg, das größte kulturhistorische Museum Deutschlands, bietet unter seiner Internetadresse www.gnm.de etliche hilfreiche Links an.

> 19. Suchen Sie nach einem großen Technikmuseum in Deutschland und finden Sie heraus, wer Ansprechpartner in der Pressestelle ist, ob es einen Informationsdienst und einen Museumspädagogen gibt!
> 20. Recherchieren Sie Anschrift und Telefonnummer zu Museen mit folgenden Schwerpunkten: Film und Foto, zeitgenössische Kunst, Design, altertümliche Skulpturen, Kriegskunst!
> 21. Recherchieren Sie die Anschrift eines Museums, das sich thematisch zu einem Schwerpunkt Ihrer Seminararbeit präsentiert!

Da die Museen unterschiedliche Schwerpunkte haben, hängt die mögliche Ergiebigkeit für die eigene Recherche selbstverständlich auch von der Art des Museums ab (Abb. 4.23).

Architektur?

Deutsches Architekturmuseum Frankfurt a. M.:
www.dam-online.de

Moderne Malerei (Kubismus, Expressionismus, Surrealismus) oder Plastiken?

Neue Nationalgalerie Berlin:
www.neue-nationalgalerie.de

Naturwissenschaft und Technik?

Deutsches Museum München:
www.deutschesmuseum.de

Naturkunde?

Naturkundemuseum Erfurt:
www.naturkundemuseum-erfurt.de

Abb. 4.23: Museen und ihre Schwerpunkte

Abb. 4.24: Das Deutsche Museum in München

4.5 Recherche in Hörfunk und Fernsehen

Können Hörfunk und Fernsehen bei der Recherche für die Seminararbeit behilflich sein? Um diese Frage beantworten zu können, sind zunächst einige Hintergrundinformationen zur Organisation von Hörfunk und Fernsehen in Deutschland nötig.

So gibt es neben der wachsenden Zahl an privaten Fernseh- und Hörfunksendern die öffentlich-rechtlichen Rundfunkanstalten der ARD (ARD = Arbeitsgemeinschaft der öffentlich-rechtlichen Rundfunkanstalten Deutschlands) sowie das ZDF (Zweites Deutsches Fernsehen). Die neun Rundfunkanstalten der ARD versorgen Deutschland mit dem ersten Fernsehprogramm. Mittlerweile werden auch einige Spartenkanäle, z. B. ARTE, 3sat oder Phoenix angeboten. Darüber hinaus strahlen sie auch verschiedene Hörfunkprogramme aus.

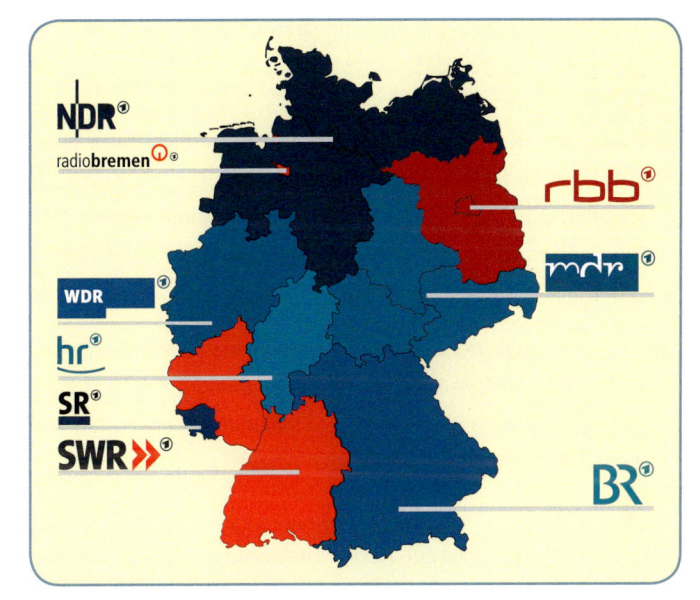

Abb. 4.25: Die Rundfunkanstalten der ARD

Der öffentlich-rechtliche Rundfunk wurde nach dem Zweiten Weltkrieg von den Alliierten nach dem Vorbild der BBC (Britisch Broadcast Company) eingeführt. Er sollte primär die „Grundversorgung" (siehe weiter unten) der Bevölkerung sichern. Um dies zu erreichen, müssen die Sender des öffentlich-rechtlichen Rundfunks politische und wirtschaftliche Unabhängigkeit wahren. Daher finanzieren sie sich nicht aus Steuermitteln, sondern über die Rundfunkgebühren der Hörer und Zuschauer, die über ein Empfangsgerät verfügen. Mit der Einführung des „Dualen Systems" Mitte der 1980er Jahre konnten auch private Rundfunkanbieter „auf Sendung gehen". Im Gegensatz zum öffentlich-rechtlichen Rundfunk müssen diese Sender sich vornehmlich über Werbung finanzieren.

Der Grundversorgungsauftrag des öffentlich-rechtlichen Rundfunks

Der Rundfunkstaatsvertrag vom 31.08.1991 sowie Ergänzungen dazu in den Folgejahren regeln Rechte und Pflichten der öffentlich-rechtlichen Rundfunkanstalten. Danach müssen diese einen Grundversorgungsauftrag erfüllen: Information, Bildung, Beratung und Unterhaltung. Dies wiederum soll nach den Richtlinien der Ausgewogenheit, Objektivität und unter Einhaltung journalistischer Sorgfalt geschehen. Als öffentlich-rechtliche Anstalt ist der Rundfunk seinen Hörern und Zuschauern im Sinne der Beratung also verpflichtet. Hier kann daher jeder prinzipiell nützliche Informationen zu ausgestrahlten Sendungen bekommen, d. h. auch im Rahmen der Recherche für die eigene Seminararbeit.

> **Beispiel:** Im öffentlich-rechtlichen Fernsehen wurde eine Dokumentation zum Ökosystem des Waldes ausgestrahlt, u. a. mit einem Interview mit einem bekannten Biologen, der auf diesem Gebiet forscht. Für eine Seminararbeit im Fach Biologie könnte man z. B. beim Sender die Kontaktadresse des Biologen erfragen, um weitere Informationen zu erhalten. Eventuell ist es auch möglich, Zitate aus dem Interview in gedruckter Fassung in die Seminararbeit zu übernehmen.

Die Vielfalt der Hörfunk- und Fernsehsendungen bietet also eine interessante und in der Regel seriöse Informationsquelle für die eigene Seminararbeit. Oft lohnt sich hier auch der Blick in das Internetangebot des jeweiligen Senders. Meist finden sich hier weitergehende Informationen, z. B. werden aktuelle Themen der Tagesnachrichten vertiefend dargestellt und nützliche Links aufbereitet (www.tagesschau.de oder www.heute.de).

Zentrale Anlaufstelle bei allen Sendern ist die Pressestelle. Dort weiß man genau, an welche Redaktion man den Fragesteller weiterleiten kann oder welche hilfreiche Kontaktadresse sich vermitteln lässt. Auch die Frage, ob sich Sendemitschnitte für die eigene Seminararbeit verwenden lassen, kann hier geklärt werden. In der Regel ist dies aus rechtlichen Gründen jedoch schwierig.

22. Recherchieren Sie auf den Internetseiten der Tagesschau und der heute-Nachrichten nach nützlichen Informationen zum Rahmenthema Ihres Seminars!

4.6 Interviews und Umfragen

Warum überhaupt eine Befragung durchführen?

„Der gesunde Menschenverstand ist vage und unzuverlässig, die soziale Welt können wir nur durch sorgfältige Forschung kennenlernen."

Durkheim, Emile. Der Selbstmord. Frankfurt am Main: Suhrkamp 2008

Im Rahmen von **empirischer Sozialforschung** werden Handlungen und Einstellungen von Menschen mittels Befragungen, also mittels Interviews und Umfragen, untersucht. Dieses Mittel ist in den Disziplinen Geschichte, Wirtschaft, Geografie und Sozialkunde ein Standardverfahren, um Informationen zu gewinnen. In der Schule kann eine Befragung in vielen Fächern Teil einer Seminararbeit sein, beispielsweise in Geografie zur Analyse der Lebensqualität in einem Stadtteil, in Biologie zur Bewertung der Gentechnik oder in Sport zur Akzeptanz einer Sportart. Eine besondere Form der Befragung ist das Expertengespräch, mit dessen Hilfe Fachwissen erlangt werden soll und das in allen Schulfächern zum Einsatz kommen kann (nähere Hinweise siehe S. 75).

Ablauf einer Untersuchung mittels einer Befragung

Die wissenschaftsorientierte Herangehensweise unterscheidet sich deutlich von einem unreflektierten und unsystematischen Einholen von Informationen. Es genügt nicht, gerade „greifbare" Personen zu einem breit gefassten Thema anzusprechen und deren Ausführungen zu notieren. Eine Befragung muss gründlich vorbereitet werden. Sie müssen sich klar darüber werden, wer befragt werden soll, wann dies geschehen soll, mit welchen Fragen und mit welcher Methode. Mehrere Stufen müssen dann bei einer Untersuchung, die auf einer Befragung gründet, durchlaufen werden:

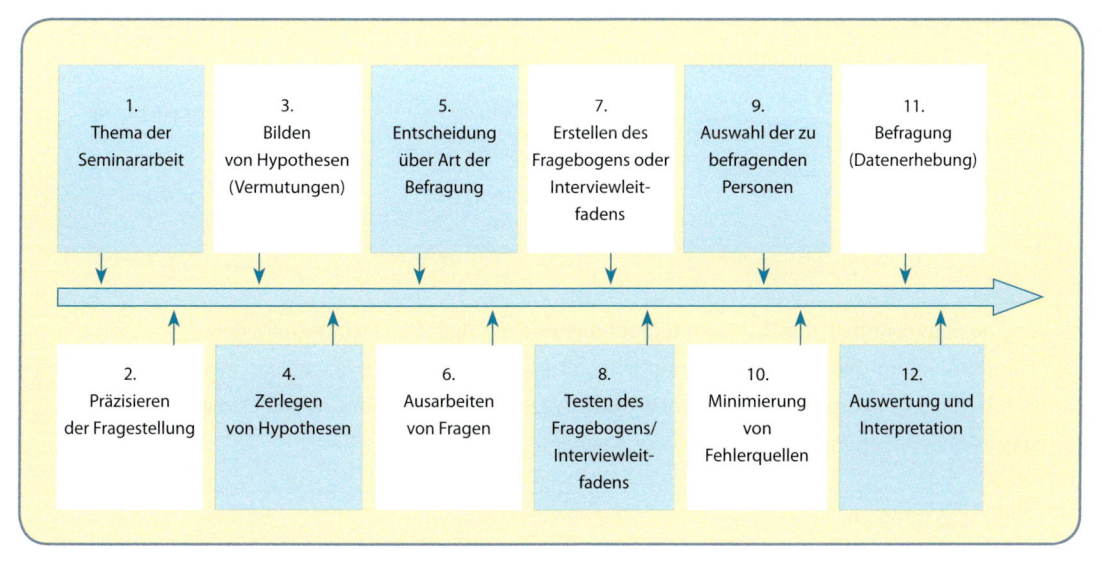

1. Thema der Seminararbeit	3. Bilden von Hypothesen (Vermutungen)	5. Entscheidung über Art der Befragung	7. Erstellen des Fragebogens oder Interviewleitfadens	9. Auswahl der zu befragenden Personen	11. Befragung (Datenerhebung)
2. Präzisieren der Fragestellung	4. Zerlegen von Hypothesen	6. Ausarbeiten von Fragen	8. Testen des Fragebogens/Interviewleitfadens	10. Minimierung von Fehlerquellen	12. Auswertung und Interpretation

Abb. 4.26: Ablauf einer Untersuchung mittels Befragungen

4 Beschaffen von Informationen

Vorbereitung: Präzisieren der Fragestellung, Bilden und Zerlegen von Hypothesen

Es zeichnet gelungene Untersuchungen aus, zunächst die Themenstellung zu präzisieren und die Fragestellungen, die hinter dem vergebenen Seminarthema stecken, genauer zu fassen. Beispielsweise müsste das Thema „Der Stadtteil Meisenberg" spezifiziert werden, was in der Regel in Zusammenarbeit mit dem/r Seminarlehrer/in erfolgt. Ergebnis könnte die Präzisierung der Fragestellung mit der Themenformulierung „Der Stadtteil Meisenberg – Strukturen, Probleme, Lösungsansätze" sein (siehe auch Kapitel „Seminararbeit: Themenfindung").

Im Anschluss an die Themenpräzisierung werden Vermutungen formuliert, um diese in einer systematischen Befragung überprüfen zu können: sogenannte **Hypothesen**, etwa zu den Problemen eines Stadtteils. Sie sollen schließlich am Ende Ihrer Arbeit entweder bestätigt oder widerlegt (falsifiziert) werden. Der empirisch arbeitende Forscher arbeitet also wie ein Detektiv, der bestimmte Ideen im Kopf hat und nach Belegen sucht und der weiß, dass der Anfangsverdacht in die Irre weisen kann (vgl. Dieckmann, 2007, S. 60 f.). Aufgabe ist es dabei, sich nicht von Vorurteilen oder eigenen Erwartungen leiten zu lassen und sich nicht auf einige wenige Vermutungen zu beschränken, damit die Wirklichkeit nicht nur „selektiv" wahrgenommen wird. Ähnlich ist das Vorgehen bei einem Experiment, z. B. in den Naturwissenschaften.

Es wird Ihnen sicher eine Vielzahl von Vermutungen einfallen zu Ihrem Thema. Diese sind aber in der Regel immer noch zu abstrakt, um sie konkret untersuchen zu können. Wie kann eine Hypothese erfolgreich untersucht werden? Hierzu müssen die in einer Hypothese auftauchenden Begriffe operationalisiert werden.

> Operationalisierung heißt, dass man die theoretischen Begriffe der Hypothese durch konkrete Indikatoren, Merkmale (bzw. Variablen) zu fassen versucht und dadurch messbar macht. Sind
> 5 die Merkmale festgelegt, so geht es dann darum, wie diese gemessen werden, d. h. welche Daten zu den einzelnen Merkmalen erhoben werden müssen. Es handelt sich also um einen Übersetzungsvorgang, bei dem durch eine weitere Aufgliederung der Hypothesen in deren relevante 10 Begriffe [...] jene Daten erhoben werden, welche die Überprüfung der Hypothesen letztendlich ermöglichen. Durch den Prozess der Operationalisierung wird festgelegt, welche Daten zur Überprüfung der Hypothesen letztlich notwendig sind. 15
>
> *Atteslander, Peter. Methoden der empirischen Sozialforschung. Berlin: Erich Schmidt Verlag 2008, S. 274*

Beispiel:
Für eine Seminararbeit zum Thema Integration wurde die Hypothese aufgestellt, dass Menschen mit Migrationshintergrund in einem bestimmten Stadtteil noch nicht zufriedenstellend integriert sind. Um diese Hypothese überprüfen zu können, wird der Aspekt „Integration" in einzelne Elemente zerlegt, die dann in einer Befragung untersucht werden können.

Bei den einzelnen Elementen des Begriffs handelt es sich um die **Variablen**, die weiter in konkrete **Indikatoren** differenziert wurden, die zählbar oder messbar sind (siehe Abb. 4.27).

4.6 Interviews und Umfragen

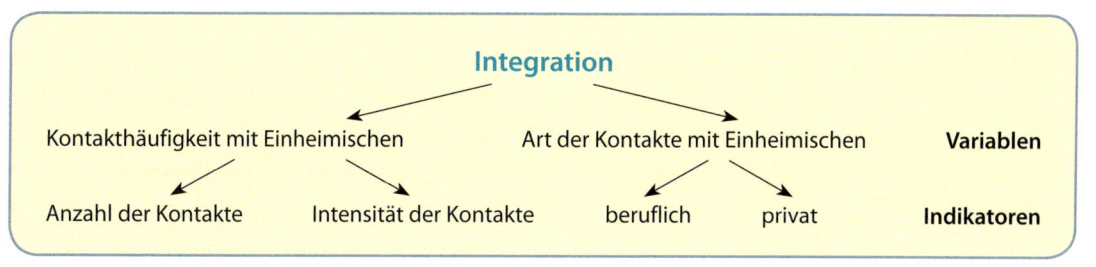

```
                        Integration
    Kontakthäufigkeit mit Einheimischen    Art der Kontakte mit Einheimischen      Variablen
    
    Anzahl der Kontakte   Intensität der Kontakte    beruflich    privat           Indikatoren
```

Abb. 4.27: Variablen und Indikatoren

> 23. Zerlegen Sie den Begriff „Integration" noch weiter! Informieren Sie sich gegebenenfalls im Internet oder in der Bibliothek zuvor über den Begriff!
> 24. Operationalisieren Sie die Hypothese, dass der Wirtschaftsstandort (einer beliebigen Stadt) durch die Ausweisung eines neuen Gewerbegebiets einen Aufschwung erfahren hat!
> 25. Begründen Sie, warum die Befragung im folgenden Beispiel abgebrochen wurde!

Zur Untersuchung des Zusammenlebens von Weißen und Schwarzen wurde eine Befragung zum Zusammenleben im Wohnquartieren durchgeführt.

[Es] ergab sich – stark verkürzt – folgendes Bild: Die befragte Hausfrau weißer Hautfarbe gab an, dass sie mit den schwarzen Nachbarn eng befreundet sei. Man half sich gegenseitig aus, die Kinder spielten regelmäßig miteinander, gegenseitige Besuche waren an der Tagesordnung. Als der Interviewer schon zur nächsten Frage überleiten wollte, kam folgende Äußerung: „Aber wissen Sie, in der Stadt würde ich meine Nachbarin nicht grüßen."

Atteslander, Peter. Methoden der empirischen Sozialforschung. Berlin: Erich Schmidt Verlag 2008, S. 108

Die Entscheidung über die Art der Befragung

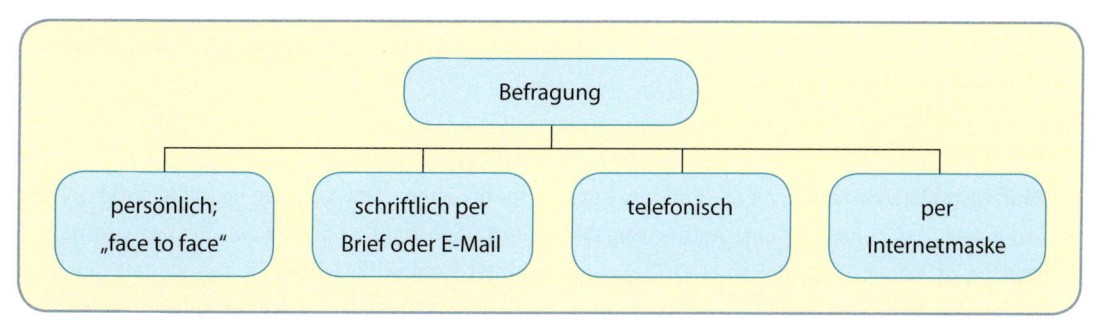

```
                          Befragung
                              |
    ┌─────────────┬───────────┴──────────┬─────────────┐
   persönlich;   schriftlich per       telefonisch       per
   „face to face"  Brief oder E-Mail                 Internetmaske
```

Abb. 4.28: Arten der Befragung

Eine schriftliche Befragung bietet sich beispielsweise dann an, wenn der Befragte telefonisch oder gar persönlich kaum zu erreichen ist und seitens des Forschers Wert darauf gelegt wird, dass der Befragte überlegt antworten kann und der Einfluss durch den Interviewer ausgeschlossen werden soll. Das Problem, dass nur sozial erwünschtes Verhalten gezeigt wird, ist besonders bei persönlichem Kontakt sehr hoch, wenn Befragte den Befrager z. B. nicht brüskieren oder sich seine Zustimmung sichern wollen. Beispielsweise kann bei einer Befragung zum Thema „Frauen in Führungspositionen" die Antwort gegenüber einer weiblichen Befragerin anders ausfallen als gegenüber einem männlichen Interviewer. Bei der schriftlichen Befragung spielt die Überlegung eine Rolle, wie eine hohe **Rücklaufquote** zu erreichen ist. Ein **persönliches Interview** ist der schriftlichen Befragung vorzuziehen, wenn der Interviewer die Möglichkeit, Nachfragen zu stellen, für wichtig erachtet oder der Fragebogen ausgedruckt zu lang würde. Ein persönliches Interview ist geeigneter als ein Telefoninterview, wenn zu befürchten ist, dass zunächst Misstrauen und Vorsicht durch den Interviewer abgebaut werden müssen.

26. Stellen Sie die Vor- und Nachteile von Befragungen via Internet mittels eines Onlinefragebogens dar!
27. Erklären Sie, warum Telefoninterviews auch als „quick-and-dirty"-Methode bezeichnet wurden!

Das Ausarbeiten von Fragen

Wie einzelne Fragen formuliert werden, entscheidet sich aufgrund der übergeordneten Fragestellung. Je nachdem, was der Forscher erfahren will, muss das Instrument, also die Art der Fragestellung, gewählt werden. Wer nicht nur mit offenen Fragen arbeitet, muss sich auch Gedanken über die vorgegebenen Antworten machen.

Offene Fragen

Der Befragte formuliert seine Antworten frei. Dieses Verfahren ist dann sinnvoll, wenn das Antwortspektrum nicht bekannt ist oder der Befragte durch vorgegebene Antworten nicht beeinflusst werden soll. Die Auswertung ist jedoch schwieriger.

Geschlossene Fragen

Die Antwortmöglichkeiten werden vorgegeben. Je nach Art der Vorgabe können **Einfachwahlfragen** (auch Alternativfragen genannt), **Mehrfachauswahlen** und abgestufte **Skalenfragen** gestellt werden.

Abb. 4.29: Arten von Fragen

Antwortmöglichkeiten

Einfachwahlfragen sind eine Unterform von Auswahlfragen, bei denen nur eine Antwortvorgabe angekreuzt werden darf. Bei einer Einfachwahl dürfen die Antworten keine Überschneidungen aufweisen, sie müssen eindeutige Klassen bilden. Außerdem muss der gesamte Antwortraum abgedeckt werden, d. h. es muss in jedem Fall eine Antwort angekreuzt werden können. In vielen Fällen sollte deshalb eine Antwort wie „Sonstiges" oder „Andere" in der Antwortliste stehen und ggf. die Möglichkeit gegeben sein, diese Kategorie zu spezifizieren, sonst hat man im schlimmsten Fall 30 % „Sonstiges", ohne zu wissen, was sich dahinter verbirgt. Bedenken Sie zudem, dass durch diesen Fragetyp eine eindeutige Antwort erzwungen werden kann, was nicht immer dem Untersuchungsziel dienlich sein muss.

Mehrfachwahlfragen sind eine Sonderform von Auswahlfragen, bei denen mehrere Antwortvorgaben angekreuzt werden dürfen. [...] Es bereitet [...] viel Mühe und Kopfzerbrechen, die möglichen

Antworten zu finden oder sich auf bestimmte Aspekte zu beschränken. Bei den Auswertungen gehen die Möglichkeiten kaum über einfache quantitative Darstellungen hinaus. Bei größer angelegten Projekten kann eine Vorerhebung mit freien Fragen die Unsicherheiten deutlich verringern.

Bei **Skalenfragen** besitzen die Antworten eine innere Ordnung, eine vorgegebene Reihenfolge. Man bezeichnet die Ordnung auch als Rangfolge (Ordinalskala). Dieser Fragetyp empfiehlt sich z. B. zum Erfassen von Stimmungen und Meinungsäußerungen. Zum besseren Verständnis werden die Einzelwerte mit Begriffen versehen. Oft werden nur die beiden äußeren Extreme benannt. Skalen können eine gerade Anzahl oder eine ungerade Anzahl an Werten besitzen. Gerade Skalen haben keine Mitte und damit auch keinen neutralen Wert. Es lassen sich auch symmetrische Skalen erzeugen, etwa von −2 bis +2. Solche Skalen eignen sich, wenn die Frage eine negativ/positiv Zuordnung zulässt. Die treffende Formulierung aller Zwischenwerte bereitet mitunter Schwierigkeiten. Überlegen Sie, ob Sie wirklich klare und ordnende Formulierungen gefunden haben. Häufig ist es einfacher und besser, nur die beiden Extremwerte zu beschriften. In Fragebögen gibt es oft ganze Blöcke von Fragen mit gleicher Skala.

Bundeszentrale für politische Bildung. „Fragetypen und Antwortmöglichkeiten". 12.06.2009 (gekürzt und ergänzt). www.bpb.de/die_bpb/H60GW3,0,0,Fragetypen_und_Antworten.html

Beispiele für verschiedene Frage- und Antwortmöglichkeiten:

Fragebeispiel	Vorgegebene Antwortmöglichkeiten	
Wie wohl fühlen Sie sich in diesem Stadtteil?	sehr wohl – wohl – weniger wohl – nicht wohl	
Wie ist Ihre Meinung zur Ausstattung des Stadtraums mit Erholungsflächen?		
In welchen Bereichen sehen Sie noch Entwicklungspotenziale im Stadtteil?	☐ Grünflächen ☐ Verkehrsanbindung	☐ Spielplätze ☐ Wohnraum
Nutzen Sie die hiesigen Erholungsseen?	Ja	Nein

✓ **Checkliste: Wie formuliert man Fragen?**

✓ mit einfachen, verständlichen Worten
✓ neutral ohne versteckte Wertungen
✓ mit präzisen Ausdrücken
✓ mit einem klaren Satzbau ohne Verschachtelungen

Achten Sie auf die Formulierung der Fragen: Psychologische Faktoren spielen eine nicht zu unterschätzende Rolle. Die Antworten werden unterschiedlich sein, wenn nach einer allgemeinen Meinung gefragt oder wenn ein persönlicher Bezug hergestellt wird. Insofern unterscheiden sich die Fragen „Sind Sie dafür, dass Kindergärten eingerichtet werden?" oder „Sind Sie dafür, dass in Ihrer Straße ein Kindergarten eingerichtet wird?" Die Frage „Wie gefällt dir dein Wohnviertel?" ist, wenn man nicht nur ein allgemeines Gefühl, sondern verschiedene Aspekte erfassen will, nicht sehr präzise, da nicht klar definiert ist, worauf sich die Frage bezieht, etwa auf die Qualität der Sportstätten, die Gastronomie etc. Die wegen der Verwendung eines Fachbegriffs schwer zu verstehende Frage „Leidest du abgesehen von der Schulangst noch unter einer anderen spezifischen Phobie?" sollte verständlicher formuliert werden, z. B. „Kennst du auch außerhalb der Schule Situationen, in denen du sehr ängstlich bist?"

> Je besser der Fragebogen bzw. der Interviewleitfaden, desto besser die Qualität der Daten.

28. Erklären Sie, warum es einen Unterschied in den Ergebnissen macht, ob in einer Frage das Wort „verbieten" oder „nicht erlaubt" auftaucht!
29. Beurteilen Sie die folgende Frage: „Sind Sie auch dafür, dass im Stadtteil ein Einkaufszentrum gebaut wird?" und finden Sie alternative Formulierungen!
30. Erklären Sie, warum der an der Ladentheke oft vernommene Satz „Darf's noch etwas sein?" gelungener formuliert ist als „Ist das alles?"!

Erstellen des Fragebogens oder Interviewleitfadens

Wenn geklärt ist, welche Fragen verwendet werden sollen, können sie zusammengestellt werden. Ergebnis ist ein Fragebogen oder ein Interviewleitfaden, das sogenannte **„Erhebungsinstrument"**. Je nachdem, welche Arten von Fragen gewählt wurden, unterscheidet man folgende Typen der Befragung:

Typ	Merkmal	Vorteile	Nachteile
Standardisierte Befragung	Es gibt einen festen **Fragebogen** ohne Spielraum für Variationen in der Befragung. Die Fragen, alle Antwortkategorien und die Reihenfolge der Fragen sind genau festgelegt.	Gleiche Befragungssituation, die eine hohe Vergleichbarkeit bedingt. Sehr ökonomisch aufgrund guter statistischer Auswertungsmöglichkeiten, man kann sofort mit den Antworten „rechnen". Daher besonders gut für große Stichproben geeignet.	Die Antwortkategorien sind festgelegt, es kann sein, dass sich die Befragten nicht wiederfinden, falls es bei Mehrfachauswahlfragen andere relevante Antworten gäbe, werden sie nicht erfasst und fallen somit durchs Raster.
Teil-standardisiertes Interview	Hier versucht man, einen Mittelweg zu gehen. Ein **Interviewleitfaden** ist erstellt worden, jedem Gesprächspartner werden dieselben Fragen gestellt, aber es gibt nicht nur vorgefertigte Antwortmöglichkeiten, d. h. in der Regel wird gemischt zwischen geschlossenen Fragen mit vorgefertigten Antworten und mit offenen ohne vorgegebene Antwortmöglichkeit.	Der Interviewer kann Erklärungen geben oder sich vergewissern, dass er die Antwort richtig verstanden hat. Wenn sich neue Aspekte ergeben, kann der Interviewer einfach weiterfragen. Wenn der Befragte vom Thema abweicht, kann er zur Fragestellung zurückgeführt werden.	Das teilstandardisierte Interview setzt die Bereitschaft des Interviewten voraus, sich mit dem Thema eingehender auseinanderzusetzen, und benötigt mehr Zeit. Die Auswertung ist schwieriger, weil nachträglich noch die freien Antworten in geeigneter Weise zusammengefasst werden müssen.
Nicht-standardisiertes Interview	Keinerlei Standardfragen sind fest vorbereitet. Fest steht das Thema, der Befragte kann seine Ansichten ausführen und das Interview kann sich in unvorhergesehene Richtungen entwickeln.	Wenn etwas Neues erfasst werden soll und man sich an einen Gegenstand annähern will, wenn Hauptprobleme oder Hauptaspekte unbekannt sind, ist die Fülle von Antworten, die man erhält, von Vorteil. Auf der Basis kann man Hypothesen entwickeln bzw. ein stärker standardisiertes Interview.	Vergleichbarkeit zwischen den Interviews ist schwer herzustellen. Große Stichproben sind schwer zu verarbeiten.

Abb. 4.30: Typen von Befragungen

Beispiele: Je nach Thema können unterschiedliche Standardisierungen sinnvoll sein. Wenn beim Thema Verkehrsinfrastruktur in einer Stadt ermittelt werden soll, welche Verkehrsmittel wie oft genutzt werden, bietet es sich an, die Fragen zu standardisieren. Auch wenn nach der Bewertung der Verkehrsmittel gefragt wird, können die Befragten standardisiert „benoten". Wenn es um die Neugestaltung eines Platzes geht, könnte nach Nutzungshäufigkeiten standardisiert gefragt werden, nach Wünschen sollte eher nicht standardisiert gefragt werden.

Umfrage des Albert-Einstein-Gymnasiums zum Thema **„Lesegewohnheiten von Jugendlichen zwischen 12 und 18 Jahren"**

Bitte den Fragebogen bis zum 20.03.XX ausfüllen und an Herrn XY weiterleiten.

Alter: _____

Geschlecht:
☐ männlich
☐ weiblich

Abb. 4.31: Der Kopf eines Fragebogens

Den Anfang eines Fragebogens bildet ein allgemeiner Teil, in dem generelle Informationen über die Befragten erfasst werden, z. B. Alter, Geschlecht, Bildungsstand, Herkunft o. Ä. Was hier erhoben wird, bedingt, welche Zusammenhänge man aus diesen Variablen und den Antworten des speziellen Teils bei der Auswertung darstellen kann. Bei der Auswertung einer Befragung zum Thema „Schulangst" könnten beispielsweise Zusammenhänge zwischen Alter und Ausprägung der Angst untersucht werden (siehe Kapitel 5.2).

> **Vorsicht:** Je weniger Struktur und je weniger Standardisierung, desto aufwändiger und schwieriger ist ein Interview auszuwerten.

✓ **Checkliste: Aufbau und Gestaltung eines Fragebogens**

✓ Klares und prägnantes Benennen des Inhalts der Studie
✓ Vermerken des Schulnamens
✓ Verfahrenshinweise zu den Antworten (z. B. Ankreuzen)
✓ Leichte Einstiegsfragen
✓ Zusammenfassen aufeinanderfolgender Fragen mit gleichen Antwortmöglichkeiten zu einem Block
✓ Vermittlung eines seriösen Eindrucks
✓ Große Übersichtlichkeit

Testen des Fragebogens oder Leitfadens

Wenn der Fragebogen oder Interviewleitfaden vorliegt, sollten Sie ihn noch einmal erproben, um Schwachstellen zu beseitigen. Führen Sie also mit einer geringen Anzahl von Befragungen einen **Pretest** durch, um zu erkennen, wo Fragen nicht präzise genug formuliert wurden.

> ✓ **Checkliste: Auswertung eines Pretests**
>
> ✓ Gibt es schwer verständliche Fragen?
> ✓ Können überhaupt sinnvolle Antworten gegeben werden?
> ✓ Sind die Anweisungen verständlich?
> ✓ Gibt es sprachliche Überforderungen, z. B. häufige Nachfragen bei einem Fremdwort?
> ✓ Bieten die Skalierungen genügend Differenzierung und sind sie auch nicht zu weit aufgefächert?
> ✓ Ist im Aufbau ein roter Faden erkennbar?
> ✓ Verliert der Befragte im Laufe der Befragung das Interesse?

Wann ist eine Befragung eine gute Befragung?

Hier kommen die bereits in Kapitel 2 erwähnten Gütekriterien zur Anwendung, die Sie bei Ihrer Befragung im Auge behalten sollten:

- **Reliabilität** (Zuverlässigkeit): Die Antworten sollten zu unterschiedlichen Zeitpunkten dieselben sein, die Wiederholung der Erhebung sollte gleiche Ergebnisse zeigen – sonst ist das „Messinstrument" nicht zuverlässig. Wenn in einem Fragebogen in Psychologie beispielsweise ein Intelligenztest konstruiert werden soll, dann ist er nur dann tauglich, wenn er zu unterschiedlichen Zeitpunkten dasselbe Ergebnis bringen sollte.
- **Objektivität:** Die Ergebnisse sollten auch reproduzierbar sein, wenn ein anderer Interviewer sie durchführt. Der Befragte soll nicht vom Untersucher beeinflusst sein, etwa durch suggestive Fragen oder direkt oder indirekt zum Ausdruck gebrachte Erwartungshaltungen. In einer Befragung zur Bewertung von Gentechnik darf die Antwort des Interviewten nicht durch die Einstellung des Interviewers beeinflusst sein, er dürfte z. B. keinesfalls durch Mimik und Tonfall eine ablehnende Einstellung offenbaren.
- **Validität** (Gültigkeit): Bei der Operationalisierung muss genau bedacht werden, ob das, was gemessen wird, das ist, was gemessen werden soll. Man muss insbesondere wissen, anhand welchen Kriteriums tatsächlich ein Aspekt „gemessen" werden kann. Es soll also nichts anderes „abgebildet" werden, keine anderen Effekte in Erscheinung treten. Wenn beispielsweise geklärt werden soll, wie wohl sich jemand im Stadtteil fühlt, wäre es nicht valide, wenn nur gefragt würde, wie oft er sich in der Fußgängerzone aufhält, weil davon ausgegangen wird, dass das ein Maß dafür ist, wie wohl er sich im Stadtteil fühlt. Vielleicht gibt es aber andere Effekte, die zu einer geringen Aufenthaltszeit in der Fußgängerzone führen, etwa, weil sie mit öffentlichen Verkehrsmitteln nicht gut zu erreichen ist. Es würde also mit dem Indikator auch gemessen werden, wie gut die Fußgängerzone erreichbar ist. Die „Gültigkeit" ist also gering, wenn nur ein Teil der Aspekte eines Begriffs bei der Operationalisierung berücksichtigt wurde.

> 31. Überlegen Sie, wie bei der Untersuchung „Bedeutung von Bio-Lebensmitteln für die Ernährung bei Schülern" eine hohe Validität erreicht werden kann!

Die Auswahl der zu befragenden Personen

Schließlich muss genau bestimmt werden, wer eigentlich befragt werden soll. Werden nicht alle befragt, die von einem Thema betroffen sind, wird eine Auswahl getroffen, die sogenannte **Stichprobe**. Verschiedene Auswahlverfahren sind denkbar:

Art	Beispiele
Willkürliche Auswahl	Passantenbefragung
Geplante Auswahl nach festgelegten Regeln, nach einer Quote oder nach einem bestimmten System	Befragung aller BAföG-Empfänger, Befragung einer festen Quote von Pendlern und Nichtpendlern, Befragung von Mitgliedern eines Vereins anhand einer Mitgliederliste
Zufallsauswahl	Bestimmung mittels computerermittelten Zufallszahlen

Abb. 4.32: Auswahlverfahren

Die Größe der Stichprobe bedingt, wie repräsentativ die Befragung ist. Sie sollte mit dem/r betreuenden Lehrer/in abgesprochen werden.

> 32. Recherchieren Sie gegebenenfalls unter Einbeziehung des Mathematiklehrers, wie der notwendige Umfang einer Stichprobe bestimmt wird!
> 33. Wie kann es passieren, dass in einer Stichprobe bestimmte Personengruppen unterrepräsentiert sind? Überlegen Sie konkrete Beispiele!
> 34. Erläutern Sie, inwiefern eine Passantenbefragung im Hinblick auf die Gütekriterien problematisch ist!

Durchführung der Befragung

Abb. 4.33: Durchführung der Befragung

> 35. Überlegen Sie ausgehend von der Illustration (Abb. 4.33), welche Verhaltensweisen dem Erfolg einer Befragung im Wege stehen können!

> ☑ **Checkliste zur Durchführung einer Befragung**
>
> ☑ Der Inhalt der Studie sollte klar und prägnant benannt werden.
> ☑ Gegebenenfalls sollte das Interesse des Befragten geweckt werden, indem erklärt wird, warum die Beantwortung sinnvoll ist.
> ☑ Eine Zeitangabe kann für den Befragten hilfreich sein und die Akzeptanz erhöhen.
> ☑ Erklärt werden sollte der Rahmen der Untersuchung (Seminararbeit) und die Schule.
> ☑ Es sollten Verfahrenshinweise zu den Antworten gegeben werden (z. B. Ankreuzen).

Minimierung von Fehlerquellen

Eine Vielzahl von Verzerrungseffekten „verfälschen" eine Befragung (Abb. 4.34). Diese können vier unterschiedlichen Bereichen zugeordnet werden: Machen Sie sich bewusst, dass

- die Befragten,
- die Art der Fragen,
- der Interviewer selbst und
- die Situation, in der die Befragung stattfindet,

dazu beitragen können, und überprüfen Sie vor der Befragung, ob Ihre Untersuchung Gefahr läuft, unter Verzerrungseffekten zu leiden.

36. Nennen Sie konkrete Beispiele zu den einzelnen Aspekten der Abb. 4.34!
37. Ordnen Sie die einzelnen Verzerrungen der Abb. 4.34 den vier oben genannten Bereichen zu!

Verzerrungen:

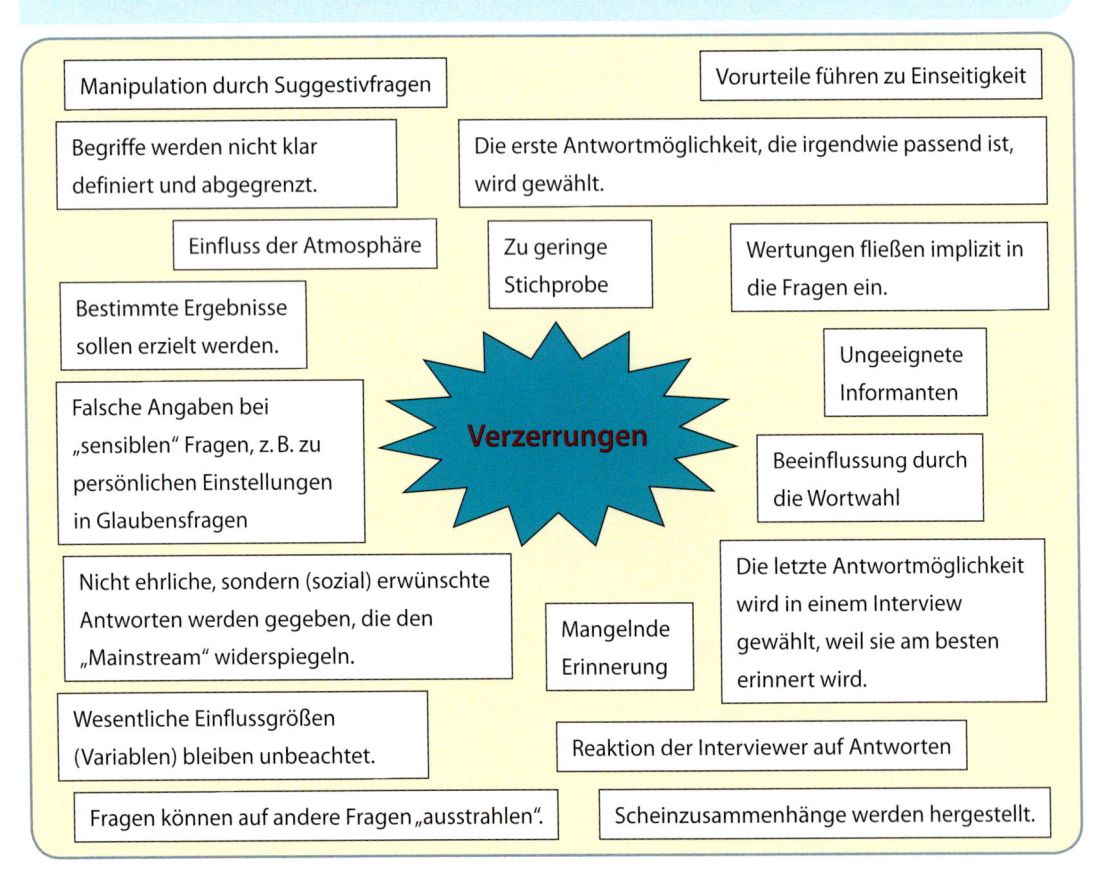

- Manipulation durch Suggestivfragen
- Vorurteile führen zu Einseitigkeit
- Begriffe werden nicht klar definiert und abgegrenzt.
- Die erste Antwortmöglichkeit, die irgendwie passend ist, wird gewählt.
- Einfluss der Atmosphäre
- Zu geringe Stichprobe
- Wertungen fließen implizit in die Fragen ein.
- Bestimmte Ergebnisse sollen erzielt werden.
- Ungeeignete Informanten
- Falsche Angaben bei „sensiblen" Fragen, z. B. zu persönlichen Einstellungen in Glaubensfragen
- Beeinflussung durch die Wortwahl
- Nicht ehrliche, sondern (sozial) erwünschte Antworten werden gegeben, die den „Mainstream" widerspiegeln.
- Mangelnde Erinnerung
- Die letzte Antwortmöglichkeit wird in einem Interview gewählt, weil sie am besten erinnert wird.
- Wesentliche Einflussgrößen (Variablen) bleiben unbeachtet.
- Reaktion der Interviewer auf Antworten
- Fragen können auf andere Fragen „ausstrahlen".
- Scheinzusammenhänge werden hergestellt.

Abb. 4.34: Fehlerquellen bei Befragungen

Exkurs: Das Experteninterview

Diese Form der Befragung kann dazu dienen, einen Überblick über das Thema zu erhalten und an spezielles Wissen eines kompetenten Gesprächspartners zu gelangen. Es kann beispielsweise im ersten Halbjahr des Seminars im Plenum vorbereitet und gemeinsam durchgeführt werden. In der Regel kommt hierbei ein Interviewleitfaden mit offenen Fragen zum Einsatz. Damit keine Aussagen verloren gehen, empfiehlt es sich, das Gespräch aufzuzeichnen. Das Experteninterview kann eine Basis für die Ausarbeitung einer größeren Befragung sein.

Das Experteninterview

Zunächst einmal kann das Gespräch mit Experten […] dem Forscher lange Wege ersparen. In einer frühen Phase der (theoretisch) noch wenig vorstrukturierten und informationell wenig
5 vernetzten Untersuchung ermöglicht das Experteninterview eine konkurrenzlos dichte Datengewinnung […]. Das Experteninterview bietet sich auch in Fällen an, wo der Zugang zum sozialen Feld schwierig oder unmöglich ist, wie dies
10 z. B. bei tabuisierten Themenfeldern der Fall ist. Darüber hinaus kann die Durchführung von Experteninterviews zur Abkürzung aufwendiger Beobachtungsprozesse dienen, wenn die Experten als „Kristallisationspunkte" praktischen Insider-
15 wissens betrachtet und stellvertretend für eine Vielzahl zu befragender Akteure interviewt werden. […] Handelt es sich bei dem gesuchten und gesprächsbereiten Experten außerdem um eine Person in einer Schlüsselposition, kann das Gespräch u. U. auch eine Erleichterung des weiteren 20
Feldzugangs bedeuten. […] Manchmal macht auch erst der befragte Experte auf weitere potenzielle Gesprächspartner aus seinem Tätigkeitsfeld aufmerksam. […] Über einen derartigen unmittelbaren Forschungsnutzen hinaus mögen Exper- 25
teninterviews auch von einer uneingestandenen Faszination durch das geheime Erfolgsversprechen profitieren, das von ihnen abstrahlt: Dass die Durchführung von Experteninterviews automatisch bedeutet, schnell, leicht und sicher gute 30
Interviews zu machen […]. Schließlich verspricht die – zumeist im Vergleich zum „Normalbürger" größere sprachliche (und soziale) Kompetenz des Experten der Forschung ein „elaboriertes Objekt" der Befragung. 35

Bogner, Alexander/Littig, Beate/Menz, Wolfgang. „Das Experteninterview". Theorie, Methode, Anwendung. (Hg.) Alexander Bogner u. a. Wiesbaden: VS Verlag 2002, S. 7–9

✓ Checkliste zur Organisation und Planung eines Experteninterviews

- ✓ Anfrage stellen mit Angabe des Themas, des Zwecks und des Zeitbedarfs des Interviews
- ✓ Gegebenenfalls Zusenden des Fragebogens vorab
- ✓ Vereinbaren des Termins (mit Ersatztermin), Vereinbaren des Orts
- ✓ Organisieren und Testen eines Aufnahmegeräts (gegebenenfalls mit externem Mikrofon)
- ✓ Sammeln von Informationen über den Interviewpartner (z. B. im Internet)
- ✓ Zusammenstellen themenrelevanter Fachbegriffe
- ✓ Planen eines erfolgreichen Gesprächsbeginns (unproblematische Frage/-n)
- ✓ Notieren von Fragen (keine Entscheidungsfragen)
- ✓ Überlegen von Reaktionsmöglichkeiten auf erwartete Antworten (weiterführende Fragen)
- ✓ Schaffen einer angenehmen Interviewatmosphäre (Getränke, aufgeräumter Raum)
- ✓ Gegebenenfalls Autorisierung des Interviewtextes (Freigabe durch den Gesprächspartner)

Verhalten während des Interviews: Stellen Sie zu Beginn geeignete Einstiegsfragen. Während des Interviews sollten Sie den Gesprächspartner auf keinen Fall hetzen. Auch bringt es wenig, ihm bestimmte Aussagen entlocken zu wollen und ihn in die Enge zu treiben – Sie wollen schließlich nicht manipulieren, sondern brauchbare Informationen gewinnen. Falls der Interviewte zögerlich und ausweichend antwortet, haken Sie einfach mit einer etwas anderen Fragestellung nach, die ihm Raum zum Antworten lässt. Generell ist es sinnvoll, kurze und verständliche Fragen zu formulieren.

> 38. Erstellen Sie eine Übersicht, in der die Vorteile eines Experteninterviews übersichtlich dargestellt sind, und erläutern Sie diese mit eigenen Worten!
> 39. Erklären Sie, inwiefern Experteninterviews problematisch sein können!

Bestimmte Interviewsituationen erfordern bestimmte Fragetypen:

Direkte Fragen	Welche Einwände gibt es gegen eine Umstrukturierung des Stadtteils?
Anschlussfragen	Wo genau liegen die Probleme in der Verkehrsführung?
Beispielsfragen	Könnten Sie hierfür ein Beispiel geben?
Vergewisserungsfragen	Habe ich richtig verstanden, dass …?
Indirekte Fragen	Wie, denken Sie, würde die Stadtverwaltung reagieren, wenn …?

Abb. 4.35: Interviewsituationen und Fragetypen

> 40. Planen Sie in Teams ein Experteninterview im Rahmen Ihres Seminars und führen Sie dies durch!

Literaturempfehlungen zur Vertiefung
- Dieckmann, Andreas. Empirische Sozialforschung. Grundlagen, Methoden, Anwendungen. 18. Auflage. Reinbek: Rowohlt (Tb) 2007
- Atteslander, Peter. Methoden der empirischen Sozialforschung. Berlin: Erich Schmidt Verlag 2008

Seminararbeit: Bibliografieren

Abb. 1: Bereits bei der Recherche, z. B. in der Bibliothek, sollten Sie Ihre Bibliografie anlegen.

Die Recherche in den unterschiedlichen Medien wird eine Fülle von Informationen zu Tage fördern, die dabei helfen, die Fragestellungen der Arbeit nach und nach zu klären. Wissenschaftspropädeutischen Anspruch bekommt die Seminararbeit jedoch erst, wenn dokumentiert werden kann, mit welchen Fakten, Gedanken oder Ergebnissen die eigenen Gedankengänge entwickelt wurden. Erst dieses Vorgehen macht die Arbeit glaubwürdig. Zum Nachweis dieser Glaubwürdigkeit müssen Sie alle Werke und Titel, aus denen Sie zitiert oder auf die Sie verwiesen haben, im Literaturverzeichnis – auch Bibliografie genannt – aufführen.

Diese Bibliografie dient dazu, dass der Leser jede Quelle auffinden kann. Fertiggestellt wird sie zwar erst am Ende der Arbeit; zum Zeitpunkt der Recherche ist es jedoch bereits nötig, die Prinzipien des Bibliografierens zu kennen, damit kein Werk verloren geht. So ist ein frühzeitiges Anlegen der Bibliografie durchaus sinnvoll. Innerhalb der Bibliografie wird häufig untergliedert. Eine systematische Darstellung empfiehlt sich insbesondere bei einer großen Anzahl von Werken, z. B. nach folgenden Aspekten:

> Eine zu kleinschrittige Unterteilung macht durch viele Unterüberschriften einzelne Werke schwer auffindbar!

- Primärliteratur/Quellen
- Sekundärliteratur/Wissenschaftliche Fachliteratur

Möglich sind weiterhin Kategorien wie:
- Wörterbücher oder Lexika oder Grammatiken
- Zeitschriftenaufsätze
- Internetartikel

Welche Angaben machen das Werk wieder auffindbar?

Die Informationen über das einzelne Werk werden systematisch angegeben. Es kann auch durchaus fachspezifische Unterschiede in der Anordnung der einzelnen Angaben geben (siehe folgende Seite). Auch die Gestaltung – z. B. nach dem Verfasser ein Komma oder ein Doppelpunkt – ist nicht immer die gleiche. Die folgende Checkliste zeigt die verschiedenen Bestandteile bibliografischer Angaben.

> ✓ **Checkliste: Bestandteile bibliografischer Angaben**
>
> ✓ Verfasser oder Herausgeber: Nachname und Vorname
> ✓ Genauer Titel und gegebenenfalls Untertitel
> ✓ Bei Übersetzungen: die Originalsprache und der Übersetzer
> ✓ Auflage (ab der 2. Auflage)
> ✓ gegebenfalls Nummer des Bandes
> ✓ Erscheinungsort
> ✓ Verlag
> ✓ Erscheinungsjahr
> ✓ bei Artikeln oder Aufsätzen (aus einem Sammelband oder einer Zeitschrift/Zeitung): Seitenangaben für den gesamten Artikel/Aufsatz

In der Theorie scheint das Bibliografieren ganz einfach zu sein. Wer aber damit beginnt, die ersten bibliografischen Angaben festzuhalten, wird feststellen, dass es schwer ist, eine einheitliche Linie für alle Werke durchzuhalten. In Deutschland gibt es keine einheitlichen Standards für das Bibliografieren in wissenschaftlichen Abhandlungen, sodass es viele Varianten bei der Gestaltung von Literaturangaben gibt. Welchen Konventionen der einzelne Fachbereich folgt, muss daher individuell herausgefunden werden. Immer mehr Fachbereiche verständigen sich aber darauf, die Systeme anzupassen und zu standardisieren. International anerkannt sind vor allem die Richtlinien von zwei Standardsystemen.

APA-Standard

Den Empfehlungen der American Psychological Association (APA) zum Zitieren wird auch außerhalb der Psychologie gefolgt, beispielsweise in den Sportwissenschaften und vielen Naturwissenschaften.

MLA-Standard

Die Modern Language Association of America (MLA) ist ein Verband für Literaturwissenschaftler. Der MLA-Standard ist Grundlage für die englischsprachige Literaturwissenschaft, aber auch für viele andere Disziplinen.

Unabhängig davon, für welches System man sich entscheidet, gilt grundsätzlich: Alle Elemente müssen enthalten und durchgängig nach **einem** System dargestellt sein. Üblich ist, den Nachnamen des Autors an erster Stelle zu nennen und die Bibliografie davon ausgehend alphabetisch zu ordnen.

1. Erkundigen Sie sich, möglicherweise bei einer Exkursion, in der Fakultätsbibliothek einer naheliegenden Hochschule, welche Konventionen in dem Fachbereich Ihres Seminarfachs vorherrschen!

Häufige Publikationsformen von Quellen

Die folgenden Angaben orientieren sich am MLA-Standard.

Bücher

- **Monografie (ein Verfasser)**

  Nachname, Vorname. *Titel*. Erscheinungsort: Verlag, Erscheinungsjahr.

- **Mehrere Verfasser**

  Alle Verfasser finden Erwähnung; dabei steht ab dem zweiten Verfasser der Vorname vor dem Nachnamen. Vor dem letzten Verfasser steht „und". Bei mehr als drei Verfassern kann man nur den ersten Verfasser, gefolgt von „et al." oder „u. a.", nennen.

- **Sammelbände**

  Wenn ein Werk von mehreren Verfassern stammt, deren Beiträge von einem Herausgeber gesammelt wurden, wird nur der Herausgeber genannt, gekennzeichnet durch den Zusatz „Hg." oder „Hrsg." vor dem Namen. Der Herausgeber steuert die Zusammenstellung der einzelnen Beiträge und tritt so als „geistiger Leiter" des Sammelbandes auf.

Aufsätze oder Artikel

- **Aufsatz in einem Sammelband**

  Wenn auf einen bestimmten Aufsatz innerhalb eines Sammelbandes verwiesen wird, werden Verfasser und Titel des Aufsatzes angegeben, woran Titel und Herausgeber des Sammelbandes angefügt werden. Dabei wird der Titel des Beitrags in Anführungszeichen und der Titel des Sammelbandes kursiv gesetzt:

  Nach- und Vorname des Verfassers. „Titel." *Titel des Sammelbandes*. Hg. Vorname, Nachname des Herausgebers. Erscheinungsort: Verlag, Erscheinungsjahr. Seitenangabe.

- **Aufsatz in einer Fachzeitschrift**

  Genannt werden Verfasser und Titel des Aufsatzes, der zur Verdeutlichung in Anführungszeichen gesetzt wird, an die sich der Name der Zeitschrift *(kursiv gesetzt)*, deren Nummer und Jahrgang anschließen. Wichtig ist hier die Nennung der Seitenangabe des Aufsatzes.

  Nachname, Vorname. „Titel des Aufsatzes." *Zeitschriftenname* Nummer (Jahrgang der Zeitschrift): Seitenangabe des Aufsatzes.

- **Zeitungstext**

  Ebenso wie bei einer Fachzeitschrift werden hier der Zeitungsname, die Nummer, das Erscheinungsdatum und die Seite angegeben.

  Nachname, Vorname. „Titel des Artikels." *Zeitungsname* Nummer Erscheinungsdatum: Seitenangabe des Artikels.

Zitieren von Internetquellen

Auch bei Daten aus dem Internet, seien es Artikel, Bilder oder andere Informationen, muss die Angabe die Quelle auffindbar machen. Hier ist Vorsicht geboten, da schon kleinste Fehler die Adresse unauffindbar machen und da durch die Schnelllebigkeit des Mediums die Inhalte im Netz sich kurzfristig ändern können. Vermerkt wird daher immer auch das genaue Datum der Informationsentnahme vor der vollständigen URL, also des ganz genauen Fundortes. Auch bei Internetquellen wird man versuchen, den Verfasser und den Titel eines Artikels und die publizierende Institution zu nennen. Die Reihenfolge entspricht dann der Angabe von normalen Artikeln, an die Datum und URL angefügt werden. Kann man keinen Artikel oder Verfasser finden, wird ein Stichwort angegeben, das das Thema der Seite bezeichnen kann.

Nachname, Vorname (wenn vorhanden). „Titel des Beitrages." Homepage. Datum des Zugriffs. *http://www.TitelderSeite.de/genauerPfad/Dateiname.htm.*

Hornig, Frank, Martin U. Müller und Susanne Weingarten. „Die Datensucht." *DER SPIEGEL* 33 11.08.2008: 80-92.

„Titelblatt." Meyers Online Lexikon. 29.10.2008. *http://lexikon.meyers.de/wissen/ Titelblatt+%28Sachartikel%29.*

Hachtmann, Rüdiger et al. *Deutsche Geschichte: Wie wir wurden, was wir sind: 19. Jahrhundert 1789-1918.* Stuttgart: Ernst Klett Verlag, 2002.

Jeziorkowski, Klaus. „Zu Ernst Jandls Gedicht ‚bibliothek'." *Gedichte und Interpretationen, Band 6: Gegenwart I.* Hrsg. Walter Hinck. Stuttgart: Reclam, 1982. 188–197.

Molière. *Der Tartuffe oder Der Betrüger: Komödie in fünf Aufzügen.* Aus dem Französischen übers. v. Monika Fahrenbach-Wachendorf. Stuttgart: Reclam, 1989.

---

2. Ordnen Sie die Literaturhinweise den Publikationsformen zu!
3. Suchen Sie sich gemeinsam mehrere Werke aus Ihrer Schulbibliothek und üben Sie das Bibliografieren!
4. Bringen Sie in Erfahrung, welche Besonderheiten die bibliografischen Angaben des APA-Standards vom MLA-Standard unterscheiden!

5 Auswerten von Informationen

„Man muss nie denken, dieser Satz ist mir zu schwer, der gehört für die großen Gelehrten, ich will mich mit den anderen hier beschäftigen, diese ist eine Schwachheit, die leicht in völlige Untätigkeit ausarten kann. Man muss sich für nichts zu gering halten."

Lichtenberg, Georg Christoph. „Schriften und Briefe". Band I. Sudelbücher I. Wolfgang Promies (Hrsg.). München: Hanser 1992, S. 296

Nachdem Sie das Thema Ihrer Seminararbeit festgelegt und dazu recherchiert haben, folgt nun – schwerpunktmäßig in Jahrgangsstufe 11/2 – das Auswerten der gesammelten Informationen. Die folgenden Kapitel geben Ihnen Hilfestellungen für das Auswerten von Texten, Interviews und Umfragen, Statistiken und Diagrammen sowie für das Archivieren der gewonnenen Erkenntnisse.

5.1 Texte

Lesen ist nicht gleich Lesen. Besonders unter Zeitdruck ist es sehr wichtig, Texte effizient zu erfassen, schließlich soll der Stapel von Büchern und Aufsätzen auf dem Schreibtisch nicht unendlich in die Höhe wachsen, sondern abgearbeitet werden. Dies erfordert die Bereitschaft zum gründlichen Lesen, eine gewisse Ausdauer und nicht zuletzt ein strukturiertes Vorgehen.

Dies beginnt schon damit, dass Sie zunächst die Eignung eines Textes untersuchen sollten, bevor Sie ihn tatsächlich gründlich lesen. Neben dem Titel geben auch der Klappentext auf der Umschlagsrückseite oder der Innenseite des Schutzumschlags, das Inhaltsverzeichnis sowie das Stichwortverzeichnis wesentliche Hinweise auf den Inhalt. Aufschlussreich zur Einschätzung der Vertrauenswürdigkeit kann der herausgebende Verlag sein oder die Institution, für die der Autor arbeitet. Oft eignet sich auch das Anlesen: Lesen Sie nur die ersten Zeilen, die ersten Seiten oder die Kapitelanfänge eines Textes, um einzuschätzen, ob er brauchbar ist. Auf Detailinformationen müssen Sie noch nicht achten.

Erfolgreich lesen hat auch etwas mit der Leseumgebung, der Konzentrationsfähigkeit, der Sehstärke und der Motivation zu tun!

☑ Checkliste: Die Eignungsprüfung

- ☑ Passt der Titel zu meiner Fragestellung?
- ☑ Ist der Titel aktuell genug?
- ☑ Passt der Klappentext zur Fragestellung?
- ☑ Verspricht das Inhaltsverzeichnis brauchbare Informationen?
- ☑ Wird vertrauenswürdige Literatur zitiert?
- ☑ Ist das Niveau passend?

Beim wissenschaftlichen Arbeiten ist es besonders wichtig, Texte gründlich und aktiv zu lesen, d.h. sie aufzunehmen und zu verarbeiten und Inhalte mit bereits Bekanntem zu verknüpfen. Kernstück der folgenden Methode, die auf der **PQ4R-Lese-Methode** von Thomas und Robinson basiert und an der sich dieses Kapitel orientiert, ist das Stellen von Fragen. Das Verfahren erhielt seinen Namen von den ersten Buchstaben der einzelnen Phasen:

Phase		Vorgehen/Ziele
Preview	Vorprüfung, um Übersicht zu gewinnen	Erkennen der Themen und wichtiger Einzelaspekte bzw. thematisch zusammenhängender Abschnitte
Questions	Fragen stellen	Formulieren von W-Fragen zu den einzelnen Abschnitten
Read	gründliches Lesen	Beantworten der gestellten Fragen Anfertigen eines Exzerpts
Reflect	nachdenken und verarbeiten	Verstehen des Textes Finden von Beispielen zu den Aussagen im Text. Abgleich der Inhalte mit bereits Bekanntem, dem Vorwissen Aktivieren von Hintergrundwissen
Recite	Inhalte wiedergeben	Wiedergabe des Inhalts
Review	zurückblicken	Vergegenwärtigen des Gedankengangs und Erinnern der Kerngedanken, erneutes Beantworten der Fragen

Thomas, E. L./Robinson, H. A.. Improving Reading in every Class. Boston: Allyn and Bacon 1972 (leicht verändert)

Übersicht gewinnen (Preview)

Ziel dieser ersten Phase der PQ4R-Methode ist es, sich einen groben Überblick über die Thematik des Textes zu verschaffen. Hierbei wird der Text „überflogen" und nach **Schlüsselbegriffen und zentralen Aussagen** gesucht. Man spricht in diesem Zusammenhang auch vom diagonalen Lesen. Erfassen Sie in dieser Phase auch den Aufbau des Textes, indem Sie ihn in einzelne **Sinnabschnitte** gliedern. Hinweise auf den Aufbau können Ihnen z. B. Absätze oder Zwischenüberschriften geben. In manchen Texten sind die Schlüsselbegriffe eines Textes auch schon als solche gekennzeichnet, indem sie fett oder kursiv gesetzt sind. Die Funktion der Preview-Phase liegt darin, dass Sie sich gedanklich auf das Thema einstellen und mögliches Vorwissen aktivieren. Dies erleichtert Ihnen die anschließende intensive Auseinandersetzung mit dem Text. Insgesamt sollte dieser Arbeitsschritt nicht länger als zwei Minuten in Anspruch nehmen.

1. Kopieren Sie den folgenden Text „Kernprobleme der Demokratieentwicklung heute" und überfliegen Sie ihn! Identifizieren Sie dabei Schlüsselbegriffe und zentrale Aussagen und gliedern Sie den Text in Sinnabschnitte!
2. „Diagonallesen nützt Ihrem Lesen wenig." Legen Sie Nachteile dieser Lesetechnik dar, die die von Michelmann/Michelmann (Rowohlt 1998) zitierte Aussage stützen!

Kernprobleme der Demokratieentwicklung heute

Im Einflussverlust der Parteien heute spiegeln sich vor allem drei wesentliche Veränderungen gegenüber den ersten Jahrzehnten der Geschichte der Bundesrepublik Deutschland: Erstens hat sich der Gestaltungsspielraum nationalstaatlicher Politik in wirtschafts- und finanzpolitischen Fragen, die den Rahmen bilden für sozialpolitisches Handeln, aufgrund der viel beschriebenen internationalen Verflechtungen und offener Märkte vermindert. Kompetenzverlagerungen nach Brüssel, europäischer Binnenmarkt und Anpassungszwänge der Globalisierung – dass nationalstaatliche Politik Steuerungskraft verloren hat, ist nicht zu bestreiten. Da aber die nationale Politik Adressat für Wünsche und Ansprüche der Bürger bleibt, entsteht in der Gesellschaft der Eindruck einer gleichermaßen alternativlosen wie schwachen Politik, die bei Kernfragen der gesellschaftlichen Entwicklung oft nur noch kommentieren und lamentieren, aber kaum noch gestalten kann.

Zweitens hat sich das Bild von Politik in der Gesellschaft nachhaltig verändert, wobei das veränderte Verhältnis von Politik und Medien eine zentrale Rolle spielt. Durch den sozialen Wandel und die gewachsene Mobilität sind die politischen Einstellungen der Bürger immer weniger von Tradition und Milieubindung bestimmt. So ist eine unstete Wählerschaft entstanden, deren Stimmungsausschläge der Demoskopie Rätsel aufgeben. Ganz gleich, ob die dafür maßgeblichen gesellschaftlichen Veränderungen mit Begriffen wie „Wertewandel", „Individualisierung" oder „Erlebnisgesellschaft" beschrieben werden, im veränderten Verhältnis zwischen Bürgerschaft und politischen Parteien spiegeln sich Veränderungen von säkularer Dimension wider. [...]

Gleichzeitig wird das Politikbild der Bürger vor allem durch die Medien und insbesondere vom Fernsehen geprägt. Einerseits ist damit ein Zugewinn an demokratischer Kontrolle verbunden. Durch den Rückgang des Parteijournalismus, vor allem aber durch die gewachsene Konkurrenz um Aufmerksamkeit, Auflage und Einschaltquote, werden heute auch die dunklen und unerfreulichen Seiten des Politikbetriebs gründlicher und erbarmungsloser ausgeleuchtet als früher. [...] Andererseits aber wird dieser Gewinn mehr als nur aufgezehrt durch die mit diesem hektischen Kampf um Quoten und Auflage verbundene Tendenz, Politik mit den Mitteln des Boulevardjournalismus und möglichst unterhaltend zu präsentieren. Denn auf diese Weise wird Politik zum Bestandteil einer „Eventkultur", in der Eindruck und Ereignis zählen, weniger das Ergebnis.

Das dramaturgische Darstellungsprinzip des Fernsehens prägt zunehmend das Politikbild der Gesellschaft. Dieses Darstellungsprinzip aber ist bestimmt von Emotionalisierung, Moralisierung und Personalisierung. Nicht Ideen, Werte und Ergebnisse zählen, sondern Menschen und ihre Geschichten, Prominenz und Aufmerksamkeitsproduktion. Die boulevardeske Politikpräsentation erzeugt eher hysterische Aufregungskonjunkturen und polit-voyeuristische Neugier, kaum aber Maßstäbe zur Beurteilung politischer Sachverhalte. Hinzu kommt der Wandel politischer Diskussionssendungen zu Showveranstaltungen, deren Mittelpunkt die Moderatoren und Moderatorinnen selbst sind. [...]

Drittens leiden Politik und Parteien an einem Mangel an glaubwürdigen Leitideen, die sie identifizierbar und unverwechselbar machen könnten. Nun sind Ideologien und Programme nie so wichtig gewesen, wie es den Historikern mitunter vorkommt. Aber die Wähler konnten mit Adenauer und Erhard doch treffend eine Mischung von marktwirtschaftlichen mit christlich-sozialen Vorstellungen verbinden, mit der Brandt-Regierung neben der polarisierenden Ostpolitik eine auf Chancenmehrung für die kleinen Leute gerichtete Reformpolitik im Inneren. Auch wenn die Gesetzgebungsarbeit nie bloß Umsetzung großer programmatischer Entwürfe gewesen ist, war die politische Großrhetorik im Handeln doch wiederzufinden. Das schuf Identifikation und Opposition. Dass dies heute anders ist, hinterlässt Verunsicherung und Orientierungsprobleme.

Es scheint, als sei mit dem Scheitern der sozialistischen Utopie die orientierende Kraft der politischen Großideen der europäischen Geistesgeschichte – Liberalismus, Sozialismus, Konservatismus – an ein Ende gekommen. So folgerichtig aber der neue Pragmatismus der Mitte vor dem Hintergrund der Geschichte sein mag: Die Identifizierbarkeit der Parteien nimmt darüber ab. Das aber verstärkt ihren Bindungsverlust in der Gesellschaft und das begünstigt den Hang zur Politik als Inszenierungstheater von Personen. Und dass der neue Pragmatismus der Mitte, den im Kern fast alle teilen, gleichzeitig weiter als polarisierte und lärmende Streitdramaturgie von Freund und Feind daherkommt, verleiht vielen politischen Debatten heute den Eindruck einer künstlichen Aufgeregtheit ohne wirkliche Bedeutung. Nie in der deutschen Parteiengeschichte ist weniger klar gewesen als heute, wofür die einzelnen Parteien wirklich stehen und worum sie jenseits des Ziels Machterwerb eigentlich streiten.

Kleinert, Herbert. „Abstieg der Parteiendemokratie". Aus Politik und Zeitgeschichte 35-36 (2007): S. 8-10

Fragen stellen (Questions)

Nachdem Sie den Text in Sinnabschnitte gegliedert und bereits grob erfasst haben, worum es schwerpunktmäßig in den einzelnen Abschnitten geht, folgt nun der Arbeitsschritt des Fragenstellens. Dabei wird zu jedem Sinnabschnitt eine **W-Frage** formuliert. Hintergrund dabei ist auch hier, Ihr Vorwissen zu aktivieren und eventuell vorhandene Wissenslücken aufzudecken. Selbst formulierte Fragen fördern darüber hinaus das nachhaltige Behalten von Textinhalten besser als vorgegebene Fragen.

> Fragen sollten Sie nicht nur an einzelne Abschnitte stellen, sondern auch an den gesamten Text.

Typische Fragen, die sich auf nahezu jeden Text anwenden und abwandeln lassen, sind:

- **Wer** macht etwas?
- **Was** geschieht?
- **Wann** findet etwas statt?
- **Wo** ereignet sich etwas?
- **Wie** vollzieht sich etwas?
- **Warum** passiert es?
- **Wozu** geschieht es?
- **Was** folgt daraus?

3. Formulieren Sie mindestens drei Fragen zu den Sinnabschnitten, in die Sie den obigen Text gegliedert haben! Notieren Sie die Fragen auf einem separaten Blatt!

Gründliches Lesen (Read)

In diesem Arbeitsschritt folgt das erste gründliche und konzentrierte Lesen der einzelnen Textabschnitte. Behalten Sie dabei die Frage, die Sie im vorherigen Schritt an den jeweiligen Abschnitt gestellt haben, im Hinterkopf und versuchen Sie, diese zu beantworten. Arbeiten Sie den Text auf diese Weise Abschnitt für Abschnitt aufmerksam durch. Um sich später besser im Text orientieren zu können, markieren Sie zentrale Passagen und Schlüsselwörter. Hierbei gibt es folgende Möglichkeiten:

```
                    Markieren
          ┌────────────┼────────────┬────────────┐
   mit Textmarker  Unterstreichen  Rand-      Rand-
                                 markierung  kommentare
```

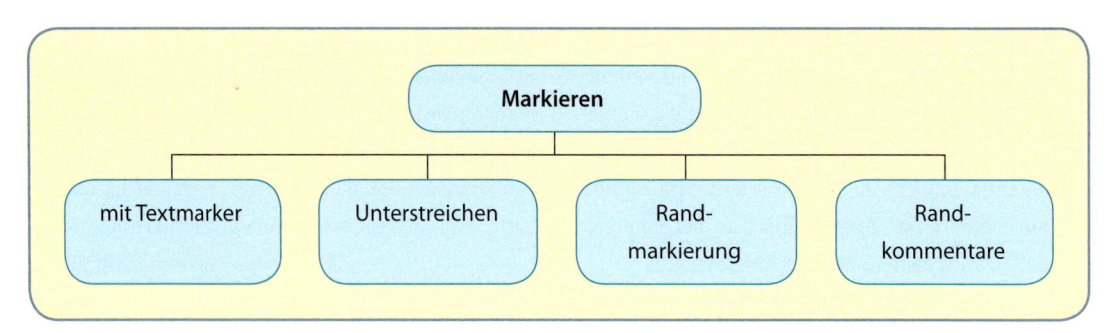

Abb. 5.1: Arten der Markierung

Wer Randmarkierungen verwendet, sollte sich Abkürzungen oder besondere Zeichen überlegen, z. B.

!	Wichtiges, Unerwartetes	⇨	Folgen
?	Probleme, Unklarheit	✗	Verweis auf weitere Literatur
Bsp.	Beispiel	☆	unbekannter Begriff, nachschlagen

Achten Sie beim Markieren jedoch darauf, nicht zu viel zu markieren. Nur diejenigen Textteile, die Antworten auf Fragen geben, sollten unterstrichen werden. Dennoch: In der Praxis wird oft zu viel unterstrichen und Texte leuchten nach dem Lesen in bunten Textmarkerfarben. Doch kaum ein Text birgt so viele wichtige Informationen, dass jede Zeile hervorgehoben werden muss. Falls man sich in ein Thema neu einliest, erscheint freilich fast alles interessant und bedenkenswert. Wenn Sie jedoch die Technik des Fragenstellens konsequent anwenden und Ihre selbst formulierten Fragen im Hinterkopf behalten, konzentrieren Sie sich darauf, nur die Antworten auf diese Fragen zu markieren. So laufen Sie nicht Gefahr, zu viel zu unterstreichen.

Abb. 5.2: Markieren Sie nicht zu viel!

4. „Man unterbreche wo möglich seine Lektüre nicht mitten im Zusammenhang eines Abschnitts", riet Professor Johann G. Kiesewetter 1811 in einem Studienratgeber. Diskutieren Sie, inwiefern er recht hat!
5. Legen Sie Vor- und Nachteile der einzelnen Arten des Markierens dar!
6. Inwiefern lässt sich das Markieren als Lesetechnik generell kritisieren?

Neben der Technik des Markierens bietet sich in diesem Schritt auch das **Exzerpieren** an. Sie komprimieren dabei einen Text auf das für Sie Wesentliche, Sie „reduzieren" ihn auf seine zentralen Aussagen.

„Die Selbsttätigkeit beim Lesen wird vorzüglich geübt durch ein angemessenes Exzerpieren, welches letztere zugleich in Hinsicht auf die Übung des Gedächtnisses wichtig, und zum Behuf eigener gelehrter Arbeiten unerlässlich ist."
Aus einem Studien-Ratgeber von 1839

Exzerpieren

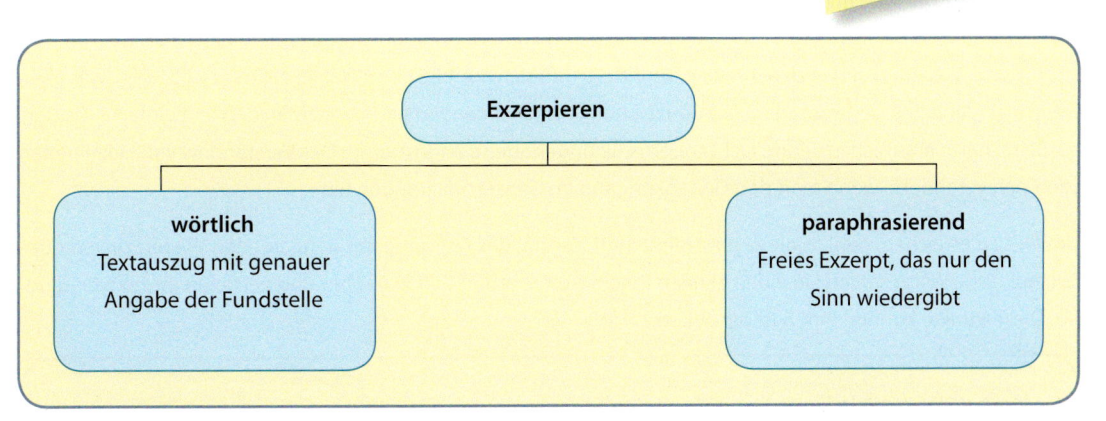

wörtlich
Textauszug mit genauer Angabe der Fundstelle

paraphrasierend
Freies Exzerpt, das nur den Sinn wiedergibt

Abb. 5.3: Arten des Exzerpts

Zentrale Stellen einer Quelle sollte man wörtlich exzerpieren, um später auf den genauen Wortlaut zurückzugreifen und diesen gegebenenfalls wörtlich zitieren zu können. Bei weniger wichtigen Abschnitten, die Sie nicht wörtlich zitieren wollen, bietet sich das paraphrasierende Exzerpieren an. Hier komprimieren Sie den Text, indem Sie sinngemäß zusammenfassen. Dies darf nicht ausufern und sollte sich nicht an den Wortschatz des Autors klammern. Achten Sie darauf, durch das Paraphrasieren nicht den inhaltlichen Gehalt zu verändern, indem Sie präzise und treffend formulieren.

Beispiel für ein paraphrasierendes Exzerpt zum Text auf S. 82 f., 1. Absatz:
- *Autor sieht 3 Gründe für den Einflussverlust der Parteien in BRD*
- *1. Immer mehr Entscheidungen in Wirtschafts- und Finanzpolitik fallen auf EU- und globaler Ebene ⇨ weniger Spielraum für nationale Politik ⇨ Vertrauensverlust auf Seiten der Bürger*

usw.

Aus ökonomischen Gründen bietet es sich an, in Stichworten oder Nominalphrasen zu exzerpieren. Ihre eigenen Ideen, Assoziationen und Kritikpunkte zu den notierten Aspekten sollten Sie unbedingt deutlich absetzen, um beim Abfassen der Seminararbeit nicht durcheinanderzukommen.

Es hat sich bewährt, Exzerpte mit einem **Exzerptkopf** zu notieren: Dieser trägt das Datum des Exzerpts und eine vollständige bibliografische Angabe mit Angaben zu Verfasser, Titel, Erscheinungsort, Verlag und Erscheinungsjahr, bei Zeitschriften auch Jahrgang und das Heft. Vermerken Sie auch die Bibliothek mit Bibliothekssignatur, um sich Sucharbeit zu ersparen, falls Sie den Text nochmals im Original ansehen wollen.

exzerpiert am 13.10.2009

Olfert, Klaus. Kostenrechnung (Kompendium der praktischen Betriebswirtschaft).
Ludwigshafen: Kiehl 2005

Abb. 5.4: Exzerptkopf

7. Exzerpieren Sie den Text auf S. 82 f.!

Nachdenken und Verarbeiten (Reflect)

Wer verstehen will, muss die Geduld und die Bereitschaft aufbringen, einem Autor in seinem Gedankengang zu folgen. Allein durch das abschnittsweise Fragenstellen und das Markieren im vorherigen Schritt des gründlichen Lesens hat man einen anspruchsvollen Text noch lange nicht in all seinen Bezügen verstanden. Je komplizierter ein Text ist, desto größer die Kunst, ihn inhaltlich zu durchdringen. Insbesondere bei literarischen Texten, wie sie der Gegenstand einer Seminararbeit in den sprachlichen Fächern sein können, ist reflektiertes Lesen gefragt. Noch größer ist die Herausforderung bei fremdsprachlichen Texten, wenn unbekannte Fachvokabeln das Verständnis erschweren. Vokabeln und andere unklare Begriffe lassen sich mithilfe eines Wörterbuchs rasch klären, was aber, wenn man dann den Gedankengang im Ganzen noch nicht verstanden hat? Legte man den Text einfach frustriert zur Seite, hätte man sich im Sinne Lichtenbergs nicht genügend angestrengt. Das Verständnis von Einzelheiten kann sich verändern, wenn man den Gedankengang im Ganzen verstanden hat.

Um dies zu erreichen, geht in diesem Arbeitsschritt darum, das Gelesene mit dem eigenen Wissen zu verknüpfen. Auf diese Weise stellen Sie einen aktiven Bezug zum eigenen Vorwissen her und vertiefen Ihr Textverständnis. Diese Punkte können Ihnen dabei helfen:

- Finden Sie Beispiele für im Text dargestellte Theorien!
- Hinterfragen Sie Kernaussagen!
- Bewerten Sie Positionen und Meinungen!
- Bilden Sie Assoziationen zu Schlüsselbegriffen!

8. Gehen Sie den Text „Kernprobleme der Demokratieentwicklung heute" gedanklich noch einmal durch und finden Sie Beispiele aus Ihrem Alltag für die im Text dargestellten Probleme!

Wichtig zu beachten ist außerdem, dass viele Texte nicht einfach aus dem kulturgeschichtlichen Zusammenhang herausgerissen verstanden werden können. Besonders bei der Analyse von Texten, die in früheren geistesgeschichtlichen Epochen entstanden sind, etwa in Geschichte bei der Analyse von Quellen, ist es unabdingbar, zeitgenössische Bedeutungszusammenhänge zu kennen. Manchmal ist es nötig, ein Vorwissen über den Autor, seine Ziele und Methoden und seine Absichten zu erwerben, um ihn verstehen zu können. Dies gilt nicht nur für historische Texte, sondern auch bei aktuellen, insbesondere bei kontrovers diskutierten Texten, etwa zur Genforschung oder zur Atomtechnik.

Halten Sie sich außerdem vor Augen, dass sich Vorverständnis einer Materie und Textverständnis gegenseitig beeinflussen und bedingen und so der Verstehensprozess nach einem ersten gründlichen Lesedurchgang nicht beendet ist. Beim Lesen verändern sich sowohl das Vorverständnis als auch das Textverständnis, sodass man ein genaues Verstehen erst bei einem erneuten Lesen erreicht, wenn das ursprüngliche Vorverständnis verändert und erweitert wurde. Insbesondere grundlegende Werthaltungen und Einschätzungen werden von vielen Autoren nicht explizit erklärt, man erkennt sie oft erst im Verlauf des Lesens. Dieses Wissen muss man für das Verständnis bei einem neuen Lesedurchgang nutzen, indem einzelne Thesen, Aussagen oder Beispiele gegebenenfalls unter einem neuen Licht gesehen und beurteilt werden:

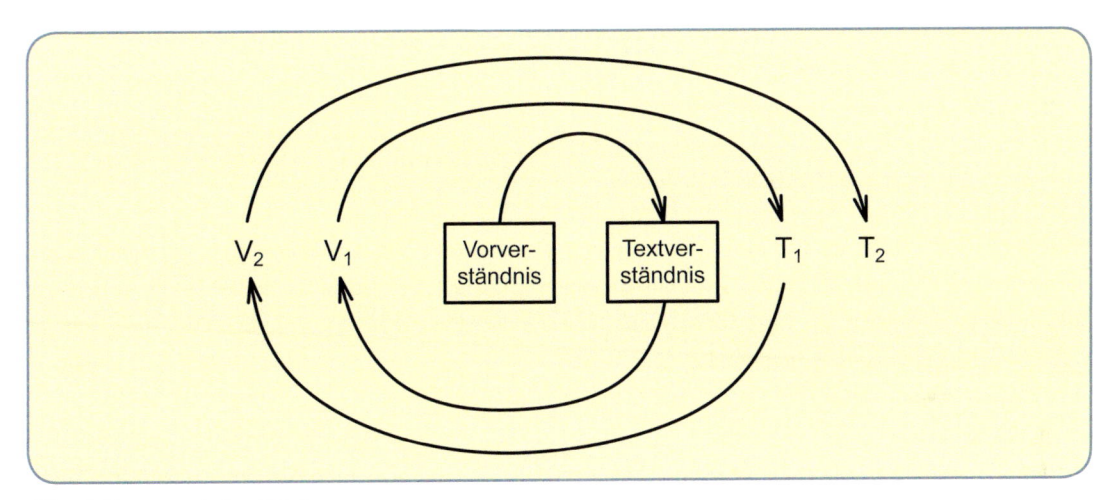

Abb. 5.5: Hermeneutischer Zirkel

Verstehen ist also nicht linear und bildet sich nicht so wie das Aufeinanderschichten von Bauklötzchen, sondern es verläuft kreisförmig, sodass es sich eingebürgert hat, von einem Zirkel des Verstehens zu sprechen, von einem **„hermeneutischen Zirkel"**, abgeleitet vom griechischen hermeneuein, „auslegen".

Der folgende Text aus dem Bereich Stadtgeografie steht als Beispiel für einen komplexen Text, der nicht einfach zu verstehen ist. Der Leser muss mühsam erschließen, was der Autor überhaupt sagen will. Dazu ist es nötig, dass er zentrale Begriffe und die Kontexte, in denen diese stehen, versteht.

9. Üben Sie anhand des folgenden Textes, unklare Begriffe und den Kontext, in dem der Text steht, zu klären! Lesen Sie den Text dazu sorgfältig durch und markieren Sie alle unklaren Begriffe. Recherchieren Sie in der Bibliothek oder im Internet nach diesen Begriffen und informieren Sie sich über die erwähnten Personen (Le Corbusier, Fehl) und ihre Arbeit! Lesen Sie den Text dann nochmals und vergleichen Sie Ihr Textverständnis vor und nach dem Schritt der Recherche!

Bahn und Zentrum stehen in einem unübersehbaren Konflikt. Die Orte stehen in Verbindung, denken die Bahn von sich aus. Die Bahn definiert sich nicht über Orte, sondern über das Dazwischen. Entwirft und zentriert der Ort den Raum auf sich, spannt die Bahn als Vektor den neuen neutralen Raum auf, sie ist sein Prinzip. Mit seinem nächsten bedeutenden Stadtentwurf, der Strahlenden Stadt (1935), hat Le Corbusier die Konsequenzen gezogen und seine Zeitgenössische Stadt in ein unendlich fortsetzbares Stadtband umformatiert. Die Bahn ist zum Prinzip der Stadt geworden. Die letzte Konsequenz dieser Überlegungen ist die Industrielle Bandstadt (1942/43). An einer zentralen, dem PKW-Verkehr vorbehaltenen Autobahn, die in einen breiten Grünstreifen eingebettet ist, reihen sich in lockerer Folge auf der einen Seite die Punkthochhäuser der Wohnungen sowie Freizeit- und Kultureinrichtungen. Auf der anderen verteilen sich die Industriezentren entlang der parallel zur Autobahn geführten Lastverkehrsbahnen (Kanal, Eisenbahn, Fernstraße). Die zentralisierte Struktur der Stadt ist überwunden und mit ihr alle Elemente, die Stadt traditionell aufruft, wie Dichte, Gestalt, Durchmischung. Verschwunden ist der Gegensatz von Stadt und Land, Innen und Außen. Kein Zentrum, keine Ränder. Eine zonierte, von der Bahn erschlossene Welt. Ein Verlust? Nicht die Utopie der Bandstadt hat sich durchgesetzt, die wie ihre Stiefschwester, die Gartenstadt, Stadt und Land versöhnen wollte (Fehl: Bandstadt). Auflockerung und Auflösung der Städte und die Zersiedlung des Landes hat die Qualitäten und Ressourcen beider dezimiert. Der Unwirtlichkeit veröderter Zentren entspricht die Formlosigkeit des Urban Sprawl …

Vinken, Gerhard. „Stadt und Bahn oder Auflösung der Städte". 15.06.2009. http://www.peripherie3000.de/essays/stadt-und-bahn-oder-die-aufloesung-der-staedte

Dieser Textausschnitt ist nicht so einfach zu verstehen, obwohl er von etwas vermeintlich Konkretem handelt, der Stadt. Noch anspruchsvoller sind Texte, die eine philosophische Frage thematisieren, z. B. die Frage nach der Willensfreiheit des Menschen. Texte können auf unterschiedlichste Leseerwartungen und Interessen „treffen", was das Textverstehen und die Verwendung der Aussagen eines Textes beeinflusst. Alberto Manguel schreibt in seiner Geschichte des Lesens:

Der Text weiß nicht, wie er an die rechten Leute gelangen soll und wie er die falschen meiden kann. Und wird er geschändet und missbraucht, so kann er sich weder verteidigen noch selbst helfen, sondern ist auf die Hilfe seiner Urheber angewiesen.

Manguel, Alberto. Eine Geschichte des Lesens. Reinbek: Rowohlt (Tb) 2000, S. 352

10. Diskutieren Sie, inwiefern Manguel recht hat und inwiefern seine Ansicht zu kritisieren ist!
11. Was meint Italo Calvino, wenn er in „Wenn ein Reisender in der Winternacht" schreibt: „Lesen heißt, sich an etwas anzunähern, was gerade im Entstehen begriffen ist."?

Inhalte wiedergeben (Recite)

Im nächsten Schritt der PQ4R-Methode wird der Text zur Seite gelegt. Ziel ist es nun, die zentralen Aussagen des Textes in eigenen Worten wiederzugeben, ohne dabei auf die eigenen Notizen zu schauen. Auf diese Weise können Sie überprüfen, ob Sie den Text wirklich verstanden haben.

12. Beantworten Sie die Fragen, die Sie sich zum Text „Kernprobleme der Demokratieentwicklung heute" gestellt haben, mit eigenen Worten! Bei Schwierigkeiten können Sie die entsprechenden Abschnitte noch einmal lesen.

Zusätzlich kann Ihnen diese Checkliste dabei helfen, Ihr Textverständnis zu überprüfen:

> ✓ **Checkliste: Haben Sie den Text verstanden?**
>
> ✓ Welche Schlüsselbegriffe werden verwendet?
> ✓ Was sind die Kernaussagen oder Hauptthesen des Textes?
> ✓ Welcher inhaltliche Schwerpunkt wird gesetzt?
> ✓ Welche Zusammenhänge (Ursachen, Folgen) werden benannt?

Zurückblicken (Review)

Mit Durchlaufen der ersten fünf Schritte der PQ4R-Methode sollte Ihnen der Text verständlich und der Gedankengang nachvollziehbar geworden sein. Ziel dieses letzten Schrittes ist es, den Text in Gedanken noch einmal durchzugehen und sich die wichtigsten Aussagen ins Gedächtnis zu rufen. Sie können auch noch einmal Ihre selbst formulierten Fragen beantworten. Zusätzlich sollte der Text bewertet werden – schließlich kann man keinem Verfasser blind vertrauen, sondern muss damit rechnen, dass man auf Widersprüche, Unausgegorenes oder Veraltetes stößt. Die folgenden Fragen sollen Ihnen dabei helfen:

> ✓ **Checkliste: Bewerten von Texten**
>
> ✓ Was ist der Anlass für den Text? Antwortet der Text auf einen anderen Text?
> ✓ Was ist die Absicht des Verfassers?
> ✓ Ist der Text bzw. seine Argumentation nachvollziehbar? Bleiben Unklarheiten?
> ✓ Werden Informationen unterschlagen?
> ✓ Werden brauchbare Ergebnisse vorgestellt? Werden nachvollziehbare Beispiele angeführt?
> ✓ Ist der Text beschreibend oder kommentierend?
> ✓ Werden die Ergebnisse interpretiert oder nur aufgelistet?
> ✓ Bemüht sich der Verfasser um Ausgewogenheit oder ist er einseitig?
> ✓ Welche Rolle spielt der Text in der Fachdiskussion? Wird eine bestimmte Strömung vertreten?

> 13. Lesen Sie den folgenden Text anhand der PQ4R-Methode und bewerten Sie ihn gemäß der Checkliste!

Die verkaufte Sprache
Aus dem Kreis der Weltsprachen ist das Deutsche schon verschwunden. Nun wird es auch in seiner Heimat zum Sanierungsfall.

Es gibt einen Typus des übellaunigen, heimattümelnden Sprachschützers, dem man nicht im Dunklen begegnen möchte. Aber es gibt auch Gründe, im hellen Mittagslicht der aufgeklärten Vernunft Sorge um den Bestand der deutschen Sprache zu empfinden. Warum ist auf Bahnhöfen kein Schalter für Auskünfte, sondern ein Service Point? Was hat der englische Genitiv-Apostroph in Susi's Häkelstudio zu suchen? Welcher Teufel trieb eine deutsche Wissenschaftsministerin zu einer Kampagne mit dem Motto „Brain up", was weder auf Deutsch noch auf Englisch Sinn ergibt?

Die Überflutung mit englischen Wendungen ist nur ein, wahrscheinlich der kleinste Teil des Problems. Der größere Teil besteht in ihrer kenntnislosen Aneignung zu dekorativen Zwecken. Viel spricht dafür, den Geist einer aufschneiderischen Werbung dabei am Werk zu sehen. Die deutsche Bahn will sich nicht nur technisch modernisieren; sie will auch modern wirken. Dass ihre sprachliche Modernisierung ein fake ist (um ein gutes englisches Wort zu verwenden), scheint ihr egal zu sein. [...]

Um sprachschützerische Einfalt von berechtigter Sorge zu trennen, muss man sich klarmachen, dass Deutsch seit Langem eine Hybridsprache ist, die nicht nur Fluten fremder Wörter aufgenommen hat, sondern auch in ihrer Grammatik mehrfach überformt wurde. Den Anfang machten Mönche des Mittelalters, die zahllose Lehnbildungen nach lateinischem Vorbild prägten – berühmtes Beispiel ist die Neubildung Gewissen nach lateinisch conscientia. Den zweiten Schub besorgten Humanismus und Reformation, als die Syntax dem Lateinischen anverwandelt wurde. Man vergleiche die einfachen Satzmuster des Mittelhochdeutschen mit dem Frühneuhochdeutschen, erst recht aber mit dem barocken Deutsch, in dem die Hypotaxen, die Partizipialkonstruktionen und Verschachtelungen geradezu explodieren. [...]

Daraus folgt freilich keine Entwarnung für die Gegenwart. Denn die früheren Übernahmen haben das Deutsche komplexer, reicher, intellektueller und expressiver, philosophischer und dichterischer, auch wissenschaftsfähiger gemacht. Unter dem Einfluss des globalisierten Englisch aber vollzieht sich eine geradezu atemberaubende Simplifizierung. Die englischen oder pseudoenglischen Ausdrücke kommen nämlich nicht einfach hinzu, sie ersetzen auch nicht nur deutsche Wörter, was schlimmstenfalls überflüssig wäre. Sie verdrängen vielmehr die natürliche Wortbildung des Deutschen, die keinerlei Schwierigkeiten mit Neologismen hätte, weil sie mit ihrer Leichtigkeit der Wortzusammensetzung sonst nur im Altgriechischen einen Vergleich hat. [...]

Der Geist eines ridikülen Marketings, der in der Managersprache steckt, will Exklusivität, die elitäre Anmutung eines arkanen Wissensvorsprungs. Den Zweck der Ausschließung teilt sie mit der Jugendsprache, der es seit alters darum geht, sich von der Erwachsenenwelt abzuschotten. Töricht wäre es, sich über Kürzel aufzuregen, die von den Eltern nicht verstanden werden – denn das ist ihr Sinn. Es fragt sich allerdings, was von Geschäftsleuten zu halten ist, die sich wie Kinder gebärden, die Erwachsene verblüffen und ärgern wollen.

Es liegt bei uns, die Antwort zu formulieren. Es liegt in der Macht jeden einzelnen Sprechers, die Zukunft des Deutschen zu gestalten. [...] Das Deutsche wird nicht sterben, es sei denn, die Deutschen wollen es. [...] Aber selbst wenn das Deutsche stürbe – es würde als tote Sprache weiterleben, als eine Art Griechisch oder Latein der Neuzeit. Die Zahl kanonischer Autoren, von Philosophen wie Dichtern, wird den Gelehrten das Deutsche immer attraktiv erhalten. Das ist vielleicht kein Trost – aber ein Gedankenspiel, das uns Heutigen Respekt vor der achtlos malträtierten Umgangssprache einflößen sollte.

Jessen, Jens. „Die verkaufte Sprache". Die Zeit Nr. 31 26.07.2007

Literaturempfehlung für das Auswerten von Texten
Michelmann, Rotraut/Michelmann, Walter K. Effizient und schneller lesen. Reinbek: Rowohlt (Tb) 1998
Fremdsprachliche Online-Wörterbücher
www.leo.org (Englisch, Französisch, Spanisch, Italienisch, Chinesisch)
http://pons.eu/dict/search (Englisch, Französisch, Spanisch, Italienisch, Russisch, Polnisch)

5.2 Interviews und Umfragen

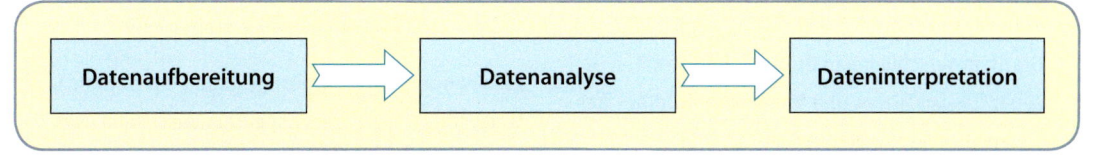

```
Datenaufbereitung  →  Datenanalyse  →  Dateninterpretation
```

Abb. 5.6: Arbeitsschritte bei der Auswertung einer Befragung

Wie werden Antworten auf geschlossene Fragen ausgewertet (siehe Kapitel 4.6)? Wenn ein Stapel Fragebögen vor einem liegt, heißt es auszählen. Man muss einfach zählen und dann den prozentualen Anteil an den Antworten ausrechnen, um Aussagen zur relativen **Häufigkeit** machen zu können. Die Befragung per Computer bietet mehr Bequemlichkeit: Standardisierte Fragen kann man per Knopfdruck auswerten und eine **Grundauswertung** anfertigen lassen. Gegebenenfalls sind die Antworten weiter aufzuschlüsseln nach Geschlecht, Herkunft oder anderen Daten, die im allgemeinen Teil der Befragung gewonnen wurden. Man erstellt hierbei eine „**Kreuztabelle**". Ein kostenloses Programm (GrafStat) wird von der Bundeszentrale für politische Bildung (www.bpb.de) vertrieben.

	Wegzug	Mann	Frau	Schweiz	Ausland	Stadt	Agglomeration	Land	18–29 J.	30–39 J.	40–49 J.	50 J. u. älter	Single-Haushalte	Übrige HH o. Kinder	HH mit mind. 1 Kind
sehr gerne	653	293	360	592	61	247	164	238	244	188	100	121	162	357	134
eher gerne	291	134	157	251	40	118	57	113	111	86	47	47	81	149	61
eher ungern	39	17	22	35	4	12	8	19	17	12	6	4	11	17	11
ganz ungern	8	4	4	8	0	5	2	1	2	3	2	1	0	5	3
weiß nicht	10	4	6	7	3	8	0	2	1	2	2	5	3	4	3
Total	1001	452	549	893	108	390	231	373	375	291	157	178	257	532	212

Abb. 5.7: Beispiel für eine differenzierte Auswertung (Quelle: Statistisches Amt des Wirtschafts- und Sozialdepartements des Kantons Basel-Stadt: Wanderungsbefragung 2008, S. 2, gekürzt und Rechtschreibung angepasst)

Kniffliger wird es, wenn die Ergebnisse zu zwei Fragen mit Skalenantworten miteinander in Beziehung gesetzt werden sollen, um beispielsweise zu erfahren, ob alle diejenigen, die mit der Wohnsituation in einem Stadtteil nur wenig oder nicht zufrieden waren, besonders geringe Einkommen beziehen. Die Programme bieten hier viele Auswertungsmöglichkeiten:

Leistungen eines Auswertungsprogramms an dem Beispiel von GrafStat

Neben absoluten und prozentualen Werten werden auch die Summen und die Anzahl der Datensätze ohne Antwort genannt. Bei den verschiedenen Fragetypen werden zusätzlich noch statistische Kennwerte berechnet (Skalenfragen: Mittelwert und Median; Maßzahlfragen: Minimum, Maximum und Mittelwert). Die Grundauswertung wird als RTF-Datei erzeugt und kann anschließend mit einer Textverarbeitung geöffnet und weiter bearbeitet werden.

Einfache Auswertungen: Mit GrafStat bekommen Sie einfachen Zugang zu vielfältigen Auswertungsvarianten, Sie können Merkmale kombinieren und filtern, Sie können Grafikformen per Mausklick wählen und

Farben zuordnen. GrafStat ermöglicht Ihnen die Kommentierung der Grafiken, das Speichern der Grafik in verschiedenen Größen und Formaten und sogar das Speichern und Nachbearbeiten der Auswertungseinstellungen selbst.

Gruppierung und Klassenbildung: Neben der einfachen Häufigkeitsauszählung erlaubt diese GrafStat-Funktion die Bildung von Gruppen bei Auswahlfragen oder Skalenfragen. Bei Antwortvorgaben in Maßzahlen sind Klassenbildungen möglich.

Kreuztabellen: GrafStat bietet mit der Auszählung in Kreuztabellen ein mächtiges Instrument zur Auswertung in zwei Dimensionen. So lassen sich beispielsweise geschlechtsspezifische Auswertungen einfach und schnell erstellen.

Filterungen und Kopplungen: Soll das Datenmaterial unter speziellen Aspekten untersucht werden, so bieten sich Filter an. Filter können in GrafStat in beliebiger Anzahl kombiniert werden und schränken die Auswertungen auf die gewählten Filtersetzungen ein. Bei einer Kopplung werden mehrere Merkmale einer Befragung zusammengefasst und in einer gemeinsamen Grafik dargestellt. Eine Kopplung ermöglicht einfache visuelle Vergleiche zwischen gleich strukturierten Merkmalen.

Bundeszentrale für politische Bildung. „Daten auswerten". 15.06.2009. http://www.bpb.de/methodik/TXI,6,0,Einsatz_der_Software_in_Befragungsprojekten.html#art6

Weitere Hinweise zum Einsatz von GrafStat gibt es auf der Internetseite www.grafstat.de.

Wie aber werden Antworten auf offene Fragen ausgewertet? Die Antworten müssen in geeigneter Weise gebündelt werden. Nach Sichtung der Antworten werden geeignete Oberbegriffe, sogenannte Kategorien, bestimmt. Die einzelnen Antworten werden dann zugeordnet. Die Schwierigkeit besteht darin, aussagekräftige Kategorien zu finden, die nicht zu eng, aber auch nicht zu weit gefasst sind.

14. Führen Sie eine Befragung mit einer offenen Frage im Seminarkurs durch! Bilden Sie in Partnerarbeit geeignete Kategorien, unter die sich die gegebenen Antworten subsumieren lassen!

Interpretation und Verbalisierung der Ergebnisse

Es macht wenig Sinn, die Ergebnisse nur tabellarisch aufzulisten, vielmehr müssen sie beschrieben und auch interpretiert werden. Die Resultate müssen in Beziehung zur Fragestellung und zur formulierten Hypothese gesetzt werden. Sinnvoll sind auch Vergleiche mit bereits vorliegenden Daten. Folgende Beispiele zeigen, wie aus erhobenen Daten ausformulierte Ergebnisse werden.

15. Untersuchen Sie die folgenden Auswertungsbeispiele im Hinblick auf das Verhältnis von Datenanalyse und Interpretation und vergleichen Sie die Qualität der Auswertungen!

Beispiel 1: Zufriedenheitsniveau bei ausgewählten Lebensbedingungen und Angeboten

Die Befragten hatten die Möglichkeit, den Grad ihrer Zufriedenheit bei einer Reihe von Lebensbedingungen und Angeboten zum Ausdruck zu bringen. Berücksichtigt man jeweils die Gruppe der Befragten, welche eine Zufriedenheitseinschätzung abgegeben haben, so erreicht in allen vier Städten der öffentliche Verkehr das höchste Zufriedenheitsniveau. In der Stadt Zürich äußern sich 97 % der Befragten als mindestens eher zufrieden mit dem öffentlichen Verkehr. Die Stadt Bern weist beim öffentlichen Verkehr im Städtevergleich mit 90 % Zufriedener bereits den tiefsten Wert auf. Die auffälligsten Diskrepanzen zwischen den Städten zeigen sich zum einen beim Thema Sauberkeit, bei welchem Basel (69%) und Bern (72%) deutlich tiefere Zufriedenheitsquoten aufweisen als St. Gallen (81%) und Zürich (86%). Zum anderen liegt beim Wohnungsangebot die Zufriedenheitsquote bei der Stadt St. Gallen (83%) um 30 Prozentpunkte höher als in Zürich und auch noch um 16 Prozentpunkte über dem Wert von Basel. Die Rangfolge der Städte entspricht der Rangierung nach der Leerwohnungsziffer vom Juni 2005.

Stadt Bern. „Städtevergleich Bevölkerungsbefragungen in Basel-Stadt, Bern, St. Gallen und Zürich 2005". 15.06.2009. http://www.bern.ch/mediencenter/aktuell_ptk_sta/2005/12/kbstaedtevergleich2005

Beispiel 2: Bevölkerungsbefragung 2005 in der Gemeinde Riehen

Die zweite Frage der Riehener Bevölkerungsbefragung gibt auch einen Hinweis auf die Verbundenheit der Bevölkerung mit ihrer Gemeinde. Hier wurde gefragt, mit welcher geografischen Gegend man sich primär identifiziert. Mögliche Antworten waren „Riehener/-in", „Einwohner/-in der Agglomeration Basel" und „Einwohner/-in der Schweiz". Wie Abb. 3.10 zeigt, ist der Anteil der Personen, die sich primär als Riehener/-in fühlen gegenüber 2001 um 1.2 Prozentpunkte auf 47.2% gesunken. Lediglich 10.4% der Befragten sehen sich primär als Schweizer. Hingegen bezeichnen sich ganze 40.6% primär als Einwohner/-in der Agglomeration Basel. Dies bedeutet nochmals ein kleiner Zuwachs gegenüber 2001. Fünf von zehn Befragten fühlen sich also einer Riehen übergeordneten geografischen Gegend verbunden. Der Zuspruch für die Gemeinde Riehen mag auf den ersten Blick als relativ gering erscheinen. Eine 1997 durch die Gesellschaft für Sozialforschung schweizweit durchgeführte telefonische Befragung zur Identität hat aber gezeigt, dass sich im Durchschnitt nur 23% der Schweizer/-innen primär als Einwohner ihrer Gemeinde fühlen. Auch wenn bei dieser Umfrage die Fragestellung nicht vollkommen identisch war, zeigt der Vergleich, dass die Verbundenheit der Riehener Bevölkerung mit ihrer Gemeinde keineswegs unterdurchschnittlich ist.

Steiner, Reno/Fiechter, Julien. „Bevölkerungsbefragung 2005 in der Gemeinde Riehen". 15.06.2009. http://www.riehen.ch/dl.php/de/20051207134216/9.Bev%F6lkerungsbefragung.pdf

5.3 Statistiken und Diagramme

Statistiken

„Ich glaube keiner Statistik, die ich nicht selbst gefälscht habe", soll der englische Politiker Churchill gesagt haben. In der Tat kann man mit Statistiken manipulieren und Aussagen herauslesen, die diese gar nicht beinhalten. Hüten Sie sich also vor falschen Verallgemeinerungen oder Fehlschlüssen. Prüfen Sie immer, ob die Auswahl der Stichprobe die erstellte Interpretation zulässt.

✓ **Checkliste: Auswertung von Statistiken**

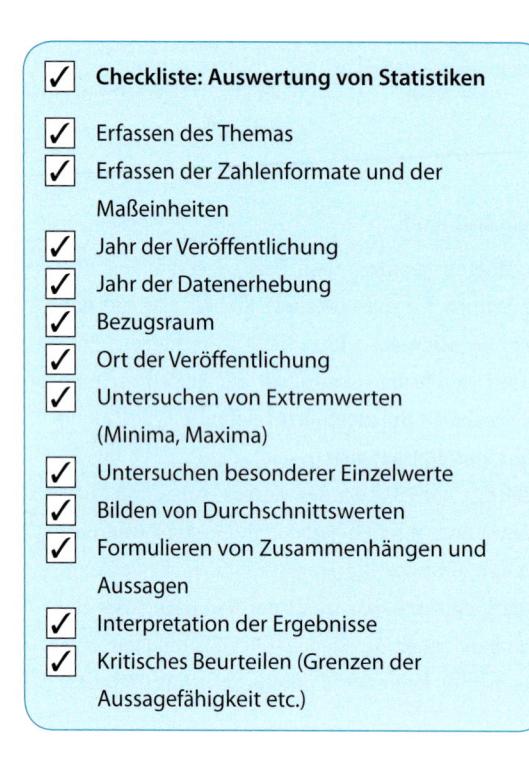

- ✓ Erfassen des Themas
- ✓ Erfassen der Zahlenformate und der Maßeinheiten
- ✓ Jahr der Veröffentlichung
- ✓ Jahr der Datenerhebung
- ✓ Bezugsraum
- ✓ Ort der Veröffentlichung
- ✓ Untersuchen von Extremwerten (Minima, Maxima)
- ✓ Untersuchen besonderer Einzelwerte
- ✓ Bilden von Durchschnittswerten
- ✓ Formulieren von Zusammenhängen und Aussagen
- ✓ Interpretation der Ergebnisse
- ✓ Kritisches Beurteilen (Grenzen der Aussagefähigkeit etc.)

Abb. 5.8: Statistiken leicht gemacht

Diagramme

Ähnlich wie mit Statistiken verhält es sich mit Diagrammen. Die Darstellung beeinflusst den Leser, sowohl die Art des Diagramms als auch die Skalen. Insofern will eine Auswertung reflektiert angegangen werden. Im Folgenden sollen zunächst verschiedene Darstellungsformen vorgestellt werden:

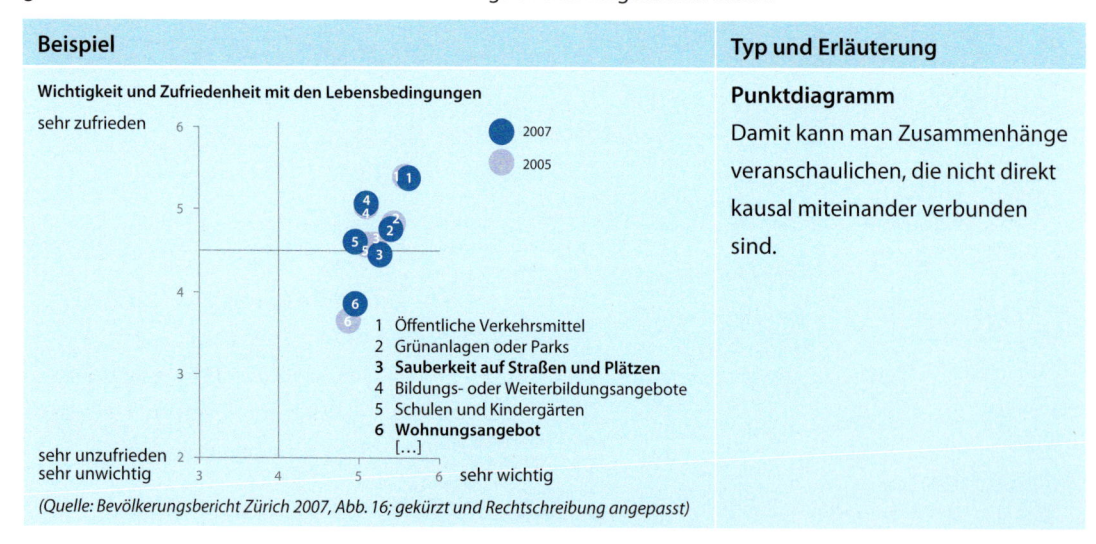

Beispiel	Typ und Erläuterung
Wichtigkeit und Zufriedenheit mit den Lebensbedingungen sehr zufrieden / sehr unzufrieden – sehr unwichtig / sehr wichtig 2007 / 2005 1 Öffentliche Verkehrsmittel 2 Grünanlagen oder Parks 3 **Sauberkeit auf Straßen und Plätzen** 4 Bildungs- oder Weiterbildungsangebote 5 Schulen und Kindergärten 6 **Wohnungsangebot** […] (Quelle: Bevölkerungsbericht Zürich 2007, Abb. 16; gekürzt und Rechtschreibung angepasst)	**Punktdiagramm** Damit kann man Zusammenhänge veranschaulichen, die nicht direkt kausal miteinander verbunden sind.

5.3 Statistiken und Diagramme

Beispiel	Typ und Erläuterung
Bewertung familienrelevanter Faktoren in Basel und am neuen Wohnort durch weggezogene Haushalte 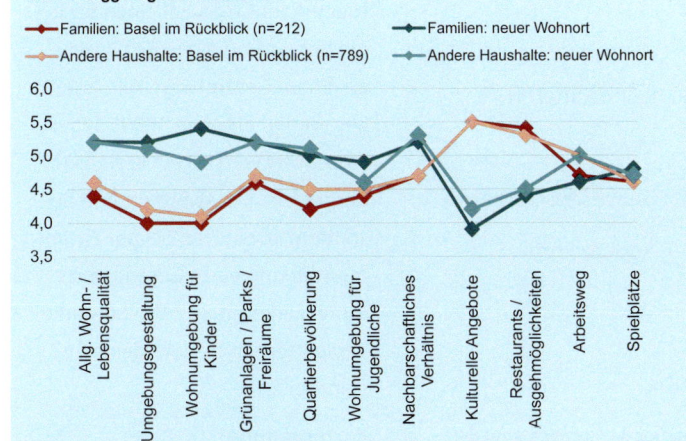 ◆ Familien: Basel im Rückblick (n=212) ◆ Familien: neuer Wohnort ◆ Andere Haushalte: Basel im Rückblick (n=789) ◆ Andere Haushalte: neuer Wohnort [Liniendiagramm mit Kategorien: Allg. Wohn-/Lebensqualität, Umgebungsgestaltung, Wohnumgebung für Kinder, Grünanlagen/Parks/Freiräume, Quartierbevölkerung, Wohnumgebung für Jugendliche, Nachbarschaftliches Verhältnis, Kulturelle Angebote, Restaurants/Ausgehmöglichkeiten, Arbeitsweg, Spielplätze] *(Quelle: Wanderungsbefragung 2008 Basel-Stadt, Abb. 9.1; gekürzt)*	**Liniendiagramm** Daten werden mit einer Linie miteinander verbunden und in einem Koordinatensystem dargestellt. Deutlich können hiermit Zeitreihen veranschaulicht werden. Auf einen Blick ist eine starke Dynamik bei einer steilen Steigung erkennbar. Damit eignet sich diese Form besonders gut zur Veranschaulichung von Entwicklungen und Trends sowie zum Vergleichen.
Top 10 der Einzelnennungen: Wegzugsgründe der Wegzüger (n = 1001) 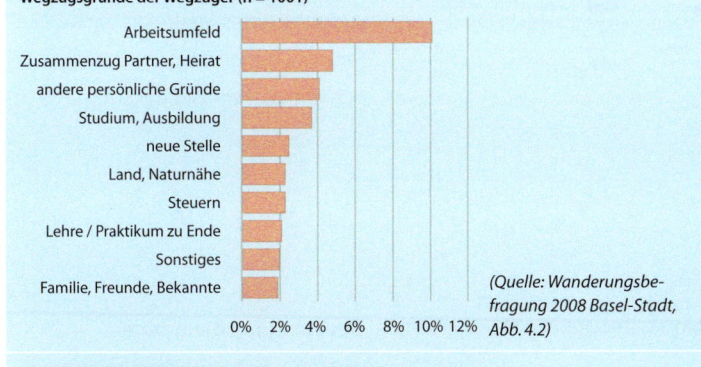 [Balkendiagramm: Arbeitsumfeld, Zusammenzug Partner/Heirat, andere persönliche Gründe, Studium/Ausbildung, neue Stelle, Land/Naturnähe, Steuern, Lehre/Praktikum zu Ende, Sonstiges, Familie/Freunde/Bekannte] *(Quelle: Wanderungsbefragung 2008 Basel-Stadt, Abb. 4.2)*	**Säulen- und Balkendiagramm** Wenn nicht allzu viele Werte veranschaulicht werden sollen, ist ein solches Diagramm einem Liniendiagramm vorzuziehen.
Wie beurteilen die Zugezogenen das aktuelle Wohnungsangebot im Kanton Basel-Stadt? – Nach Alter 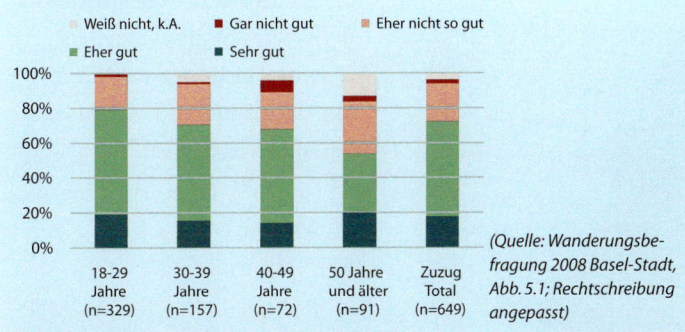 ☐ Weiß nicht, k.A. ■ Gar nicht gut ■ Eher nicht so gut ■ Eher gut ■ Sehr gut [Gestapeltes Säulendiagramm: 18–29 Jahre (n=329), 30–39 Jahre (n=157), 40–49 Jahre (n=72), 50 Jahre und älter (n=91), Zuzug Total (n=649)] *(Quelle: Wanderungsbefragung 2008 Basel-Stadt, Abb. 5.1; Rechtschreibung angepasst)*	**Gestapelte Säulen und Balken** Will man innerhalb einer Säule Anteile einer Unterkategorie an der Säule darstellen, kann man die Säulenanteile stapeln.
Vertretung durch die Behörden im Zeitvergleich Angaben in Prozent! Schweiz 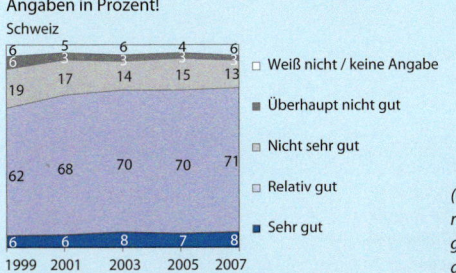 [Flächendiagramm 1999–2007: Werte 6/5/6/4/6 (oben), 19/17/14/15/13, 62/68/70/70/71, 6/6/8/7/8] ☐ Weiß nicht / keine Angabe ■ Überhaupt nicht gut ☐ Nicht sehr gut ☐ Relativ gut ■ Sehr gut *(Quelle: Bevölkerungsbericht Zürich 2007, Abb. 43; gekürzt und Rechtschreibung angepasst)*	**Flächendiagramm** Diese Darstellung ähnelt dem Liniendiagramm. Die Flächen zwischen den Linien sind farblich hervorgehoben. Besonders gut können prozentuale Veränderungen dargestellt werden.

Beispiel	Typ und Erläuterung
Besitzstand und Haushaltsformen der Befragten Kreisdiagramm mit Werten: 9 % Eigentümer/in, 69 % Mieter/in, 20 % Genossenschafter/in, 1 % Andere Form (Quelle: Bevölkerungsbericht Zürich 2007, Abb. 54; gekürzt)	**Kreisdiagramm (Tortendiagramm)** Hier erkennt man auf einen Blick die Bedeutung eines Einzelwerts an einem Gesamtwert. Alle Anteile zusammen ergeben 100 %. Jeder Einzelwert wird als ein Kreissektor dargestellt. Des Weiteren sind besondere Strukturen bei der Zusammensetzung eines Gesamtwerts schnell erkennbar, z. B. eine starke Zersplitterung in viele kleine Bestandteile.
Wahrnehmung der baulichen Dichte im Quartier und Bezeichnung der Wohngegend als „vorwiegend Wohngebiet" Kartogramm der Zürcher Quartiere mit Anteil Befragte, die eine hohe und sehr hohe bauliche Dichte wahrnehmen: < 30 %, 30 bis 50 %, 50 bis 70 %, 70 bis 100 % (Quelle: Bevölkerungsbericht Zürich 2007, Abb. 23; gekürzt)	**Kartogramme** Kartogramme werden verwendet, wenn man auf einer Karte die Ausprägung eines Merkmals darstellen möchte, um regionale Unterschiede zu veranschaulichen.
Altersaufbau der Bevölkerung Bayerns am 31. Dezember 2007 insgesamt Bevölkerungspyramide männlich / weiblich mit Hinweisen: Geburtenausfall 1915/19, Geburtenausfall 1942/45, mehr Männer als Frauen, allgemeiner Geburtenrückgang, mehr Frauen als Männer (Quelle: Bayerisches Landesamt für Statistik und Datenverarbeitung)	**Bevölkerungsdiagramm** Auf der y-Achse ist die Altersgruppe, auf der x-Achse die Mächtigkeit dieser Altersgruppe aufgetragen. Links der Hochachse wird die Anzahl der Männer, rechts davon die der Frauen dargestellt.

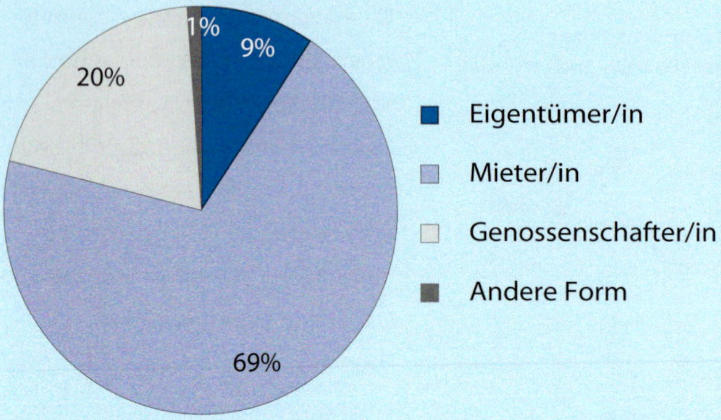

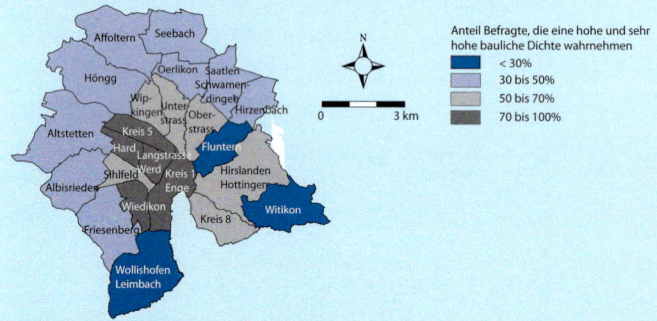

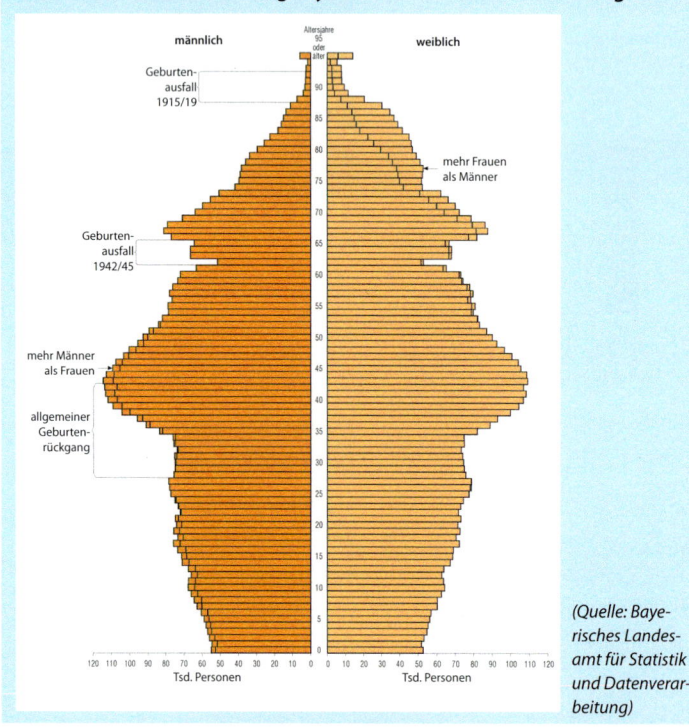

5.3 Statistiken und Diagramme

Beispiel	Typ und Erläuterung
Bewertung der Zusammensetzung der Quartierbevölkerung (Netzdiagramm mit Achsen: Hirzenbach, Kreis 1 Enge, Wollishofen Leimbach, Wiedikon, Friesenberg, Sihlfeld, Werd Langstrasse, Hard, Kreis 5, Unterstrass, Oberstrass, Fluntern, Hottingen Hirslanden, Witikon, Kreis 8, Albisrieden, Altstetten, Höngg, Wipkingen, Affoltern, Oerlikon, Seebach, Saatlen Schwamendingen) — Mittelwert Quartier — Stadt Zürich Mittelpunkt: Note 1, Äußerster Ring: Note 6 (Quelle: Bevölkerungsbericht Zürich 2007, Abb. 28; Rechtschreibung angepasst)	**Netzdiagramm** Diese Diagrammform erinnert an ein Spinnennetz. Von der Mitte gehen verschiedene Wert-Achsen radial aus. Vorteil ist, dass verschiedene Eigenschaften auf einen Blick erkennbar sind und mehrere Datenreihen so einfach miteinander verglichen werden können.

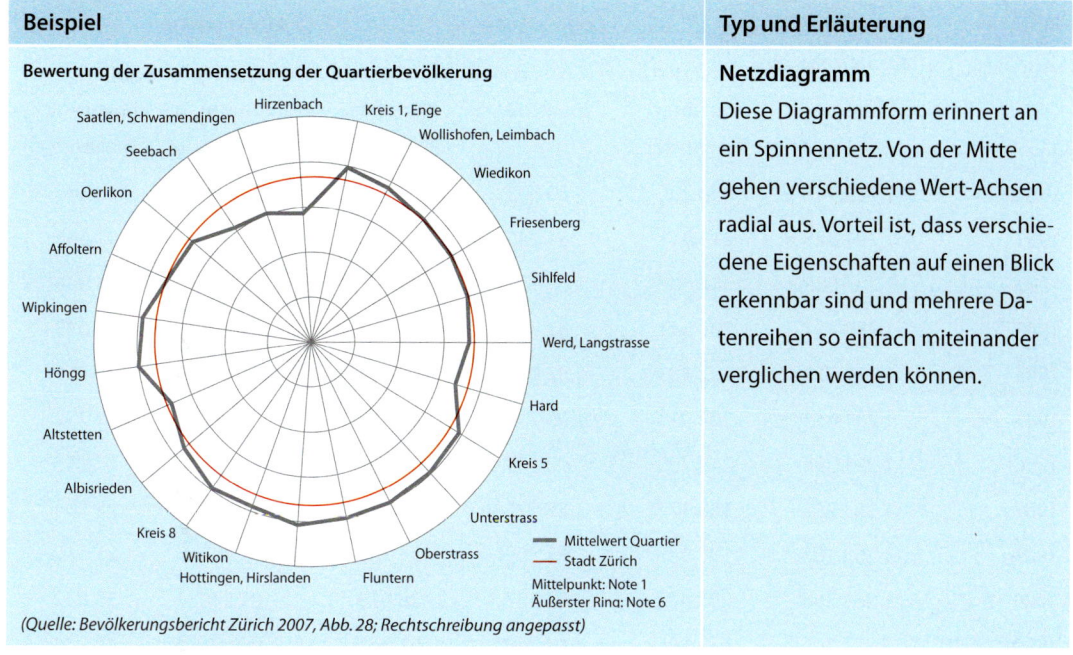

Abb. 5.9: Arten von Diagrammen

16. Analysieren Sie die Diagramme der S. 94 bis 97! Formulieren Sie pro Diagramm zwei Aussagen und interpretieren Sie diese! Orientieren Sie sich dabei auch an der Checkliste für die Auswertung von Statistiken (S. 94)!

Eine kleine Verschiebung der Skalen oder Anfangs- bzw. Endwerte reicht, und eine andere Aussage wird suggeriert. Beispielsweise kann die Entwicklung des Verkehrsaufkommens in einer Stadt in einem Liniendiagramm so dargestellt werden, dass es nach einer Stagnation aussieht, oder aber so, dass es nach einem dramatischen Wachstum aussieht, je nachdem, wie die Skalierung erfolgt ist und bei welchem Wert die Hochwertachse beginnt.

Achten Sie auch auf die Quelle von Diagrammen. Oft stehen hinter einer Darstellung bestimmte Interessen. Eine Darstellung zur Entwicklung der Kriminalität in Großstädten beispielsweise dürfte unterschiedlich ausfallen, wenn sie von einer Regierung, die beruhigen will, oder von einer Organisation, die aufrütteln will, in Auftrag gegeben ist.

Literaturempfehlung zum Auswerten von Statistiken
Krämer, Walter. Statistik verstehen: Eine Gebrauchsanweisung. München: Piper 2008

17. Erstellen Sie auf der Basis der Statistik auf S. 98 ein Diagramm, das die Wanderungsbilanz der Ausländer in München von 1980 bis 2007 darstellt! Wählen Sie eine geeignete Darstellungsform! Positive und negative Salden bei Zuzug und Wegzug der Ausländer sollen gut erkennbar sein. Verwenden Sie ein Computerprogramm! Vergleichen Sie Ihre Ergebnisse im Kurs hinsichtlich ihrer Eignung, die wesentlichen Entwicklungen zu veranschaulichen!

Jahr	Einwohnerstand am Jahresende		Zugezogene		Fortgezogene	
	Summe	darunter Ausländer	Summe	darunter Ausländer	Summe	darunter Ausländer
1980	1 298 941	220 206	90 803	40 900	88 314	38 546
1981	1 291 828	215 811	84 245	35 492	87 979	41 658
1982	1 287 080	212 066	80 126	29 301	81 655	34 644
1983	1 283 457	208 541	81 347	26 855	81 307	31 639
1984	1 277 369	202 403	82 070	28 029	84 978	35 362
1985	1 281 613	203 953	90 231	31 660	82 485	31 252
1986	1 291 396	210 790	90 649	32 449	77 878	27 156
1987	1 253 282	188 171	85 925	31 974	81 654	28 704
1988	1 263 187	197 948	82 569	34 760	71 433	25 532
1989	1 268 366	202 476	91 157	38 019	84 540	33 842
1990	1 277 576	213 585	111 240	51 571	100 626	41 133
1991	1 303 593	240 778	121 137	68 162	93 794	41 750
1992	1 320 634	264 607	141 596	92 216	123 265	69 189
1993	1 326 306	275 477	109 920	61 589	105 339	51 980
1994	1 323 624	280 542	92 112	45 754	96 100	41 830
1995	1 324 208	286 022	92 150	45 550	92 490	41 106
1996	1 321 557	286 087	93 347	43 839	97 299	44 855
1997	1 307 609	273 056	95 818	43 144	111 638	57 028
1998	1 298 537	261 550	103 476	46 310	114 303	57 830
1999	1 315 254	269 653	107 991	49.754	93 374	41 027
2000	1 247 934	282 148	94 674	47.318	79 502	38 489
2001	1 260 597	287 107	97 400	50.668	85 370	41 093
2002	1 264 309	289 263	92 834	48.478	91 718	43 542
2003	1 267 813	292 229	85 743	44.034	85 434	38 313
2004	1 273 186	293 386	92 819	47.414	82 387	41 432
2005	1 288 307	300 129	90 226	43.112	75 294	32 993
2006	1 326 206	304 445	92 390	41.029	81 535	33 750
2007	1 351 445	311 321	96 491	42.316	77 188	32 409

Quelle: Statistisches Amt der Stadt München

5.4 Archivierung von Informationen

Während des Seminars zum wissenschaftspropädeutischen Arbeiten wird über eine relativ lange Zeit hinweg Recherche betrieben. Schlimmstenfalls finden sich am Ende Stapel loser, handbeschriebener Zettel auf dem Schreibtisch, die nur noch anhand ihrer Position im Stapel auf einen Zeitpunkt im Jahr eingeschätzt werden können. Durch sinnvolles Management der Daten lässt sich dies vermeiden.

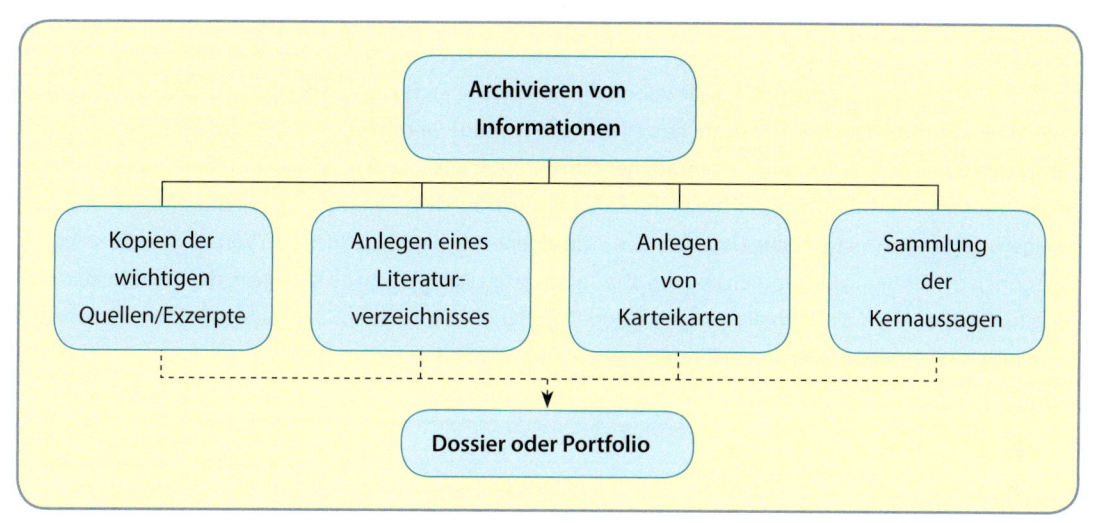

Abb. 5.10: Beispiele für geordnetes Sammeln von Informationen

Kopien wichtiger Quellen/Exzerpte

Wichtige Lexikon- oder Zeitungsartikel werden in einem Ordner oder Schnellhefter abgeheftet und mit **Markierungen wichtiger Informationen am Rand oder im Text** versehen. Das, was auf alle Fälle in die Arbeit aufgenommen werden soll, wird mit einer dafür reservierten Farbe gekennzeichnet. Auch kann man daneben notieren, wo die Stelle nutzbringend eingebracht werden kann. Im Schreibprozess tut man sich dann leichter, da am Rand schon der Verweis zu finden ist.

Exzerpte funktionieren ähnlich, nur dass die Informationen eigenständig aus dem Text herausgeholt und schriftlich festgehalten werden. Noch mehr muss dabei auf Korrektheit der richtigen Zusammenhänge und Originalzitate geachtet werden. Wichtig: Auf keinen Fall die genaue Quellenangabe auf der Kopie oder dem Exzerpt vergessen (siehe auch Kapitel 5.1)!

Abb. 5.11: Wichtige Informationen stets markieren!

Literaturverzeichnis

Das Literaturverzeichnis wird zwar in Arbeiten oder mündlichen Präsentationen immer am Ende aufgeführt, ist jedoch das wichtigste Archiv der Arbeit. Von Anfang an sollte hier **unter systematischen Aspekten** oder **alphabetisch** die Literatur verzeichnet werden, mit der gearbeitet wird. So kann nichts verloren gehen und eine lange Suche vor dem Fertigstellen der Arbeit erübrigt sich. Genauere Hinweise zu diesem Thema finden Sie im Kapitel „Seminararbeit: Bibliografieren".

Karteikarten

Auf Karteikarten können systematisch alle Informationen über einen Text abgespeichert werden, die einen oder mehrere für die Arbeit wichtige Aspekte betreffen. Auch wichtige wörtliche Zitate werden exzerpiert, die beim Auswerten schon aufgefallen sind. Zudem können Sie weitere Spalten zur Bewertung und Einordnung des Textes in der Argumentation aufführen. Solche Archive können auch auf dem Computer angelegt werden. Hierfür gibt es eigens angelegte elektronische Datenbanken – ein eigenes Layout hat jedoch den Vorteil, dass Sie selbst die Kategorien der Ordnung bestimmen können. Die Karteikarten sollten nicht zu klein sein, damit sie ausreichend Platz für Inhalte haben: Die Formate von DIN A5 oder größer bieten sich hierfür an. Achten sollte man dabei auf korrekte, als solche gekennzeichnete Zitate.

Verfasser und Titel	Schlagwort
Durch das parallele Führen des Literaturverzeichnisses reicht an dieser Stelle der **Kurztitel**, wie Sie ihn in der Arbeit zitieren werden.	Möglicherweise müssen Sie **mehrere Karteikarten für einen Text** anlegen, weil er mehrere Aspekte beinhaltet, die in unterschiedlichen Zusammenhängen gebraucht werden.
Inhalte/Zitate • in als solche gekennzeichneten Zitaten (Seitenangabe!) • in sinngemäßen Zitaten • in exzerpierten Aussagen	**Anmerkungen** • über weitere wichtige Aspekte • über die Einordnung in die eigene Argumentation • neue Fragen • Bewertung der Brauchbarkeit

Abb. 5.12: Beispiel für eine Archivierung mit Karteikarten

18. Gestalten Sie eine Vorlage für Ihre individuelle Karteikarte und vergleichen Sie diese mit den Karten der anderen Kursteilnehmer!

Sammlung von Kernaussagen

Eine Archivierungsmethode, die nicht nach einzelnen Titeln, sondern speziell nach für die Arbeit wichtigen Aussagen ordnet, ist gleichermaßen nützlich. Als Sammlung von Kernaussagen steht solch eine Übersicht gewissermaßen zwischen Exzerpt und Karteikarten. Dabei könnte man vom Karteikartenformat weggehen und ein größeres Format verwenden.

19. Legen Sie ein Dossier oder Portfolio an, in das Sie übersichtlich die von Ihnen gewählten Archive einordnen!

6 Auseinandersetzen mit Informationen von unterschiedlichen Standpunkten aus

Abb. 6.1: Im W-Seminar geht es auch um die Meinungsbildung innerhalb der Seminargruppe, z. B. im Rahmen einer Moderation

Methodische Grundüberlegung

Im W-Seminar kommt es u. a. darauf an, dass Sie wichtige **Kompetenzen fächerübergreifender Art** erwerben. Genannt werden in einer Auflistung des bayerischen Staatsinstituts für Schulqualität und Bildungsforschung ISB (Die Seminare in der gymnasialen Oberstufe. 2. Auflage 2008, S. 13) beispielsweise: „sich mit der Meinung anderer argumentativ auseinandersetzen und den eigenen Standpunkt überprüfen sowie logisch begründen" oder auch „Erkenntnisse […] argumentativ überzeugend darstellen". In diesem Kapitel werden verschiedene Methoden vorgestellt, mit denen Sie die genannten Kompetenzen aktiv und bezogen auf Ihr Seminarthema einüben und vertiefen können: die Moderation (Kapitel 6.1), die Pro-Kontra-Diskussion (Kapitel 6.2) sowie das Rollenspiel (Kapitel 6.3). Mit den drei Methoden lassen sich z. B. folgende Kompetenzen erlernen, die auch an der Hochschule und im späteren Berufsleben gefordert werden:

- die eigene Meinung innerhalb einer wissenschaftlichen Arbeitsgruppe begründet vorzutragen und dabei andere Standpunkte einzubeziehen, um gegebenenfalls einen Kompromiss für den weiteren Arbeitsprozess zu erreichen
- Forschungspositionen klar darzustellen und eindeutig voneinander abzugrenzen
- Stellung zu verschiedenen Forschungspositionen zu nehmen und den eigenen Standpunkt präzise und begründet zu formulieren
- nachvollziehbar zu argumentieren, warum man eine bestimmte Theorie oder Begriffsdefinition für die eigene Thesenentwicklung ablehnt oder übernimmt

Alle drei Methoden haben gemeinsam, dass sie einen strukturierten Ablauf vorgeben, in dessen Rahmen die argumentative Auseinandersetzung stattfindet. Während die Moderationsmethode dabei stärker auf die Meinungs- und Willensbildung innerhalb einer Gruppe abzielt, kommt es bei der Pro-Kontra-Diskussion und beim Rollenspiel darauf an, eine vorgegebene Rolle oder Position zu übernehmen und diese argumentativ zu vertreten.

6.1 Methode: Moderation

> **Beispiel**
>
> In einem Gymnasium gibt es immer wieder Reibungspunkte in der Zusammenarbeit zwischen verschiedenen Schülergruppen. Die Klassensprecher klagen darüber, dass sie von den Schülersprechern nicht ausreichend informiert werden. Sie erfahren kaum etwas über die internen Gesprächsergebnisse der Schülersprecher mit dem dazugehörigen SMV-Kernkreis. Eine ähnliche Aussage kommt auch von den Schülersprechern. Sie betonen, dass sie von den Klassensprechern und von der Schulleitung nur wenig informiert werden, und dass sie sich alle notwendigen Informationen in der Regel selbst besorgen müssen. Bei den gelegentlich stattfindenden Klassensprecherversammlungen kommt meist auch nicht viel heraus. Auffallend ist ferner der stockende Informationsfluss zwischen verschiedenen Schülergruppen wie Streitschlichtern, Hausaufgabenbetreuern, SMV-Sportarbeitskreisen und den Schulsanitätern.
>
> Die Verbindungslehrer und die Schulleitung wollen den auftretenden Spannungen entgegentreten. Daher bitten sie die beteiligten Schülergruppen zu einer gemeinsamen Besprechung, um die vorhandenen Probleme in der Kommunikation einmal in aller Ruhe anzusprechen. Schulleitung und Verbindungslehrer vereinbaren, dass sie bei diesem gemeinsamen Gespräch zwar dabei sind, aber den Ablauf den Schülergruppen selbst überlassen wollen. Für dieses gemeinsame Gespräch wurde ein Zeitrahmen von 90 Minuten eingeplant. Die Zeit vergeht rasch, brauchbare Ergebnisse werden kaum erzielt. Kurzum, es bleibt auch nach diesem Gespräch ein ungutes Gefühl.
>
> Nach dieser Gesprächsrunde setzen sich Schulleitung und Verbindungslehrer erneut zusammen, um die Gründe für die Unzufriedenheit mit dem Ergebnis zu suchen. Sie stellen dabei fest, dass auch der Gesprächsverlauf nicht optimal war. Die schulbekannten Dauerredner konnten nur mit Mühe und gelegentlich nur durch einen Wortentzug gestoppt werden. Die Sprecher anderer Schülergruppen hatten wie so oft keine eigene Meinung, obwohl sie im persönlichen Gespräch viele gute Gedanken äußerten. Auffallend war auch, dass einige Schüler nur provokative Worteinwände von sich gaben. Zudem wurde festgestellt, dass das Gespräch relativ ziellos verlief. Man einigte sich rasch darauf, dass in Zukunft derartige Gespräche besser organisiert und strukturiert werden sollten, und dass es sinnvoll ist, einen unbeteiligten Dritten für eine zielorientierte Steuerung der Diskussion zu gewinnen. Die Schulpsychologin, eine ausgebildete Moderatorin, sollte als „Außenstehende", die keine persönlichen Interessen vertritt, für diese Aufgabe gewonnen werden.

Das Beispiel macht deutlich, zu welchem Anlass sich eine Moderation in der Schule anbietet. Auch im W-Seminar kann es ähnliche Situationen geben, in denen entscheidende Weichenstellungen für den weiteren Seminarfortgang diskutiert werden. Bei einem möglichen Seminarthema „Energieformen der Zukunft" könnte z. B. im Rahmen einer moderierten Diskussion zu Beginn des Seminars geklärt werden, welche Energieformen ins Seminar einbezogen werden sollen. Abgefragt können in diesem Zusammenhang auch die Erwartungen und Wünsche der Teilnehmer (siehe S. 105 f.). Ziel sind also die **geleitete Meinungs- und Willensbildung** innerhalb der Seminargruppe sowie die **gemeinsame Entscheidungsfindung**. Der Vorteil einer moderierten Diskussion liegt – wie auch das obige Beispiel zeigt – darin, dass die Diskussion strukturiert abläuft und alle Teilnehmer durch den Moderator aktiviert werden. Ein anderes Beispiel für den Einsatz der Moderationsmethode in der Schule sind Studientage, die z. B. der Arbeitskreis Gymnasium und Wirtschaft (AGW) an verschiedenen bayerischen Gymnasien durchgeführt hat.

Um die Moderationsmethode auch im W-Seminar anwenden zu können, werden im Folgenden deren Kennzeichen und Ablauf sowie die Aufgaben eines Moderators näher beschrieben.

Kennzeichen von Moderation

Viele Menschen kennen den Begriff der Moderation aus dem Fernsehen. Moderatoren führen durch das Programm, sie koordinieren und halten die Zügel in der Hand und steuern damit den Gesprächsverlauf in sogenannten Talkshows. Bei dieser Form der Fernsehmoderation fehlt jedoch eine wichtige Zielvorstellung, die auch für gruppendynamische Prozesse, z. B. in schulischen oder universitären Arbeitsgruppen, von großer Bedeutung ist: gemeinsam zu Ergebnissen und Entscheidungen zu kommen, die von der gesamten Gruppe im Konsens getragen und umgesetzt werden.

Ziel der Moderationsmethode ist es weiterhin, die **Kreativität** aller Teilnehmer zu fördern und sie am Entscheidungsprozess aktiv zu beteiligen. Eine Moderation erfordert dabei einerseits einen erfahrenen Moderator und andererseits eine Gruppe, die für eine Moderation geeignet ist und die inhaltlich verantwortlich an einem Thema arbeiten möchte. Sie kann in Besprechungen, Klausurtagungen oder Sitzungen z. B. zur Steuerung einer schwierigen Projektphase mit stockendem Fortschritt, zur Entwicklung von Zukunftsszenarien, zur Erstellung eines Arbeitskonzepts im Seminar, bei Zielformulierungen oder bei der Ergebnisfindung eingesetzt werden. Im W-Seminar kann die Moderation, wie bereits oben erläutert, z. B. in Situationen zum Einsatz kommen, in denen inhaltliche Entscheidungen in Bezug auf das Rahmenthema getroffen oder die Erwartungen und Wünsche der Teilnehmer geklärt werden sollen. Weitere Kennzeichen der Moderationsmethode zeigt Abb. 6.2.

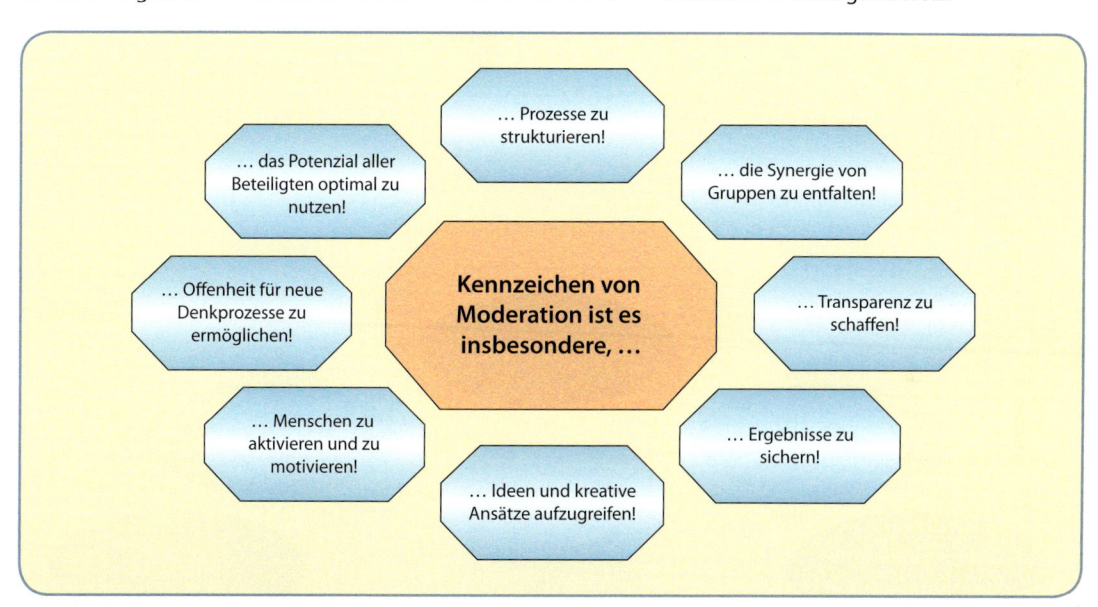

Kennzeichen von Moderation ist es insbesondere, …

- … Prozesse zu strukturieren!
- … das Potenzial aller Beteiligten optimal zu nutzen!
- … die Synergie von Gruppen zu entfalten!
- … Offenheit für neue Denkprozesse zu ermöglichen!
- … Transparenz zu schaffen!
- … Menschen zu aktivieren und zu motivieren!
- … Ideen und kreative Ansätze aufzugreifen!
- … Ergebnisse zu sichern!

Abb. 6.2: Kennzeichen von Moderation

1. Versuchen Sie, zu den einzelnen Kennzeichen (Abb. 6.2) jeweils Beispiele aus dem bisherigen Seminarverlauf zu formulieren (z. B. Transparenz über Bewertungskriterien im Seminar)!

Die Rolle des Moderators

Das Wort „moderat" heißt gemäßigt. Ein Moderator wird deshalb z. B. bei einer Sitzung oder Diskussion eine moderate und gemäßigte Haltung einnehmen müssen. Wichtige Eigenschaften des Moderators sind deshalb vor allem eine inhaltliche Unparteilichkeit und eine personenbezogene Neutralität in einem hierarchiefreien Klima. Als Moderator im W-Seminar könnte neben der Seminarlehrkraft auch ein entsprechend angeleiteter und vorbereiteter Schüler auftreten, der von der Lehrkraft besonders hinsichtlich der Wahrung von Unparteilichkeit und Distanz unterstützt wird. Bei der Vorbereitung auf die Rolle und Aufgaben des Moderators können Abb. 6.3 und Abb. 6.4 (S. 104) helfen.

Der Moderator sollte …

- … Einwände neutral behandeln
- … sich in andere hineinversetzen können
- … Umsetzungen termingerecht beauftragen
- … Methodenspezialist sein
- … zusammenfassen und strukturieren können
- … Wichtiges schriftlich festhalten
- … Kontakt zwischen Teilnehmern herstellen
- … zuhören können
- … fragen können
- … den Ablauf leiten und führen können
- … die Gruppe verantwortlich zum Ergebnis führen
- … neutral sein

- … „Hebamme" der Gruppe sein
- … Meinungen unkommentiert sammeln
- … positive „Ja-Atmosphäre" schaffen
- … für klare Problemdefinitionen sorgen
- … Konflikte erkennen, ansprechen und abbauen können
- … das Ziel stets vor Augen haben
- … Sachkenntnisse besitzen, jedoch kein Spezialist sein
- … alle Teilnehmer einbeziehen/ aktivieren
- … Konflikte erkennen und ausräumen
- … zu zweit arbeiten
- … Redezeiten gerecht verteilen
- … nicht werten

Abb. 6.3: Der Moderator sollte …

Ein Moderator zeichnet sich auch durch eine Methodenvielfalt aus (Abb. 6.4):

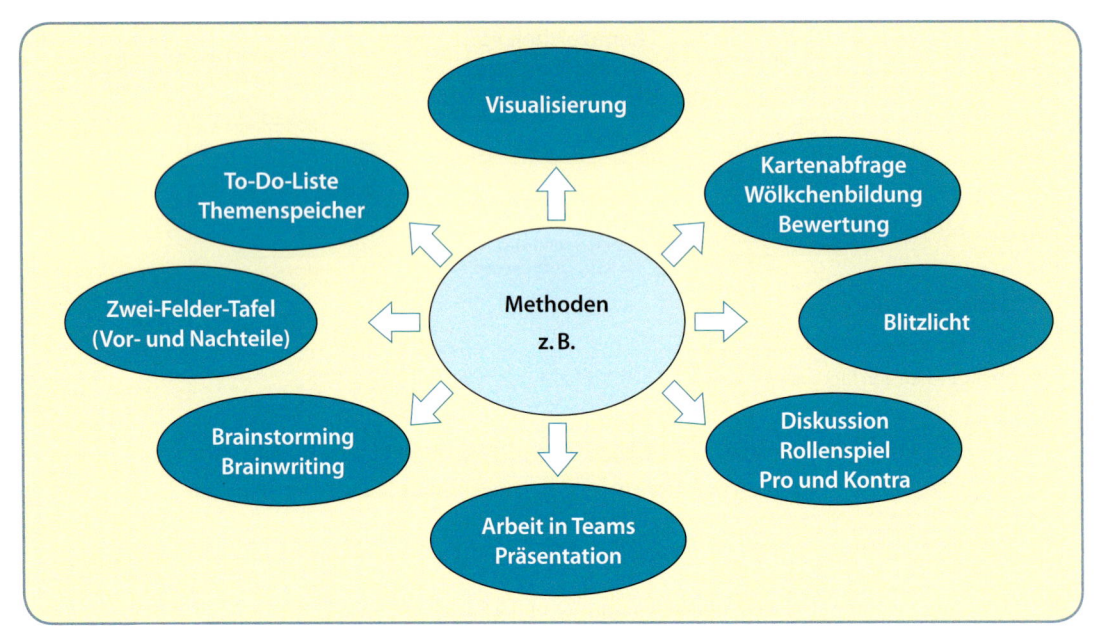

Methoden z. B.
- Visualisierung
- Kartenabfrage / Wölkchenbildung / Bewertung
- Blitzlicht
- Diskussion / Rollenspiel / Pro und Kontra
- Arbeit in Teams / Präsentation
- Brainstorming / Brainwriting
- Zwei-Felder-Tafel (Vor- und Nachteile)
- To-Do-Liste / Themenspeicher

Abb. 6.4: Methodenvielfalt eines Moderators

2. Recherchieren Sie im Internet oder in der Bibliothek über eine der in Abb. 6.4 genannten Methoden und fassen Sie Ziele, Merkmale und Ablauf dieser Methode zusammen!

Ablauf der Moderation

Sämtliche Autoren, die sich näher mit der Moderationsmethode beschäftigt haben, schlagen einen ähnlichen Ablauf der Moderation vor. Er umfasst meist vier bis fünf Schritte.

Der Einstieg (Vorbereitungsphase: Begrüßung, angenehmes Klima schaffen usw.)	Zielfestlegung und Themensammlung (mögliche Hilfsmittel: Pinnwand)	Themenauswahl und Themenbearbeitung (Reihenfolge der Themenbearbeitung festlegen)	Maßnahmenplan und Abschluss (Maßnahmen visualisieren und an Pinnwand festhalten, reflektieren)

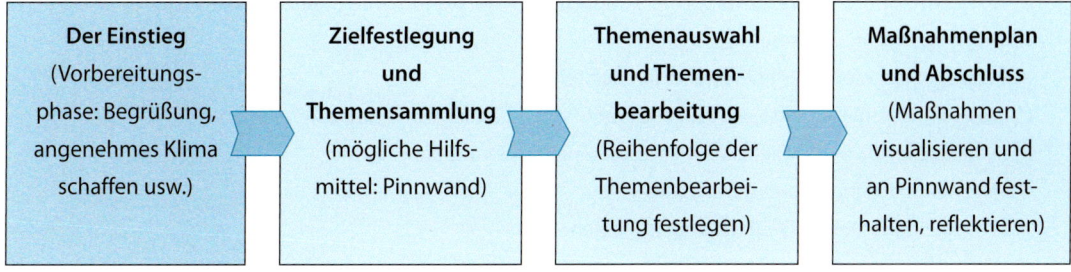

Abb. 6.5: Ablauf der Moderation

Der **Einstieg** umfasst meist folgende Punkte:

- Begrüßung mit dem Ziel, ein positives Arbeitsklima zu schaffen
- Vorstellung des Moderators und gegenseitiges Kennenlernen der Teilnehmer
- Analyse der Zielgruppe
- Vorstellung der Methode mit Rollenaufteilung zwischen Moderator und Gruppe
- Zeitplanung
- Vereinbarung klarer Regeln, Klärung der Protokollfrage
- Abklärung der Erwartungen, z. B. mit einer Kartenabfrage, Besprechung möglicher Vorbehalte
- Abfragen eines Stimmungsbarometers

Bei der **Zielfestlegung** und **Themensammlung** kommen folgende Verfahren zur Anwendung:

- exakte Zielformulierungen, gegebenenfalls mit Ober- und Unterzielen, durch Abstimmung mit den Teilnehmern
- Erfassen der Themenwünsche, z. B. durch Brainstorming, Abfrage der Erwartungen (Abb. 6.6)
- Abstimmung der anzuwendenden Methoden, z. B. Gruppenarbeit, Diskussion im Plenum

In einem dritten Schritt erfolgt die **Themenauswahl** und **Themenbearbeitung**:

- unter Berücksichtigung der Ziele und des Zeitrahmens
- Visualisierung, Zuordnung und Gewichtung der Themen mit Festlegung der Rangfolge
- Entscheidung zwischen themengleicher oder themenverschiedener Gruppenarbeit
- Gruppeneinteilung
- Vorstellung geeigneter Arbeitsmethoden durch den Moderator
- Begleitung der Gruppenarbeit durch den Moderator
- Zusammenfassung der einzelnen Gruppenergebnisse im Plenum
- Problemanalyse und Vorbereitung von Entscheidungen

In einem vierten Schritt werden **Maßnahmen geplant**:

- Festlegung der Maßnahmen aufgrund der Ergebnisse im dritten Schritt
- Erstellen eines Maßnahmenkatalogs im W-Seminar (Abb. 6.7)
- Festlegung der Verantwortlichen, der Terminierung und gegebenenfalls der Zielkontrollen

Beispiel Seminarthema „Energieformen der Zukunft":
Was interessiert die Teilnehmer besonders?

- ✓ Nicht nur Wind, Wasser und Sonne, sondern auch konventionelle Energieformen wie Kohle oder Atomenergie einbeziehen
- ✓ Vor- und Nachteile der Energieformen darstellen
- ✓ Aktuelle Energieprojekte wie z. B. das Solar-Projekt „Desertec" thematisieren
- ✓ Finanzielle Fördermöglichkeiten von Solaranlagen ermitteln
- ✓ Energiepolitische Interessen darstellen
- ✓ Energielandschaft in Deutschland vorstellen
- ✓ Zukunftsprognosen zur Energieversorgung

Abb. 6.6: Ergebnis einer Erwartungsabfrage

Was?	Wer?	Bis wann?
Kurzreferat Solar-Projekt „Desertec"	Team Hans Müller	10. November
Kurzreferat „Offshore Windparks"	Team Monika Hofer	15. November
Kurzreferat „Atatürk Staudamm"	Team Peter Meier	25. November
Erstellung eines Berichts für die Schülerzeitung und für die Presse	Julia Fleisig	10. Dezember
Gestaltung einer Ausstellung in der Pausenhalle	Otto Schneider Heike Neumüller	15. Januar

Abb. 6.7: Wer macht was, bis wann?

Zum **Abschluss** sind meist folgende Schritte enthalten:

- Fragen an die Teilnehmer: z. B. Erfüllung der Erwartungen, Zufriedenheit mit den Ergebnissen und mit der Arbeitsatmosphäre
- Reflexion über den Moderator und über die gewählten Methoden
- Vereinbarungen zur weiteren Vorgehensweise
- Ausstellung der Ergebnisse im Seminarraum zum Zweck der Überprüfung im weiteren Seminarverlauf
- Dank an die Teilnehmer

3. Erläutern Sie, welche Unterschiede zwischen einer Moderation und der Leitung einer Arbeitsgruppe bestehen!

6.2 Methode: Pro-Kontra-Diskussion

Abb. 6.8: Pro-Kontra-Diskussion

> 4. Wiederholen Sie aus dem Unterricht in Deutsch und Sozialkunde der Mittelstufe wesentliche Aspekte einer Pro-Kontra-Diskussion!
> 5. Sammeln Sie Formulierungen, mit denen Sie in einer Diskussion Ihre Argumente einleiten können (z. B. „Meiner Meinung nach …")!
> 6. Stellen Sie mindestens drei geeignete Aspekte aus Ihrem Seminarthema zusammen, die sich im Rahmen einer Pro-Kontra-Diskussion kontrovers diskutieren lassen (z. B. Seminar zum Thema Wirtschaftspolitik: „Vor- und Nachteile von Konjunkturmaßnahmen")!

Im Verlauf des Seminars setzen Sie sich intensiv mit unterschiedlichen Materialien zu Ihrem Rahmenthema unter Einbeziehung verschiedener Perspektiven und Fragestellungen auseinander. Dabei kann es je nach Thema und Seminar zu kontroversen Diskussionen kommen. Damit diese Diskussionen möglichst strukturiert ablaufen und Sie dabei die wichtige Kompetenz des wissenschaftlichen Argumentierens gezielt einüben können, bietet sich die Durchführung einer Pro-Kontra-Diskussion an. Dabei geht es – wie auch in der wissenschaftlichen Forschungsdiskussion – nicht vornehmlich darum, einen Kompromiss zu finden, sondern vor allem darum,

- sich über ein umstrittenes Thema durch eine Auseinandersetzung mit unterschiedlichen Positionen Klarheit zu verschaffen
- die eigene Meinung klar zu positionieren
- den Argumenten anderer Personen zuzuhören und diese anzuerkennen
- den eigenen Standpunkt durch schlagkräftige Argumente, Belege und Beispiele zu untermauern

In diesem Zusammenhang sollten Sie sich zunächst mit Grundregeln der Argumentation auseinandersetzen, damit die Teammitglieder oder die Zuhörer von Ihrer Argumentation überzeugt werden (zum schriftlichen Argumentieren siehe auch Kapitel „Seminararbeit: Argumentieren"). Im Anschluss folgen praktische Hinweise zur Planung, Durchführung und Nachbereitung einer Pro-Kontra-Diskussion sowie zu möglichen Gesprächsregeln.

Grundregeln für eine schlüssige Argumentation:
1. Unterscheiden Sie zwischen **wesentlichen und unwesentlichen** Argumenten!
2. **Strukturieren** Sie Ihre Argumente, z. B. nach ihrer Aussagekraft! Dabei können Sie beispielsweise Ihr wichtigstes Argument besonders kennzeichnen, z. B. mithilfe von Symbolen oder Farben.
3. Unterscheiden Sie zwischen nachweisbaren Fakten und Vermutungen bzw. Meinungen!
4. Bringen Sie aktuelle Beispiele zur Begründung Ihrer Argumentation!
5. Belegen Sie Behauptungen durch geeignete Quellen oder Zitate!
6. Achten Sie bei einer linearen Argumentation darauf, dass die besten Argumente nach Möglichkeit erst am Schluss gebracht werden, damit sie besser in Erinnerung bleiben und das Ergebnis entsprechend beeinflussen können. Überlegen Sie sich auch eine geeignete Überleitung zwischen den einzelnen Argumenten!

Der Ablauf einer Pro-Kontra-Diskussion sollte sorgfältig geplant werden.

Planung
- Das Thema der Diskussion sollte prägnant formuliert und für alle sichtbar, z. B. auf einem Plakat dargestellt werden.
- Soll die Pro-Kontra-Diskussion intern im W-Seminar oder unter Einbeziehung von Experten stattfinden? Im letzteren Fall müssen vorab folgende Fragen geklärt werden: Welche Experten können einbezogen werden? Wie erfolgt die Kontaktaufnahme? Was muss vorher abgesprochen werden?
- Wie setzen sich in der Diskussion die einzelnen Gruppen zusammen? Dabei werden in der Regel eine Pro- und eine Kontra-Gruppe sowie eine Beobachtungsgruppe gebildet. Im W-Seminar bietet es sich an, die Zuordnung zu einer dieser Gruppen auf freiwilliger Basis vorzunehmen.
- Wie lange soll die Pro-Kontra-Diskussion dauern? Wie viel Zeit sollen die Gruppen jeweils für ihre Argumentation bekommen?
- In welchem Raum soll die Diskussion stattfinden? Wo sitzen die einzelnen Gruppen?
- Welche Technik steht zur Verfügung (Mikro, Beamer, Aufzeichnung u. a.)?
- Wer übernimmt die Leitung der Diskussion?
- Welche Regeln werden aufgestellt?

Vorbereitung der Gruppen
- Die Pro- und Kontra-Gruppen sammeln zunächst jeweils ihre wesentlichen Standpunkte und Argumente. Diese sollten **schriftlich fixiert** werden, z. B. auf Karteikarten. Anzuraten ist es auch, sich vorab mit möglichen Argumenten der Gegenseite auseinanderzusetzen, um darauf besser reagieren zu können.
- Die Pro- und Kontra-Gruppen überlegen sich darüber hinaus folgende Sachverhalte: Wer stellt Fragen? Wer bringt welche Argumente vor? Wer fasst zusammen? Vor welchem Publikum findet die Diskussion statt? Wie ist der zeitliche Rahmen?
- Die Beobachtungsgruppe sollte vorher einen **Kriterienkatalog** entwickeln. Kriterien für diesen Katalog könnten z. B. sein: Argumentation (Wirksamkeit), Zusammenspiel innerhalb der einzelnen Gruppen, sprachliche Darstellung, Fairness, Flexibilität.

Bei der **Durchführung** sind z. B. folgende Aspekte wichtig:
- Die Pro- und Kontra-Gruppen bringen ihre Argumente abwechselnd vor. Bevor auf das jeweilige Argument der Gegenseite reagiert wird, sollte dieses zunächst kurz mit eigenen Worten wiedergegeben werden, um Missverständnisse zu vermeiden.
- Die Mitglieder der einzelnen Gruppen müssen sich mit der möglichen Argumentation (pro oder kontra) identifizieren und diese Argumentationslinie auch nicht verlassen.
- Die Diskussionsbeiträge sollten zielorientiert formuliert und kurz begründet werden.
- Ein Diskussionsbeitrag darf nicht unterbrochen werden, damit die Argumente ohne Störung eingebracht werden können.
- Der Diskussionsleitung ist es nicht erlaubt, inhaltlich einzugreifen bzw. eigene Meinungen zu äußern.
- Am Ende der Diskussion sollte jede Gruppe eine Art Plädoyer in Form einer kurzen Zusammenfassung der eigenen Argumente bringen; der Diskussionsleiter könnte die wesentlichen Argumente beider Seiten zusammenfassen.

Selbstreflexion und Nachbereitung
- Am Ende der Durchführungsphase wird eine Selbstreflexionsphase zur **inhaltlichen Auswertung** eingeplant. Wichtig ist dabei, dass zunächst die einzelnen Diskussionsgruppen und die Beobachtungsgruppe ihre Wahrnehmungen mitteilen. Anschließend empfiehlt es sich, dass sich alle Gruppen gegenseitig austauschen und dabei auch Stärken und Schwächen analysieren. Die Wahrnehmungen der Beobachtungsgruppe zum Verlauf der Diskussion dienen als Feedback, das von den Diskussionsgruppen nicht mehr kommentiert werden sollte.
- Bei einer Pro-Kontra-Diskussion erfolgt auch eine **Nachbereitung**. Dabei kann z. B. ein Kompromiss zwischen den Meinungen der Gruppen erarbeitet werden. Wichtig ist auch, ein **Protokoll** über die Diskussion anzufertigen sowie einen **Aushang** der wesentlichen Ergebnisse z. B. über ein Plakat oder eine Wandzeitung vorzunehmen.

Neben den formalen und organisatorischen Fragen sollten Sie auch klare Regeln für die Diskussionsteilnehmer vereinbaren, z. B.:

Regeln für Diskussionsteilnehmer:

1. Bereiten Sie sich gut vor.
2. Erkennen Sie Ihre Diskussionspartner an.
3. Legen Sie nicht als Erster Ihren Standpunkt dar.
4. Schildern Sie anschaulich – formulieren Sie kurz.
5. Sprechen Sie zur Sache, nicht zu den Nebensächlichkeiten.
6. Vermeiden Sie extreme Formulierungen und aggressive Fragen.
7. Akzeptieren Sie den Diskussionsleiter.
8. Beachten Sie die Drittwirkung.
9. Sparen Sie mit Gestik und Mimik.
10. Bleiben Sie stets fair.
11. Werden Sie nie heftig, nie persönlich.
12. Halten Sie sich gegen Ende der Diskussion zurück, versuchen Sie das letzte Wort zu bekommen.

Dommann, Dieter. Faire und unfaire Verhandlungstaktiken. Berlin: VDE-Verlag 1982, S. 124

Auf internationaler politischer Ebene wird häufig das **Harvard-Konzept** (Fisher, R., Ury, W., Patton, B., Das Harvard-Konzept. Sachgerecht verhandeln – erfolgreich verhandeln, Campus Verlag 2000) eingesetzt. Dabei geht es – im Unterschied zur wissenschaftlichen Forschungsdiskussion – schwerpunktmäßig darum, eine für beide Verhandlungsparteien akzeptable Lösung zu finden. Grundvoraussetzung dazu ist eine intensive Beschäftigung mit den Befindlichkeiten, Umfeldfaktoren und Argumenten des Diskussionspartners. Mit diesem Konzept können kulturelle Unterschiede leichter überwunden werden.

7. Begründen Sie die von Dommann aufgestellten Regeln!
8. Recherchieren Sie über das genannte Harvard-Konzept und fassen Sie die wesentlichen Aspekte kurz zusammen!
9. Diskutieren Sie in einer Pro-Kontra-Diskussion Themen wie „Wie viel Ökologie verträgt die Ökonomie?", „Für und Wider Gentechnologie"! Stellen Sie anhand von Recherchen in Bibliotheken als Diskussionsgrundlagen geeignete Informationsmaterialien zusammen!
10. Erstellen Sie ein Konzept für eine Pro-Kontra-Diskussion, an der nach Möglichkeit auch Experten Ihres Seminarthemas teilnehmen!

6.3 Methode: Rollenspiel

Das Rollenspiel ist eine weitere Methode, mit deren Hilfe Sie das wissenschaftliche Argumentieren erlernen und vertiefen können. Dabei geht es darum, in einer an die Realität angelehnten Situation bestimmte Rollen zu übernehmen und diesen entsprechend zu handeln. Im Unterschied zur Pro-Kontra-Diskussion haben hier das Finden eines Kompromisses und somit auch die Förderung der Sozialkompetenz einen höheren Stellenwert: Im Rollenspiel können die Beteiligten den Umgang mit Konflikten üben, denn das menschliche Zusammenleben ist ohne Konflikte nicht denkbar. Dabei geht es u. a. um

- die Wahrnehmung der eigenen Rolle und eigener Interessen
- die Mitverantwortung für die Entwicklung eines geeigneten Konzepts für das Rollenspiel
- die Anerkennung von Interessen und unterschiedlicher Forschungspositionen anderer
- das Finden von geeigneten Kompromissen zur Beseitigung von Differenzen
- ein besseres Verständnis von Folgen des eigenen Handelns oder des Handelns anderer
- die Notwendigkeit eigener Wertungen, die gegebenenfalls angepasst werden müssen
- das Finden von geeigneten Lösungen für einen Interessensausgleich

Durch die Übernahme unterschiedlicher Rollen sollen sich die Beteiligten auch in andere Rollen, beispielsweise in die einer anderen Forschungs- oder Interessensrichtung hineinversetzen. Im Rollenspiel werden „Spielhandlungen" so gestaltet, dass bestimmte Konflikt- und Entscheidungssituationen, z. B. in Planungssituationen, simuliert werden können. Das folgende Fallbeispiel auf S. 114 verdeutlicht diesen Ansatz. Zunächst werden jedoch die theoretischen Grundlagen zur Vorbereitung, Durchführung und Nachbesprechung eines Rollenspiels erläutert.

Vorbereitung des Rollenspiels

Bei einem Rollenspiel ist in Abhängigkeit von der Kursstärke und den Fragestellungen des W-Seminars eine unterschiedliche Anzahl von Teams beteiligt, die bestimmte Rollen übernehmen. Jedes Team bereitet sich in einem vorgegebenen Zeitrahmen auf das Rollenspiel anhand passender Materialien vor. Bei umfangreicheren Materialien kann die Vorbereitungsphase auch in den häuslichen Bereich verlegt werden. Für das eigentliche Rollenspiel reicht es aus, dass jeweils ein Vertreter der beteiligten Teams die Positionen vertritt. Die Zusammensetzung der Teams erfolgt meist über Spielkarten (auch Rollenkarten genannt), die ausgewählt oder ausgelost werden können.

In der Vorbereitungsphase sammeln die Teams ähnlich wie bei der Pro-Kontra-Diskussion schlüssige Argumente und unterstützende Beispiele. Sinnvollerweise sollten auch bereits mögliche Gegenargumente miteinbezogen werden. Dabei hat sich bewährt, dass wesentliche Argumente und Gegenargumente, wichtige Fragen u. a. auf Karteikarten notiert werden.

Weiterhin ist bei einem Rollenspiel auch die Einbeziehung einer **Beobachtergruppe** von Bedeutung. Während des Rollenspiels sollte dann entweder ein Beobachter oder eine Beobachtungsgruppe beispielsweise mit folgendem Beobachtungsbogen die Spielsituation analysieren.

Beobachtungsbogen zum Rollenspiel *Beobachteter:* ....

Beobachtungspunkte **Beobachtungen**

1. Wie hat er die Zuhörer für seine Rolle sensibilisiert? ....
2. Konnte er seine Positionen durchsetzen? ....
3. Wie hat er dabei argumentiert? ....
4. Wie war seine Ausdrucksweise? ....
5. War er in der Lage, sich zurückzunehmen und zuzuhören? ....
6. Wie passten Gestik und Mimik zu seinen Ausführungen? ....
7. Was ist ihm bei seiner Rolle besonders gut gelungen? ....
8. Was ist ihm bei seiner Rolle weniger gut gelungen? ....

Die Eindrücke der Beobachter können gegebenenfalls auch durch vorgegebene Wertungen wie „trifft zu" vergleichbar gemacht werden. Vor Beginn des Rollenspiels sollten auch klare Regeln wie z. B. in der folgenden Übersicht aufgestellt werden.

Regeln zum Rollenspiel

- Die Teilnahme an einem Rollenspiel sollte nach Möglichkeit freiwillig sein.
- Das Publikum muss sorgfältig ausgewählt werden.
- Vor dem Rollenspiel müssen mögliche Hemmschwellen durch gezielte Übungen und einführende Gespräche abgebaut werden.
- Die Rollenanweisungen und Erwartungen (Beobachtungsbogen) müssen eindeutig formuliert sein.
- Nach Möglichkeit sollten nur aktuelle, realitätsbezogene und für Schüler geeignete Rollenspiele umgesetzt werden.
- Ein klarer Zeitrahmen mit einer maximalen Spieldauer von 20 bis 30 Minuten sollte vorgegeben sein, damit genügend Zeit für eine intensive Nachbesprechung gegeben ist.
- In einer Nachbereitungsrunde wird „konstruktive Kritik" geübt. Jeder Teilnehmer sollte dabei möglichst objektiv, gegebenenfalls nach vorher erarbeiteten Kriterien, betrachtet werden.
- Für die Durchführung eines Rollenspiels sollte ein erfahrener Moderator (Lehrkraft, externer Partner, oder ein geschickter Schüler) zur Verfügung stehen.

Durchführung des Rollenspiels

Während die Rollenspieler über das ausgewählte Thema diskutieren und ihre Standpunkte vertreten, beobachten die nicht am Rollenspiel beteiligten Schülerinnen und Schüler die Diskussion und machen sich zur sachlichen Argumentation der Teilnehmer und ihrem Verhalten beispielsweise auf dem dargestellten Beobachtungsbogen Notizen und bewerten die einzelnen Rollenspieler.

Nachbesprechung

Im Anschluss an das Rollenspiel werden Rollenspieler, Beobachter und der/die Seminarlehrer/in die stattgefundene Simulation kritisch erörtern, indem die ausgetauschten Sachargumente bewertet und das Verhalten der Gesprächspartner mithilfe der Ergebnisse des Beobachtungsbogens beurteilt werden (Feedback). Ein Feedback ist eine Rückmeldung, die einer Person aufzeigen soll, wie die Rolle auf eine andere Person gewirkt hat. Dadurch lassen sich Rückschlüsse auf die eigene Persönlichkeit ziehen. Ebenso wichtig ist das Feedback für den Feedback-Geber selbst, um die eigenen rhetorischen Fähigkeiten zu überprüfen und gegebenenfalls zu verbessern. Grundsätzlich sollten bei einem Feedback einige Regeln beachtet werden, damit positive Rückschlüsse gezogen werden können, z. B.:

Regeln für den Feedback-Geber
- Vor einer Kritik oder Verbesserungsvorschlägen sollte zuerst Lob erfolgen.
- Die Kritik sollte nicht verletzend oder pauschalierend sein.
- Es sollten stets Ich-Botschaften gesendet werden, z. B. „Ich empfinde Ihre Argumentation als zu oberflächlich."
- Das Feedback sollte unmittelbar nach einem Rollenspiel stattfinden.
- Die Formulierungen sollten präzise und nicht wertend sein.
- Das Feedback muss konstruktiv sein.

Regeln für den Feedback-Nehmer
- Kritik sollte konstruktiv angenommen werden, damit Verbesserungen eintreten können.
- Der Feedback-Geber darf nicht unterbrochen oder verbessert werden.
- Es sollte weder eine Verteidigung noch eine Rechtfertigung erfolgen.
- Auf das Feedback sollte mit Dank reagiert werden.

Beispiele für Rollenspiele in einem W-Seminar
Die Rollen sollten vor allem von Schülerinnen und Schülern des W-Seminars gespielt werden. Denkbar ist jedoch auch die Einbeziehung externer Partner.

- Bau einer Umgehungsstraße im Rahmen eines Seminars „Stadtplanung" mit den Rollen Bürgermeister, Anlieger, Bauunternehmer, Altstadtfreunde
- Aussaat von Genmais im Rahmen eines Seminars „Gentechnologie" mit den Rollen Landwirt, Forscher, Landwirtschaftsminister, Umweltschützer
- Doping im Rahmen eines Seminars „Leistungssport" mit den Rollen Sportmediziner, Leistungssportler, Sportpolitiker, Zuschauer
- Neubau eines Kernkraftwerkes im Rahmen eines Seminars „Energieformen der Zukunft" mit den Rollen Kraftwerksbetreiber, Umweltschützer, Anwohner, Ingenieur

- Bau eines modernen Bürogebäudes mit 40 Stockwerken im Rahmen eines Seminars „Hochhausarchitektur" mit den Rollen Finanzinvestor, Architekt, Denkmalschützer, Anwohner
- Sterbehilfe im Rahmen eines Seminars „Wertewandel" mit den Rollen Mediziner, Pfarrer, Angehöriger, Krankenhausträger
- Tempo 100 im Rahmen eines Seminars „Klimawandel" mit den Rollen Vertreter der Automobilindustrie, Ingenieur, Umweltschützer, Politiker
- Subventionierung von Bühnen im Rahmen eines Seminars „Theater" mit den Rollen Leiter eines Theaters, Theaterbesucher, Haushaltspolitiker

Beispiel Rollenspiel: Steuernotwendigkeit und Steuergerechtigkeit

An diesem Rollenspiel sind vier Personen bzw. Teams beteiligt, welche die Rolle des Finanzministers, eines Arbeitnehmers, eines Unternehmers und des Moderators übernehmen. Den Teilnehmern wird zunächst eine Spielkarte ausgeteilt, auf der die Aufgabenstellung bzw. die Problemstellung geschildert ist. Die Rolle kann konkret oder vage vorgegeben sein. Jeder Spieler kann sich innerhalb einer kurzen Zeitspanne (ca. 15 Minuten) auf seine Spielrolle vorbereiten. Wichtig zu beachten ist, dass es schwerpunktmäßig um die Anwendung von wirtschaftswissenschaftlichen Theorien auf einen konkreten Fall geht.

11. Bereiten Sie sich im konkreten Fall auf das Rollenspiel vor, indem Sie sich zum Thema „Die Besteuerung des Einkommens" Notizen zu den für Ihre Rolle relevanten Bereichen machen! Beziehen Sie dabei auch wirtschaftswissenschaftliche Theorien ein!
12. Beschaffen Sie sich weitergehende Informationen für die Durchführung, z. B. aus dem Internet, und sammeln Sie passende Argumente! Bei den Rollen der Beteiligten sollten Sie deren Bedürfnisse hinterfragen und sich in die Gedanken des jeweiligen Gesprächspartners einfühlen.
13. Überlegen Sie sich weitere Beispiele für Rollenspiele aus Ihrem W-Seminar und spielen Sie diese gegebenenfalls durch!

Finanzminister
- vertritt die Interessen des Staates
- erläutert die Notwendigkeit der Besteuerung
- nimmt zur Steuergerechtigkeit Stellung

Unternehmer
- sieht die Steuerbelastung für Unternehmen als zu hoch an
- hält Produktionsverlagerungen ins Ausland für möglich
- tritt für eine Unternehmenssteuerreform ein

Arbeitnehmer
- prangert die hohe Steuerlast für den einfachen Bürger an
- fordert Steuerentlastungen für Arbeitnehmer
- Zitat: „Wir wollen mehr Netto vom Brutto!"

Moderator
- leitet die Diskussion
- hält diese durch objektive Fragen in Gang
- achtet auf zeitliche Ausgewogenheit und sachliche Argumentation

Abb. 6.9: Rollenspiel – ein Beispiel

7 Ordnen von Informationen

> Wir hören von einer besonderen Einrichtung bei der englischen Marine. Sämtliche Tauwerke der königlichen Flotte, vom stärksten bis zum schwächsten, sind dergestalt gesponnen, dass ein
> 5 roter Faden durch das Ganze durchgeht, den man nicht herauswinden kann, ohne alles aufzulösen, und woran auch die kleinsten Stücke kenntlich sind, dass sie der Krone gehören ... zum roten Faden.
>
> Goethe, Johann Wolfgang von. Die Wahlverwandtschaften. Goethes Werke Band VI, textkritisch durchgesehen von Erich Trunz, (Hamburger Ausgabe).13. durchges. und erw. Aufl. München: C. H. Beck 1993, S. 368

Abb. 7.1: Versinken im Materialberg

7.1 Strukturieren

Die gesammelten Informationen werden geordnet und in einen Sinnzusammenhang gestellt. Dieser Schritt findet schwerpunktmäßig in der 11/2 statt. Dabei muss zum einen Zusammenhängendes gruppiert und zum anderen nach Relevanz für das Thema oder die Fragestellung gewichtet werden. Entscheiden Sie, welche Informationen zentral wichtig sind, sodass sie zur Argumentation herangezogen werden müssen, und welche Informationen Hintergrundwissen darstellen, welches nur indirekt in Ihre Darstellung einfließt. Vermeiden Sie es, Ihre Arbeit aufzublähen durch wenig aussagekräftige Informationen, zu detaillierte Einzelbeschreibungen oder redundante Ausschmückungen.

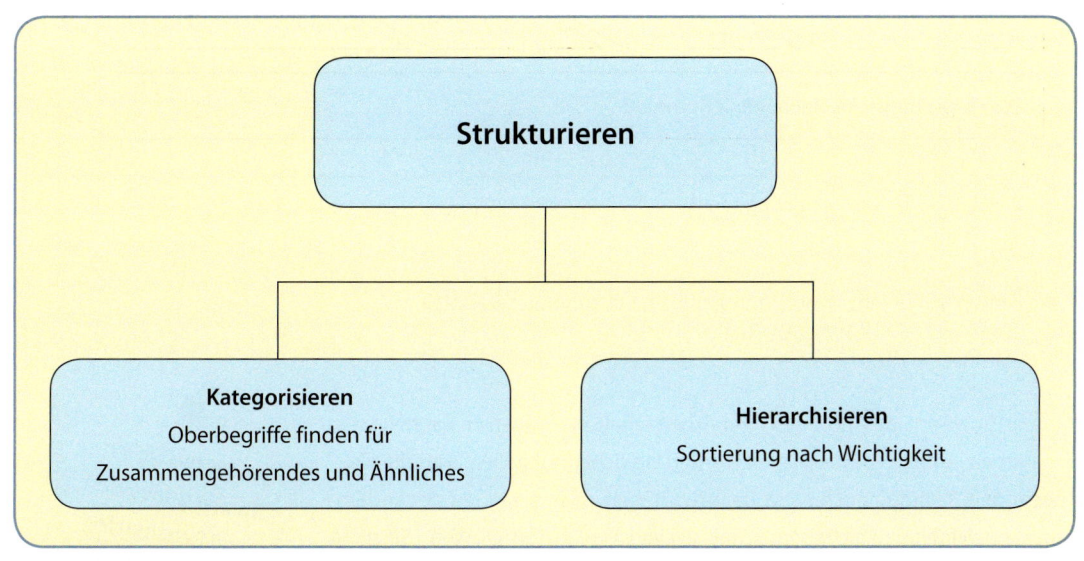

Strukturieren
- **Kategorisieren**: Oberbegriffe finden für Zusammengehörendes und Ähnliches
- **Hierarchisieren**: Sortierung nach Wichtigkeit

Abb. 7.2: Strukturieren

Wenn Sinnzusammenhänge geklärt sind und Relevantes von Nebensächlichem geschieden ist, überlegen Sie, wie Sie die einzelnen Argumentationsbausteine zusammenfügen können. Die Arbeit soll schließlich für den Leser kein Rätseltext aus zusammengewürfelten Bruchstücken sein, sondern klar strukturiert und damit nachvollziehbar sein. Sie dürfen also nicht den **roten Faden** verlieren! Orientieren Sie sich an einem der folgenden Aufbauschemata:

Abb. 7.3: Ordnen und Gruppieren

Vom **Allgemeinen**	zum **Besonderen**
Von den **Auswirkungen**	zu den **Ursachen**
Von den **Einzelfällen**	zum **Allgemeinen**
Vom **Bekannten**	zum **Unbekannten**
Vom **Einfachen**	zum **Komplexen**
Von den **Problemen**	zu den **Lösungen**
Vom **Nebensächlichen**	zum **Wesentlichen**

Die **logische Abfolge** › aufeinander › aufbauender › Argumentationsschritte

Die **chronologische Nachvollziehbarkeit**

Abb. 7.4: Prinzipien der Stoffanordnung

1. Finden Sie für jedes Anordnungsprinzip ein konkretes Beispiel!

Weitere Hinweise zum Anordnen Ihrer Arbeit erhalten Sie auch im Kapitel „Seminararbeit: Aufbau". Bei der Arbeit werden Sie sicher feststellen, dass die ein oder andere Teilfrage noch nicht beantwortet ist, dass der eine oder andere Aspekt noch fehlt und nicht bearbeitet ist. Das ist völlig normal. Wenn Sie nicht nur einen Zettelkasten verwenden, sondern eine der folgenden Methoden der Strukturierung verwenden, ist es sogar beabsichtigt, dass Sie während der Arbeit über den Stand Ihrer Untersuchung ganz deutlich ins Bild gesetzt werden:

Grenzen Sie Ihr Thema sinnvoll ein und behalten Sie Ihre Fragestellung im Auge!

7.1 Strukturieren   117

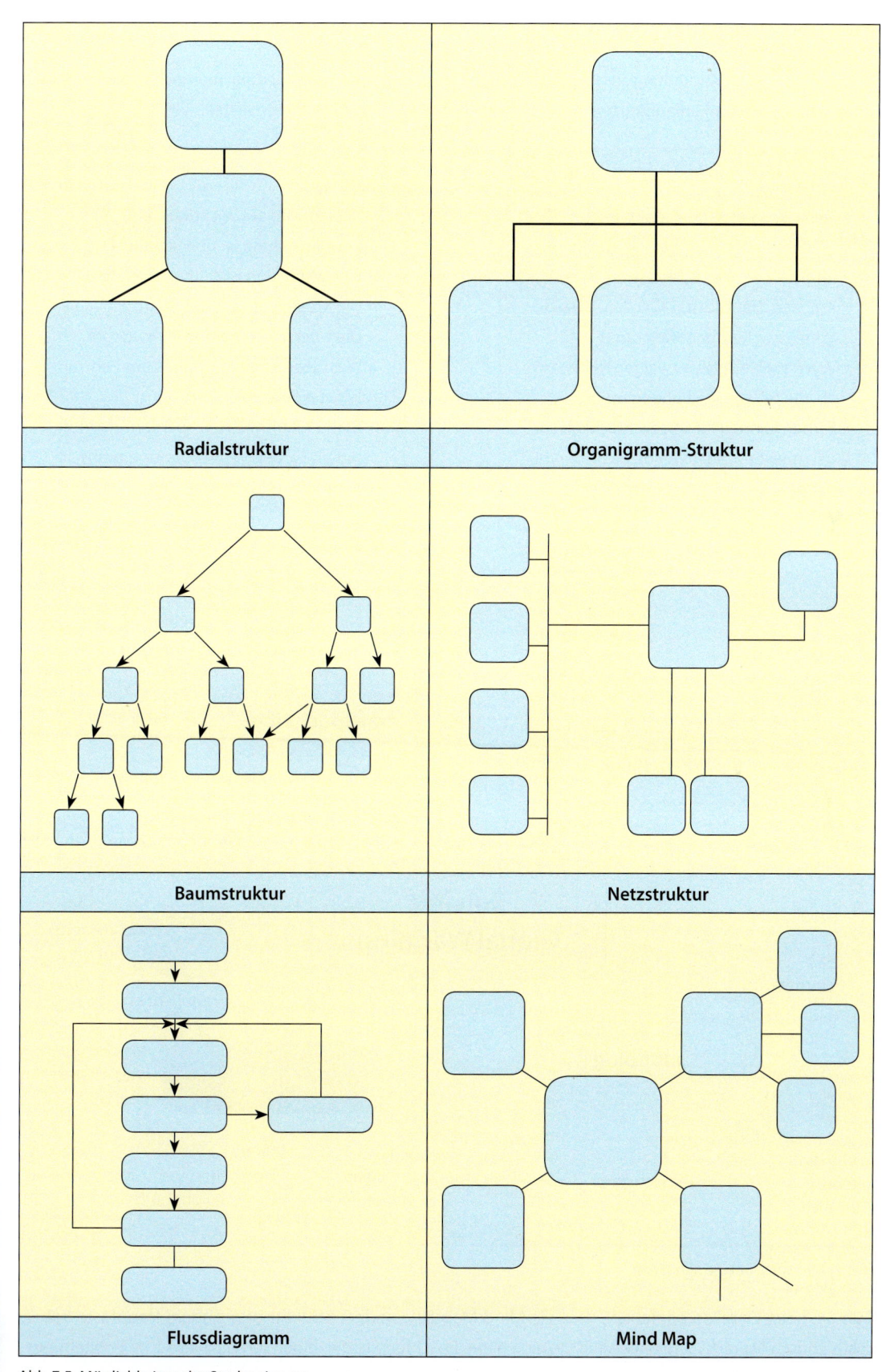

Radialstruktur	Organigramm-Struktur
Baumstruktur	Netzstruktur
Flussdiagramm	Mind Map

Abb. 7.5: Möglichkeiten der Strukturierung

7.2 Die Mind Map

Mind Maps sind eine Verbindung aus Radial- und Baumstruktur und als Strukturierungsmethode nicht mehr wegzudenken. Die „**Gedankenlandkarten**" können sogar mit Computerprogrammen erstellt werden.

Kennzeichen
- Der zentrale Begriff steht in der Mitte eines Blattes (am besten im Querformat).
- Auf den Hauptästen werden Oberbegriffe bzw. Kernbegriffe notiert.
- Von den Hauptästen zweigen Nebenäste ab, die Teilaspekte benennen.
- Farben können für Übersichtlichkeit sorgen oder besondere Teilbereiche hervorheben.

Vorteile
- Wissen wird auf Wichtiges reduziert.
- Die Darstellung ist übersichtlich.
- Eine Mind Map ist schnell zu erstellen.
- Die Kreativität wird gefördert.
- Die Übersicht ist leicht zu erweitern.
- Wichtiges ist an der Nähe zum Zentrum leicht erkennbar.
- Beide Gehirnhälften werden aktiviert, indem Farben verwendet und grafische Symbole und Skizzen integriert werden.

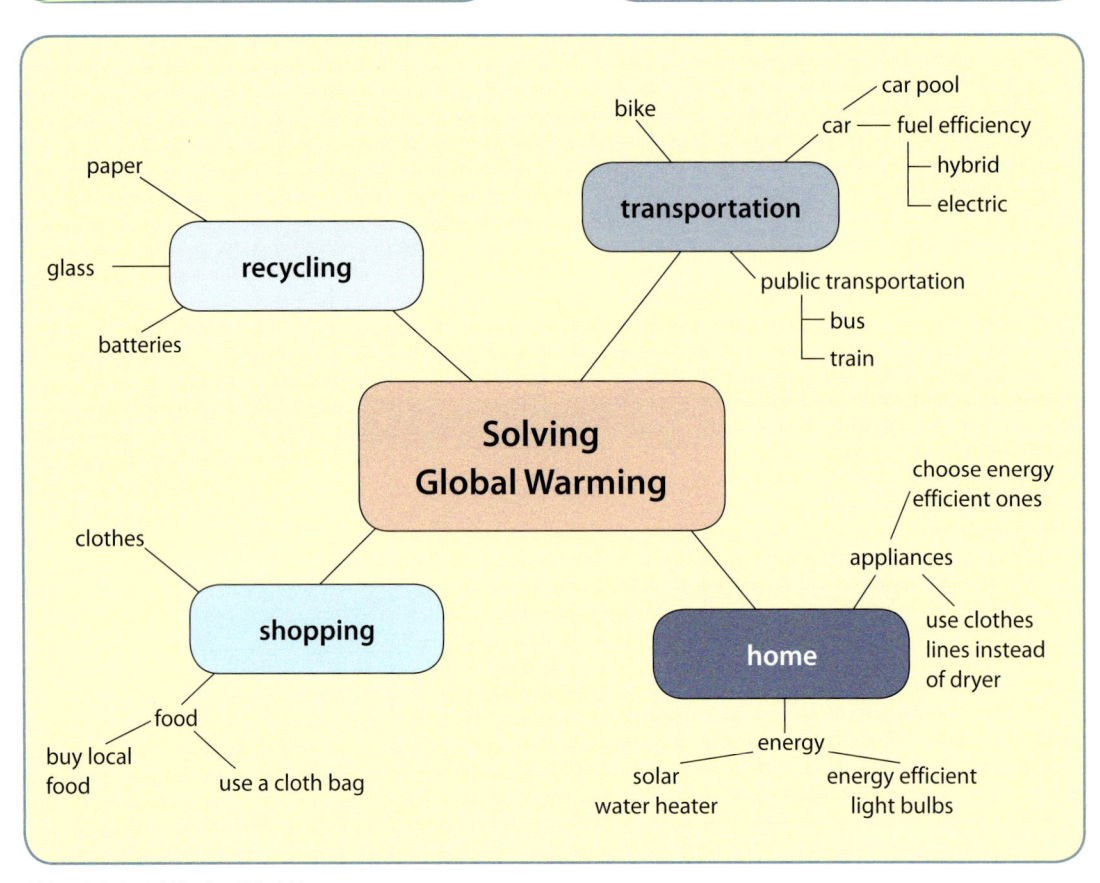

Mind Map zum Thema "Solving Global Warming" mit den Hauptästen:
- **recycling**: paper, glass, batteries
- **transportation**: bike, car (car pool, fuel efficiency, hybrid, electric), public transportation (bus, train)
- **shopping**: clothes, food (buy local food), use a cloth bag
- **home**: appliances (choose energy efficient ones, use clothes lines instead of dryer), energy (solar water heater, energy efficient light bulbs)

Abb. 7.6: Beispiel für eine Mind Map

Falls Sie beim Erstellen bemerken, dass die Mind Map eine andere Struktur bzw. andere Hauptäste haben sollte, zögern Sie nicht und entwerfen Sie eine neue. Beachten Sie die folgenden Hinweise zum Entstehungsprozess:

Bei der Arbeit an der Mind Map scheiden viele Ideen aus, weil sie sich zu weit vom Thema entfernen. Andere führen zum Thema hin, sodass wir sie für unsere Einleitung gebrauchen können, oder sie weisen über das Thema hinaus, sodass sie als Ausblick für unseren Schlussteil dienen können. In jedem Fall sollten wir in dieser Phase der Arbeit üben, spielerisch mit unserem Material umzugehen, es in unterschiedlichen Gruppen zusammenzufassen, verschiedenen Gesichtspunkten zuzuordnen, sodass sich im Prozess der Auseinandersetzung mit unseren Ideen ein Schwerpunkt der Arbeit herausbildet. In diesem allmählichen Prozess zeigt sich nach und nach auch bereits eine Struktur der Arbeit. Wenn wir dagegen zu früh im Detail die Gliederung der Arbeit konzipieren, verstellen wir uns möglicherweise Einsichten in die innere Struktur des Themas. Am besten schreibt man die Mind Map mehrmals um und probiert verschiedene Gruppierungen aus.

Esselborn-Krummbiegel, Helga. Von der Idee zum Text. Stuttgart: UTB 2008, S. 103

2. Erarbeiten Sie eine Mind Map zu einem Schlüsselbegriff Ihres Seminarthemas und stellen Sie mehrere Entwürfe vor, die den skizzierten Prozess der Entwicklung deutlich werden lassen!

www.mindmapping.de

Seminararbeit: Aufbau

1. Anordnen

Aufsätze aus dem Fach Deutsch werden nach bestimmten Aspekten gegliedert und systematisch aufgebaut. So wie unterschiedliche Aufsatzarten unterschiedliche Gliederungen fordern, haben auch nicht alle Fachdisziplinen die gleiche Herangehensweise an ihre Stoffanordnung. Einer Begriffsdefinition beispielsweise wird in einer sprachwissenschaftlichen Untersuchung ein größerer Raum eingeräumt als bei Arbeiten mit naturwissenschaftlichen Themenstellungen, da der Begriff selbst möglicherweise die zugrunde liegende Problemstellung darstellt. Ebenso dürfte in einer empirischen naturwissenschaftlichen Facharbeit eine besondere Schwerpunktstellung im Methodenteil liegen, da dieser erheblich mit den Ergebnissen der Arbeit zusammenhängt. Sogar beim Vergleich von Dissertationen des gleichen Faches können immer wieder Abweichungen festgestellt werden.

Dennoch sollte wissenschaftspropädeutisches Schreiben einer grundsätzlichen Logik folgen, die sich an der **Logik des Forschens** orientiert. Wenn Sie sich auch in der Erarbeitungsphase nicht unbedingt an diese Reihenfolge gehalten haben, sollten Sie den folgenden Forschungskreislauf dennoch vor Augen haben, wenn Sie Vorgehen und Ergebnisse schriftlich zusammenstellen.

Forschungskreislauf:

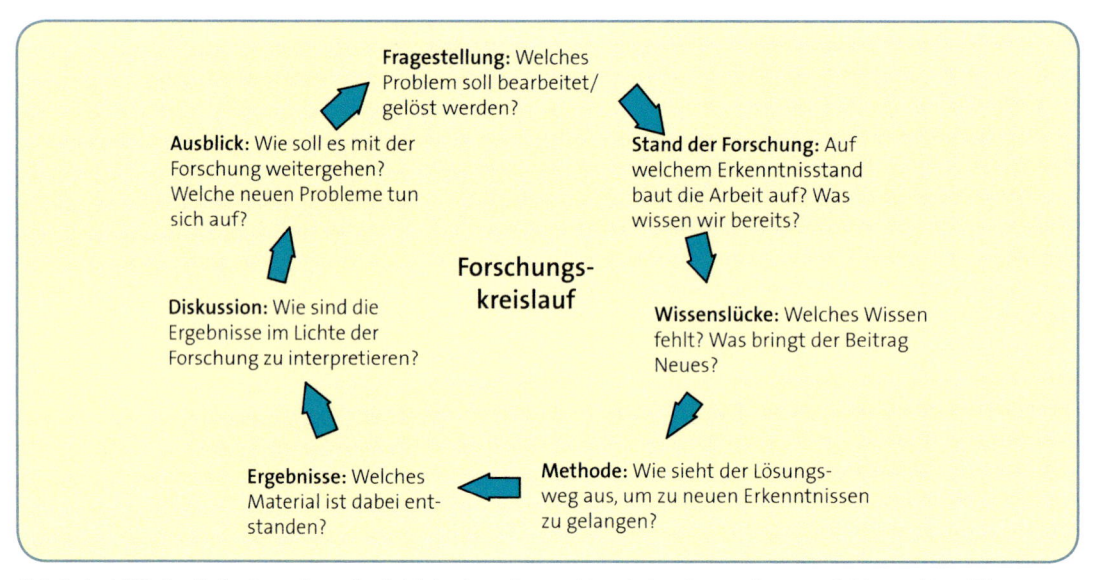

- **Fragestellung:** Welches Problem soll bearbeitet/gelöst werden?
- **Stand der Forschung:** Auf welchem Erkenntnisstand baut die Arbeit auf? Was wissen wir bereits?
- **Wissenslücke:** Welches Wissen fehlt? Was bringt der Beitrag Neues?
- **Methode:** Wie sieht der Lösungsweg aus, um zu neuen Erkenntnissen zu gelangen?
- **Ergebnisse:** Welches Material ist dabei entstanden?
- **Diskussion:** Wie sind die Ergebnisse im Lichte der Forschung zu interpretieren?
- **Ausblick:** Wie soll es mit der Forschung weitergehen? Welche neuen Probleme tun sich auf?

Abb. 1: „[…] [D]ie Logik der Darstellung [hat] sich in einem langen historischen Prozess herausgebildet und [wird] heute allgemein akzeptiert […]." (Kruse 2007, S. 66)

Ausgangspunkt aller Forschung ist eine klare *Fragestellung*, hinter der sich in aller Regel ein Problem (wissenschaftlicher, praktischer, methodischer Art) verbirgt. Das Problem selbst ist allerdings meist sehr viel umfangreicher und kann nicht in einem einzigen wissenschaftlichen Projekt gelöst werden. Jedes Projekt kann immer nur *eine* Frage bearbeiten, die *einen* weiteren Baustein zur Lösung des Problems liefert.

Das, was zur Fragestellung an Wissen bereits vorhanden ist, wird als *Stand der Forschung* dargestellt. Stand der Forschung ist das, was in einer bestimmten Wissensgemeinschaft augenblicklich als gültige Erkenntnis angenommen wird und was dementsprechend auch publiziert ist. Es ist dabei anzunehmen, dass es so etwas wie „gesichertes" Wissen gibt, über das in der Gemeinschaft kein Zweifel herrscht, und dass es eine Zone unsicheren

Wissens gibt, in der augenblicklich geforscht wird, und in der es unterschiedliche Meinungen gibt. In den Naturwissenschaften ist man sensibler gegenüber dieser Grenze als in den Sozial- und Geisteswissenschaften, in denen die Zone ungenauen Wissens größer und weniger klar markiert ist.

Die Fragestellung reagiert aber nicht auf das vorhandene Wissen, sondern auf das Wissen, das fehlt, die *Wissenslücke*. Es ist wichtig, dieses fehlende Wissen *positiv* zu definieren, um später darstellen zu können, ob die Wissenslücke durch die eigene Forschung gefüllt werden kann und in welchem Ausmaß.

Diese drei Punkte (Fragestellung, Forschungsstand, Wissenslücke) bilden den Ausgangspunkt jeder Arbeit und jedes Forschungsberichts. Der nächste Punkt ist die Darstellung der Vorgehensweise, die eingeschlagen wird, um die Wissenslücke zu beheben (*Methode*). Hier geht es um eine exakte, nachvollziehbare Schilderung der Forschungshandlungen: der analytischen Vorgehensweise, der Auswertung von Literatur, des Versuchsplans, der Apparate, Substanzen, Versuchstiere, Versuchspersonen, Patienten, Mess- und Auswertungsverfahren und der statistischen Prozeduren, die eingesetzt werden.

Mit der Durchführung der Methode entstehen Materialien, die die *Ergebnisse* der Forschung darstellen. Sie müssen zunächst so dokumentiert und erläutert werden, dass sie frei von Interpretationen und Wertungen nachvollziehbar sind, damit die Lesenden sich selbst ein Urteil über sie bilden können. Dazu sind auch erste Interpretationen nötig, die aber sparsam eingesetzt werden und nur der besseren Verständlichkeit bzw. ersten Einordnung dienen sollten.

Die *Diskussion* interpretiert die Ergebnisse und bindet sie wieder an den Forschungsstand und die Forschungslücke an. Sie gibt Auskunft darüber, welche Erkenntnisse die gefundenen Ergebnisse in Bezug auf die Fragestellung liefern. Die Diskussion berichtet auch über alle Ereignisse, die die Generalisierbarkeit der Ergebnisse beeinträchtigen können. Sie kann auch von unerwarteten Ergebnissen berichten.

Der *Ausblick* gibt Auskunft darüber, was in der Forschung weiter zu geschehen hat. Forschung führt nicht nur zu neuem Wissen, sondern zeigt auch Felder des Nichtwissens, also neue Wissenslücken auf. Die Wissenslücken können Ausgangspunkte neuer Forschung sein.

Wissen, das durch die Mühle eines solchen Kreislaufs gedreht wurde, ist das, was wir *wissenschaftliches* Wissen nennen. Es ist Wissen, das auf kontrolliertem Weg entstanden, nachvollziehbar und durch andere reproduzierbar ist. Es hat immer zwei Aspekte: Es fußt auf vorhandenem Wissen und fügt dem neues Wissen hinzu. Es stellt also eine Verbindung von lokal gewonnenem, neuem Wissen mit global bereits vorhandenem Wissen dar. Jede Untersuchung stellt sich selbst immer als ein Teil eines großen Wissenspuzzles dar, in dem es eine einzige, genaue definierbare Lücke zu füllen versucht. Jede wissenschaftliche Arbeit bemüht sich darüber hinaus, die eigenen Ergebnisse kritisch zu betrachten und eigene Behauptungen gegen konkurrierende Behauptungen fair abzugrenzen.

Natürlich ist dieser Kreislauf eine Idealisierung wirklicher Forschungsprozesse. Es ist aber die Form der Darstellung, die dem Wissen am meisten Autorität verleiht und die deshalb auch zur dominanten Form der Wissensdarstellung wurde.

Kruse, Otto. Keine Angst vor dem leeren Blatt. Ohne Schreibblockaden durchs Studium. Frankfurt am Main: Campus 2007, S. 64–68.

Insgesamt gesehen gelten also dennoch bestimmte Grundsätze, die in sich so schlüssig sind, dass sich praktisch alle wissenschaftlichen Arbeiten daran halten. Die für eine Seminararbeit relevanten Gliederungseinheiten werden im Folgenden in ihrer am häufigsten gebrauchten Reihenfolge dargestellt.

1. Lesen Sie oben stehenden Text über die Logik der Forschungsdarstellung sorgfältig und untersuchen Sie daran anschließend, in welchen Punkten sich die Darstellung Goethes über die Metamorphose der Pflanzen (Abb. 2) davon unterscheidet!

Inhalt

Einleitung

I. Von den Samenblättern
II. Ausbildung der Stengelblätter von Knoten zu Knoten
III. Uebergang zum Blüthenstande
IV. Bildung des Kelches
V. Bildung der Krone
VI. Bildung der Staubwerkzeuge
VII. Necktarien
VIII. Noch einiges von den Staubwerkzeugen
IX. Bildung des Griffels
X. Von den Früchten
XI. Von den unmittelbaren Hüllen des Samens
XII. Rückblick und Uebergang
XIII. Von den Augen und ihrer Entwickelung
XIV. Bildung der zusammengesezten Blüthen und Fruchtstände
XV. Durchgewachsene Rose
XVI. Durchgewachsene Nelke
XVII. Linnées Theorie von der Anticipation
XVIII. Wiederholung

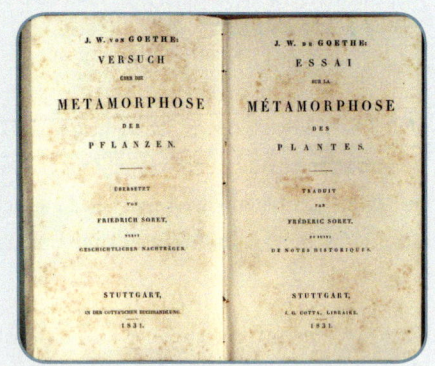

Abb. 2: Der schlüssige Aufbau hat sich über die Jahre in der Wissenschaft herausentwickelt

2. Analysieren Sie den Aufbau einiger Werke Ihrer bereits vorhandenen Sekundärliteratur nach folgenden Gesichtspunkten:
   - Welches grobe Gliederungsprinzip liegt dem Aufbau zugrunde?
   - Welchen Umfang haben die einzelnen Teile?
   - Gibt es im Hauptteil Kapitel, die in allen Werken an ähnlicher Stelle erscheinen?
   - Welche Informationen gibt die Einleitung, welche Funktion hat der Schluss?
3. Stellen Sie Ihre Ergebnisse als Präsentation vor!
4. Einigen Sie sich innerhalb des Seminars auf ein einheitliches Vorgehen!

Vorgeschobene Informationen	Vorwort/Vorbemerkung
	Gliederung/Inhaltsverzeichnis
Sachlicher Teil	Einleitung
	Hauptteil
	Schlussbemerkung/ Zusammenfassung
	Literaturverzeichnis
Nachgeschobene Informationen	Anhang (Materialteil, Bildanhang etc.)

(Abstract in bestimmten Naturwissenschaften)

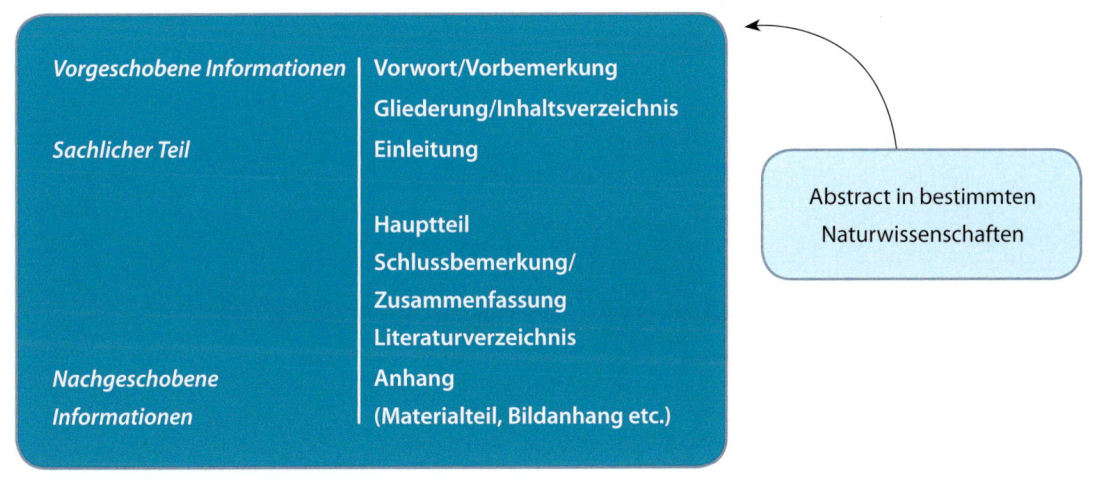

Abb. 3: Der Aufbau einer wissenschaftlichen Arbeit

Ein Vorwort oder Vorbemerkungen …

sind kein zwingender Bestandteil der Arbeit, werden aber bei längeren Abschlussarbeiten wie z. B. Dissertationen für persönliche Anmerkungen genutzt. Wird eine Vorbemerkung formuliert, steht sie auch im Inhaltsverzeichnis aufgeführt.

Das Inhaltsverzeichnis …

ist als Gliederung Bestandteil jeder wissenschaftlichen Arbeit und dieser vorangestellt. Es stellt übersichtlich die Kapitel und deren Unterpunkte dar und gibt deren Seitenzahlen an.

Die Einleitung …

ist der erste Teil der eigentlichen Abhandlung. Sie bildet zusammen mit dem Schluss eine Art Rahmen um den Hauptteil. Dieses Zusammenwirken sollte erkennbar sein. Prinzipielle Grundsätze von Einleitungen kennen Sie aus dem Deutschunterricht. So sollte die Einleitung auch in einer Seminararbeit das Interesse des Lesers wecken. Darüber hinaus erfüllt sie bereits wichtige Funktionen innerhalb der Arbeit. Sie führt zunächst in den Themenbereich ein und benennt konkret das Thema und die zugrunde liegende Fragestellung der Arbeit. Sie gibt dann dem Leser eine Art Einführung in die Arbeit, indem sie die Zielsetzungen der Arbeit nennt und den Aufbau skizziert.

Auch ist es möglich, auf das Ergebnis Ihrer Recherche hinzuweisen, das im Forschungskreislauf (siehe Abb. 1) als Stand der Forschung bezeichnet wird. Eine wissenschaftspropädeutische Arbeit darf diesen Aspekt in der Einleitung aufnehmen, indem sie die zugrunde gelegte Literatur kurz kommentiert. Bei all diesen Aspekten, die die Einleitung umfassen darf, sollte sie aber einen gewissen Umfang nicht überschreiten und nicht mehr als etwa 10 % des Hauptteils ausmachen.

In Kürze alle wesentlichen Aspekte zielführend einzubringen, stellt also den eigentlichen Anspruch der Einleitung dar. Dafür muss aber klar sein, welches Ergebnis die Arbeit haben wird. Deshalb sollten Sie die Einleitung erst nach Fertigstellung der gesamten Arbeit verfassen. Skizzieren Sie außerdem ein Vorgehen, bevor Sie diesen Teil der Arbeit abfassen.

> ✓ **Checkliste: Wichtige Aspekte in der Einleitung**
>
> 1. **Einführung in das Thema**
>   - ✓ Begründung des Interesses am Thema
>   - ✓ Rechtfertigung des Themas
>   - ✓ Forschungsstand
>   - ✓ Benennen des Themas
>
> 2. **Erläuterung der Fragestellung, Darlegen der Zielsetzung(en) der Arbeit, Darstellen der Arbeitshypothese(n)**
>
> 3. **Überblick über den Aufbau**
>   - ✓ Gegebenenfalls Hinweis auf die Methoden oder Verfahren
>   - ✓ Gegebenenfalls knappe Erläuterung von Begriffen, die für die Arbeit wichtig sind
>   - ✓ Erläuterung von für die Arbeit bedeutenden Vorentscheidungen
>   - ✓ Darstellung der Abfolge und des inhaltlichen Aufbaus

Die Darlegung von Methoden, bestimmten Verfahren oder die Definitionen sind in einer wissenschaftlichen Arbeit wichtig, denn sonst sind die Ergebnisse für einen Leser nicht nachvollziehbar. Gleiches gilt für Kriterien, nach denen das Material ausgewählt wurde: Ohne Erklärung z. B. über die Gründe, aus denen eine Einschränkung auf eine Materialbasis getroffen wurde, hätte die Arbeit den Anschein, nicht vollständig zu sein. Die Einleitung gibt erste Hinweise darauf.

Der Hauptteil ...

beinhaltet die inhaltliche Ausführung. Natürlich fordern Gegenstand, Fach und Methoden eine individuelle Anpassung. Das wird auch an der Vielzahl wissenschaftlicher Schreibformen deutlich, die im Kapitel „Seminararbeit: Themenfindung" dargestellt werden. Diese orientieren sich in ihrem inhaltlichen Gefüge an der jeweils angewendeten Methode. Der Aufbau folgt daher keiner festgelegten Konvention, sondern muss so angelegt sein, dass der Weg zu den Ergebnissen nachvollziehbar wird. Viele Wissenschaftsbereiche ähneln sich jedoch in der Anordnung ihrer Elemente:

> **Beispiel 1:** Möglicher Hauptteil einer naturwissenschaftlichen Seminararbeit
>
> - **Forschungsstand**: Kurze Darstellung über den Stand der Forschung des die Arbeit betreffenden Gebiets.
> - **Untersuchungsgegenstand** der Arbeit und möglicherweise die Begründung der Auswahl.
> - **Methoden**: Umfassende Darlegung der in der Einleitung angerissenen Methoden oder Verfahren, gegebenenfalls mit ihrer Begründung.
> - **Darstellung der Ergebnisse**.
> - **Diskussion oder Auslegung** dieser Ergebnisse.

> **Beispiel 2:** Möglicher Hauptteil literaturanalytischer Seminararbeiten
>
> - **Analyse** bestimmter Texte hinsichtlich einer bestimmten Fragestellung.
> - **Argumentationsgänge**, die Hypothesen beweisen.
> - **Interpretationen** analysierter Elemente.
> - **Zusammenfassende/vergleichende Auslegung** der Ergebnisse.

> **Beispiel 3:** Möglicher Hauptteil wirtschaftswissenschaftlicher Seminararbeiten
>
> - **Theoretische und methodische Grundlagen** mit dem Wissensstand zum Thema und der Darstellung des methodischen Vorgehens.
> - **Analyse der Situation** durch das Zerlegen in Prozesse und Teilbereiche und deren Untersuchung; die Darstellung der ermittelten oder erhobenen Daten in Diagrammen oder Tabellen.
> - Kritische **Bewertung** der zuvor erbrachten Daten.
> - **Darstellen eines Lösungskonzeptes** oder gegebenenfalls mehrerer Alternativen und deren Bewertung.

Die **Prinzipien**, nach denen eine Argumentation aufgebaut sein kann und die Ihnen schon aus dem Deutschunterricht bekannt sind, bieten zudem eine wesentliche Hilfestellung (siehe auch Kapitel „Seminararbeit: Argumentieren"). Nach diesen Prinzipien werden einzelne **Argumente** aufgebaut. Auch ein längeres Kapitel, dem immer eine These zugrunde liegt, ist aber nichts anderes als ein weit ausgebreitetes Argument und folgt daher dem Schema des Argumentierens. Die gesamte Seminararbeit schließlich ist ebenfalls einer zentralen Fragestellung untergeordnet, die beantwortet werden muss, oder einer These verschrieben, die begründet werden muss. Die argumentative Struktur bestimmt also sogar den Gesamtaufbau einer ganzen Arbeit.

Nach folgenden Prinzipien können einzelne Teilaspekte innerhalb der Arbeit oder innerhalb eines Kapitels angeordnet werden.

Der Gegenstand erfordert …

- **die Orientierung am Inhalt:**

Unterschiedliche Antworten auf eine Fragestellung sind vorhanden, je nachdem, welcher inhaltliche Aspekt in den Mittelpunkt gestellt wird. Möglicherweise gibt es Vernetzungen innerhalb der Aspekte. Die Anordnung ist allein den stofflichen Anforderungen angepasst. Die einzelnen Aspekte können vom Allgemeinen zum Besonderen (deduktiv) oder umgekehrt (induktiv) dargelegt werden. Der Zusammenhang wird am Ende jedes Aspekts oder am Ende der Arbeit aufgezeigt (Abb. 4).

Beispiel: Die Literaturverfilmung von Süßkinds Werk „Das Parfum": Gesellschaftskritik in Roman und Film (Deutsch)

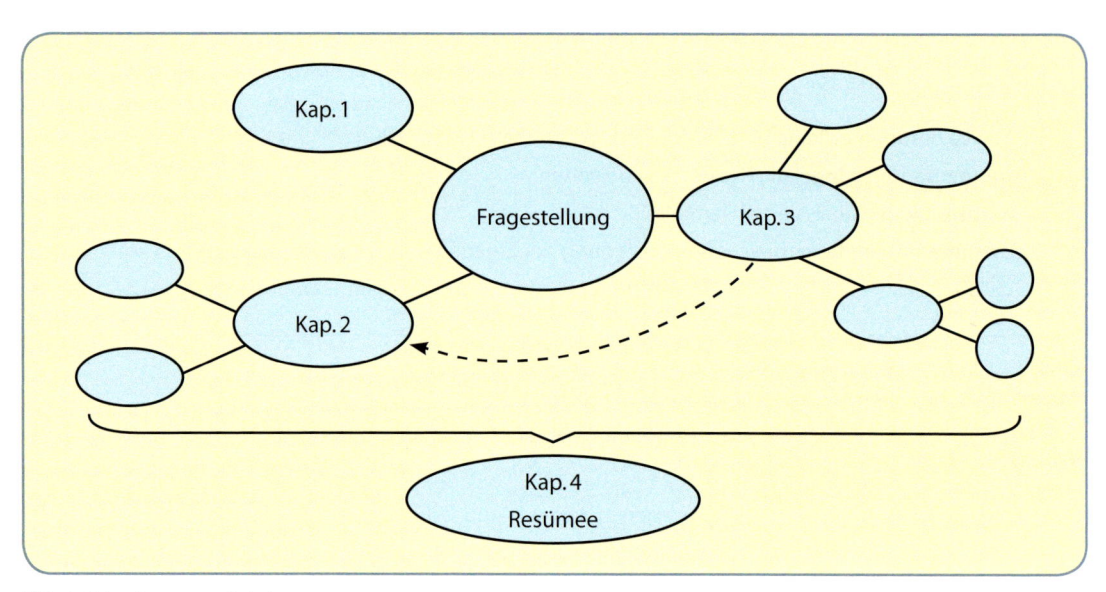

Abb. 4: Orientierung am Inhalt

- **die Orientierung an einem zeitlichen oder methodischen Ablauf:**

Dem Gegenstand liegt eine Abfolge von Phasen, Experimenten, Etappen, Entwicklungen zugrunde. Die Anordnung wird der chronologischen Reihenfolge der Gesichtspunkte angepasst (Abb. 5).

Beispiel: Die Entwicklung von „Batman": Gesellschaftsgeschichtlicher Einfluss auf das Genre „Comic" (Kunst)

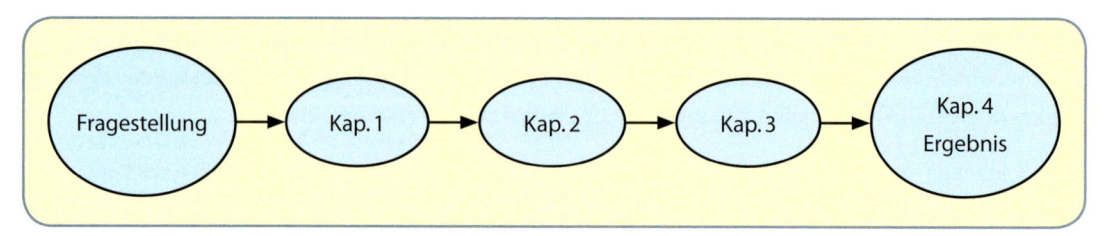

Abb. 5: Orientierung an einem zeitlichen oder methodischen Ablauf

- **die Bekräftigung einer bestimmten Aussage:**

Durch Abwägen unterschiedlicher Positionen wird eine bestimmte Aussage bestätigt oder entkräftet. Diese Art der Argumentation ist Ihnen aus der dialektischen Erörterung bekannt. Die einzelnen Thesen werden getrennt voneinander dargelegt. In einem gesonderten Teil geschieht danach die eigentliche Abwägung beider Positionen (Abb. 6).

Beispiel: Die Bewertung von gentechnisch manipulierten Pflanzen durch Politik und Medien (Biologie)

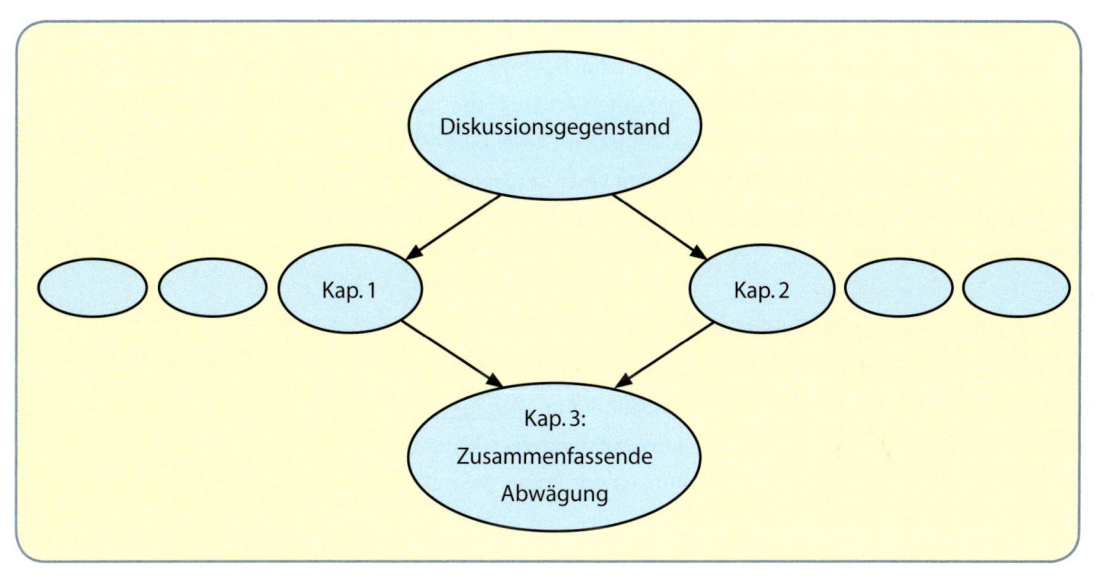

Abb. 6: Bekräftigung einer bestimmten Aussage

> 5. Vergleichen Sie die beiden sachorientierten Gliederungsbeispiele auf S. 130/131 (Abb. 9 und Abb. 10)! Finden Sie in dem Aufbau des Hauptteils oder in dem Aufbau einzelner Kapitel Prinzipien des Argumentierens wieder?
> 6. Überlegen Sie mit Ihrem/r Seminarlehrer/in, welche Anordungsmöglichkeiten Ihre Themenstellung eröffnet, und stellen Sie diese in Kurzpräsentationen vor dem Seminarkurs vor!

Die Schlussbetrachtung …

ist nicht nur eine Abrundung des Themas. Sie ist ein wichtiger Bestandteil der Arbeit, denn sie bietet die Möglichkeit, abschließend die wesentlichen Aspekte noch einmal zu akzentuieren. Dieser Teil kann auch Schlussfolgerungen enthalten, die für die Vollständigkeit der Untersuchung wichtig sind und diese in Zusammenhang mit anderen Problemstellungen setzen. Mit dem Schluss zeigen Sie noch einmal, dass die Untersuchung nicht ohne Grund erfolgte, sondern dass das Ergebnis in der Zusammenschau mit anderen Fragestellungen eine Bedeutung hat.

Wichtige Aspekte im Schluss:
- **Zusammenfassung** der wichtigsten Aspekte
- **Schlussfolgerungen**
- **Ausblick** auf noch ausstehende Untersuchungen
- **Forderungen** für die Zukunft
- kritische **Wertung**

Der Abstract …

hat sich in einigen Fachgebieten als weiterer Teil durchgesetzt. Dabei handelt es sich um eine gekürzte präzise Darstellung des wesentlichen Inhalts der gesamten Arbeit: Frage- oder Problemstellung, Ergebnisse, Schlussfolgerungen und möglicherweise wichtige Methoden. Dieser Teil wird insbesondere in vielen Fachzeitschriften gefordert, da er von praktischem Nutzen für den Leser ist, der anhand des Abstracts sofort erkennen kann, ob der Text für ihn relevant ist. Aufgrund des begrenzten Umfangs werden die Seminararbeiten diesen Teil jedoch in der Regel nicht benötigen.

Das Literaturverzeichnis/Abbildungsverzeichnis …

enthält alle Titel, mit deren Hilfe die Arbeit entstanden ist. Diese werden geordnet aufgelistet, so wird z. B. unterschieden zwischen Primär- und Sekundärliteratur. Hier kann noch weiter unterteilt werden. Auch Bildnachweise sind am Ende der Arbeit in einem Abbildungsverzeichnis einzustellen. Diese Verzeichnisse sind der überprüfbare Nachweis über die Wahrhaftigkeit der Arbeit. Sie müssen vollständig sein. Auch das Literaturverzeichnis wird in der Gliederung mit Nennung der Seite aufgeführt. Hinweise, wie ein angemessenes Literaturverzeichnis auszusehen hat, gibt der Abschnitt „Seminararbeit: Bibliografieren".

Der Anhang …

liefert Materialien oder Dokumente, die nicht direkt im fortlaufenden Text eingearbeitet wurden. Sein Umfang geht nicht in die Seitenanzahl des selbst verfassten Teils der Seminararbeit ein. Der Anhang hat oft eine eigene Nummerierung, z. B. römische Ziffern oder wird gezählt nach Abbildungen, auf die im fortlaufenden Text der Arbeit hingewiesen werden kann.

> Hierzu zählen z. B.:
>
> - **Versuchs- und Umfrageergebnisse**, auf die sich die Argumentation stützt.
> - **Bildmaterial**, das in der Arbeit selbst nicht abgebildet, aber zum Verständnis nötig ist.
> - **Tabellen** oder **Versuchsprotokolle**, ohne die die Arbeit nicht nachvollziehbar wäre.

Zur größeren Übersicht sollte ein kurzer Untertitel formuliert werden, der das Dokument erklärt, z. B. bei einem Bild den Maler und den Titel, bei einer Statistik die Quelle und das Datum. Auch der Anhang steht im Inhaltsverzeichnis.

Die Selbstständigkeitserklärung …

muss der Seminararbeit angefügt werden. Sie ist datiert und unterschrieben. Darin erklärt der Verfasser, dass die Seminararbeit ohne fremde Hilfe angefertigt wurde und nur die im Literaturverzeichnis aufgeführten Quellen und Hilfsmittel benutzt wurden.

> Ich erkläre hiermit, dass ich die vorliegende Seminararbeit ohne fremde Hilfe angefertigt und nur die in der Bibliografie aufgeführten Quellen als Hilfsmittel benutzt habe.
>
> _____   _____
> Ort, Datum   Unterschrift

Abb. 7: Text für eine Selbstständigkeitserklärung

2. Gliedern

Die Struktur eines Textes wird auch durch seine visuelle und formale Gliederung deutlich. Die logisch-argumentative Gedankenführung verdeutlicht man durch

- Absätze
- Abschnitte
- Kapitel

Absätze stellen dabei die kleinste Sinneinheit dar, die zusammengehörende Gedankengänge fasst. Beginnt ein neuer Gedankengang, der aber mit dem vorangegangenen zusammenhängt, wird ein neuer Absatz gesetzt.
Ein **Abschnitt** ist eine größere Sinneinheit innerhalb eines Kapitels. Sie umfasst mehrere Gedankengänge, rechtfertigt aber noch keine eigene Überschrift.
Erst ein **Kapitel** wird unter einer Überschrift zusammengefasst. Es stellt einen logischen Schritt innerhalb des argumentativen Aufbaus der Seminararbeit dar und kann seinerseits in Unterebenen differenziert werden. Unterpunkte helfen dem Leser, sich in der Arbeit zu orientieren – zu kleinschrittige Unterpunkte wirken jedoch kompliziert.

Für eine Arbeit von 10–15 Seiten sollte eine Seite für das Inhaltsverzeichnis reichen.

Dem Leser soll die durchdachte Struktur vor Augen geführt werden. Es gibt Regeln für die Form des Inhaltsverzeichnisses, nach denen man sich richten sollte: Immerhin ist dies der erste Eindruck der Arbeit auf den Leser. Für eine ordentliche und übersichtliche Gestaltung bietet es sich an, auf die Gliederungshilfe des benutzten Textverarbeitungsprogramms zurückzugreifen.

Die Gliederung sollte bereits vor dem Abfassen der Arbeit formuliert werden, denn so kann der Umfang der Arbeit während des Schreibprozesses im Auge behalten werden. Die Arbeitstitel der einzelnen Kapitel können beim Überarbeiten umbenannt werden. Die einzelnen Punkte sollten möglichst inhaltlich konkret formuliert werden und müssen einer Seite zugeordnet sein. Damit ist sofort ersichtlich, welche Aspekte man auf welcher Seite findet. Die Formulierungen sind prägnant und kurz. Im Inhaltsverzeichnis von wissenschaftlichen Arbeiten wird bevorzugt der Nominalstil verwendet, also auf Verben oder Fragen verzichtet. Die Nummerierung beginnt mit dem ersten Punkt der sachlichen Ausführung, also mit der Einleitung, und endet mit dem letzten Teil, also dem Literaturverzeichnis oder dem Anhang.

Verschiedene Gliederungsmöglichkeiten

Bekannte Gliederungsmöglichkeiten sind die rein numerische **Dezimalgliederung** und die **traditionelle Gliederung**, die mit Ziffern und Buchstaben arbeitet. Welches Schema für die einzelne Arbeit am sinnvollsten ist, entscheiden Sie, indem Sie überlegen, welche logische Struktur Sie damit verdeutlichen wollen. Die Dezimalgliederung lässt eine klare Rangordnung oder hierarchische Abfolge der Argumentation erkennen. Die traditionelle Gliederung mit Ziffern und Buchstaben trennt die übergeordneten Kapitel eher voneinander und zeigt, dass in den übergeordneten Kapiteln unterschiedliche Teilbetrachtungen vorliegen.

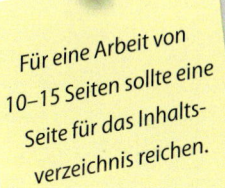

Dezimalgliederung durch Ziffern	Traditionelle Gliederung mit Ziffern und Buchstaben

1.
1.1
1.1.1
1.1.2
1.2
2.
2.1
2.1.1
2.1.2
3.   usw.
	I.
	  A.
	    1.
	      a)
	        α)
	        β)
	      b)
	  B.
	II. usw.

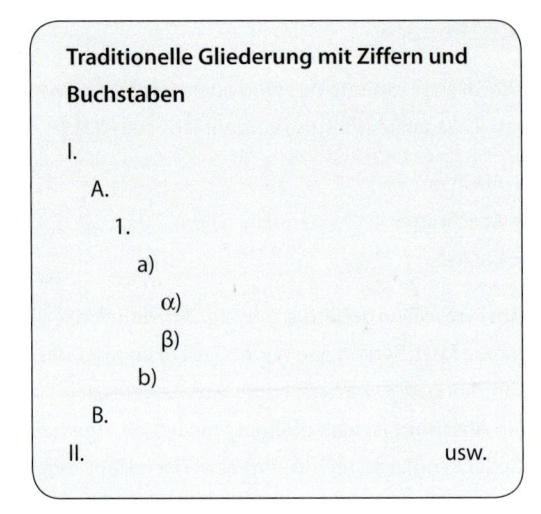

Abb. 8: Zwei Gliederungsmöglichkeiten

7. Untersuchen Sie die Gliederungsschemata einiger Werke Ihrer Sekundärliteratur. Welche verschiedenen Ordnungsschemata lassen sich in Ihrem Fachgebiet häufig finden?
8. Ziehen Sie vergleichend die Argumentationsprinzipien heran, die im vorangegangenen Kapitel „Anordnen" dargestellt wurden, und überlegen Sie, welches formale Gliederungsschema den jeweiligen Aufbau am sinnvollsten widerspiegeln kann!

Inhaltlich ausgeführt könnten Gliederungsschemata folgendermaßen aussehen:

```
Inhaltsverzeichnis ................................................................. 2

I.    Einleitung ................................................................... 3

II.   These von Adorno über die Entstehung des Detektivromans ............ 4

III.  „Das Fräulein von Scuderi" als erster europäischer Detektivroman....... 5
      A. Inhalt und Funktion der Rückblenden .................................. 6
      B. Figurencharakteristik .................................................... 7
         1. Der unschuldige Verdächtige ...................................... 7
         2. Der verdächtigte Unschuldige..................................... 7
         3. Das Fräulein von Scuderi.......................................... 8
            a) Menschlichkeit und Mitgefühl................................. 8
            b) Die ermittelnde Instanz ...................................... 9
      C. Weitere kriminaltechnisch bedeutende Motive ....................... 10
         1. Das verschlossene Mordzimmer.................................. 11
         2. Die Detektion durch eine Privatperson ......................... 12

IV.   Anwendung von Adornos These auf „Das Fräulein von Scuderi"....... 13

V.    Schlussbemerkung ........................................................ 15

VI.   Literaturverzeichnis ....................................................... 16

VII.  Selbstständigkeitserklärung.............................................. 17
```

Abb. 9: Literaturwissenschaftliches Beispiel einer traditionellen Gliederung

Inhaltsverzeichnis	2
1. Einleitung	3
1.1 Forschungsliteratur zu Fluoreszenz-Solarkollektoren	3
1.2 Die Kriterien für den Fluoreszenzfarbstoff	5
2. Anleitung zur Herstellung des Fluoreszenz-Solarkollektors (FSK)	6
2.1 Vorbereitungen für die Gewinnung des FSK	6
2.1.1 Herstellung der Kollektorform	6
2.1.2 Bereitung der Polymer-Fluoreszenz-Lösung	7
2.2 Der Reaktionsmechanismus der Polymerisation	8
2.3 Die Gewinnung des fertigen FSK	10
3. Ergebnis und Erläuterung der Messergebnisse	11
3.1 Erste Messreihe	11
3.2 Zweite Messreihe	12
3.3 Dritte Messreihe	13
4. Diskussion der Versuchsergebnisse	14
4.1 Zusammenfassung und Interpretation der Ergebnisse	14
4.2 Fazit und Ausblick	15
5. Anhang der Tabellen und Abbildungen über die Versuchsreihe	16
6. Literaturverzeichnis	18
7. Selbstständigkeitserklärung	19

Abb. 10: Naturwissenschaftliches Beispiel einer Dezimalgliederung

---

✓ **Checkliste: Fehler vermeiden beim Inhaltsverzeichnis**

✓ Kapitelüberschriften und Unterpunkte müssen auch im Fließtext der Ausführung auftauchen.
✓ Zwischen übergeordnetem Gesichtspunkt und dem nächstfolgenden untergeordneten Gesichtspunkt findet sich kein Text.
✓ Unterpunkte sind nur logisch, wenn mehr als ein Aspekt vorhanden ist.
✓ Bei Unterpunkten folgt nach der letzten Ziffer kein Punkt.
✓ Wählen Sie eine Gliederungsmöglichkeit und behalten Sie diese durchgängig bei.

3. Argumentieren

Wie wird aus den gesammelten Informationen ein zusammenhängender, gut lesbarer Text? Wie in vorherigen Kapiteln zum Anordnen und Gliedern bereits erläutert, zeichnet sich wissenschaftliches Arbeiten dadurch aus, dass die Teilaspekte eines Themas und die Antworten auf eine Fragestellung argumentativ wiedergegeben werden. Einzelne Sinnabschnitte Ihrer Arbeit können wie folgt aufgebaut werden:

> These bzw. Behauptung
> ↓
> Argumente, Belege, Beispiele
> ↓
> Folgen
> ↓
> Einschränkungen, Spezifizierungen
> ↓
> ggf. Zusammenfassung

Abb. 11: Der Aufbau einer Argumentation

Die einzelnen Elemente (These, Argumente, Belege, Beispiele, Folgerungen) kennen Sie bereits aus dem Deutschunterricht. Im Folgenden finden Sie zusätzlich Hinweise für das Verfassen Ihrer Seminararbeit.

Typen von Argumenten

Argumente sind in der engen Wortbedeutung „Beweismittel". Sie dienen dazu, Thesen zu begründen oder zu widerlegen. Mit Hilfe von Argumenten werden Annahmen oder Überlegungen untermau-
5 ert oder – und das ist auch möglich – untergraben. Als Argumente sollten daher solche Aussagen herangezogen werden, die den Grundsätzen für eine gelungene Argumentation entsprechen. Hierzu zählen

10 • Zahlen, Daten, Fakten
• Allgemeingültiges
• Erfahrungen
• Traditionen
• Lehrsätze
15 • Autoritäten
[...]

Hiermit sind typische Verfahren und zugleich typische Bereiche abgedeckt, aus denen eine Argumentation aufgebaut werden kann. Häufig empfiehlt es sich, Typen von Argumenten 20 auch kombiniert zu verwenden, insbesondere wenn zu diesen Aussagen zugleich Gegenaussagen bzw. Gegenargumente formuliert werden können. Aufgabe der Argumentation ist es nun, diese Argumente so auf die Aussage hin 25 zu formulieren und anzuordnen, dass diese als nicht bloß behauptet, sondern als bewiesen gelten kann.

Schreibwerkstatt der Universität Duisburg-Essen. „Typen von Argumenten". 18.06.2009. www.uni-due.de/~lge292/trainer/trainer/start.html

> ✓ **Checkliste: Argumenttypen**
>
> ✓ Geben Sie bei **Zahlen, Daten und Fakten** stets die Quelle an und prüfen Sie nach, wie repräsentativ die Daten sind.
>
> ✓ Überprüfen Sie bei allgemeingültigen **Aussagen** (z. B. „Männer und Frauen sind gleichberechtigt."), auf welcher Grundlage diese Aussagen basieren und ob es mögliche Gegenargumente gibt.
>
> ✓ Bringen Sie eigene **Erfahrungen** nur dann in die Argumentation ein, wenn die Erfahrungen überzeugend und für den Leser plausibel sind.
>
> ✓ Legen Sie offen, welcher **Tradition** (Denk- und Forschungsrichtung) Sie in Ihrer Argumentation folgen, und erwähnen Sie gegebenenfalls auch Gegenpositionen.
>
> ✓ Überprüfen Sie bei **Lehrsätzen**, ob im jeweiligen Fachgebiet Kritik dazu geübt wird und ob Gegenpositionen bestehen.
>
> ✓ Wenn Sie sich auf **Autoritäten** (anerkannte Personen) berufen, müssen diese dem Leser bekannt sein. Geben Sie in jedem Fall die Funktion der Person an.

9. Untersuchen Sie den folgenden Text im Hinblick auf seinen argumentativen Aufbau!

Das Bevölkerungswachstum der Megastädte ist in den Entwicklungsländern viel dynamischer verlaufen als in den Industrieländern. Zwischen 1940 und 1990 hat sich die Bevölkerungszahl von 8 der 25 Megastädte in Entwicklungsländern mehr als verzehnfacht. In nur zwei bis drei Jahrzehnten wuchsen etwa Mexiko-City, Sao Paulo, Kairo, Mumbai (Bombay) und Delhi um jeweils 8 Mio. Einwohner und mehr. Für diese Zunahme hat New York 150 Jahre gebraucht. In jüngster Zeit allerdings mehren sich Anzeichen für ein Sinken der Wachstumsraten. Lag das Wachstum der Megastädte in Entwicklungsländern zwischen 1950 und 1970 bei durchschnittlich nahezu 5%, beträgt die derzeitige mittlere Wachstumsrate ca. 2,4%. Dennoch nehmen die Megastädte weiter an Bevölkerung zu [...]. Allerdings sind die Geburtenraten in den Städten der Entwicklungsländer deutlich geringer als auf dem Land. Das Wachstum der Städte ist somit in erster Linie eine Funktion der Zuwanderung und nicht des generativen Wachstums der Stadtbevölkerung.

Zehner, Klaus. Stadtgeographie. Stuttgart: Klett 2001, S. 186

Eine gute Argumentation zeichnet sich dadurch aus, dass der Leser ihren Aufbau nachvollziehen kann und die angeführten Argumente, Belege und Beispiele als stichhaltig anerkennt. Entsprechend ist es wichtig, anschaulich (z. B. mithilfe von Beispielen) und verständlich (z. B. durch kurze, prägnante Sätze) zu argumentieren und zu formulieren. Versuchen Sie, den Leser schrittweise in das Thema Ihrer Argumentation einzuführen.

Folgende nützliche Wendungen können Ihnen beim Argumentieren helfen:

These bzw. Behauptung
- Meiner Meinung/meiner Ansicht nach …
- Meine Behauptung lautet, dass …
- Die These dieser Arbeit lautet, dass …
- Nach Auffassung des Autors/der Autorin …

Beweisführung: Argumente, Belege, Beispiele
- Nach der Untersuchung/Statistik/Studie XY …
- Die Untersuchung/Statistik/Studie hat gezeigt/macht deutlich …
- Wie XY nachgewiesen hat, …
- Wie man am Beispiel von … sehen kann, …
- Das Beispiel XY stützt das Argument, …

Einschränkungen
- Es hat sich jedoch auch gezeigt, dass …
- Ein Gegenbeispiel ist allerdings …
- Dagegen spricht jedoch, dass …

Folgen
- Daraus folgt, dass …
- Konsequenz aus den vorherigen Ausführungen ist …
- Damit wird deutlich, dass …

Weitere nützliche Wörter zur Strukturierung eines Textes finden Sie im Kapitel „Seminararbeit: Fertigstellung".

Argumentieren in der Fremdsprache

Besondere Anforderungen in Hinblick auf das Argumentieren bestehen beim Verfassen einer Seminararbeit in der Fremdsprache. Die Prinzipien einer Argumentation gelten hier zwar gleichermaßen, doch kommt hier noch die Schwierigkeit des Formulierens in der Fremdsprache hinzu. Es muss erkennbar sein, dass die Arbeit aus Ihrer eigenen Feder stammt und eigenständig formuliert wurde. Gleichzeitig sollte die Arbeit sprachlich korrekt sein. So muss der Wortschatz korrekt beherrscht und angewendet werden, vor allem das Fachvokabular zum Thema der Arbeit. Nachgeschlagene Wörter sollten nicht ungeprüft übernommen werden, da sie möglicherweise nicht in den Kontext passen. Gleichen Sie die Wörter daher unbedingt mit einem einsprachigen Wörterbuch ab.

Verwenden Sie komplexere Satzstrukturen, um Sachverhalte angemessen darzustellen und geschickt zu argumentieren. Nutzen Sie dazu idiomatische Wendungen, z. B. aus Ihrer Sekundärliteratur (z. B. um Zusammenfassungen auf Englisch einzuleiten: „to put it in a nutshell …") oder setzen Sie textstrukturierende Elemente (z. B. um Einschränkungen auf Englisch auszudrücken: „However, …") ein. Weitere nützliche Wendungen sollten im Seminarkurs in der jeweiligen Fremdsprache gesammelt und eingeübt werden.

Argumentieren in den Naturwissenschaften

In den Naturwissenschaften kommt es bei einer empirischen Arbeit u. a. darauf an, die in einem Experiment gewonnenen Ergebnisse in Hinblick auf die zuvor aufgestellte Hypothese unter Bezugnahme auf die jeweils relevante Theorie zu interpretieren. Unabhängig davon, ob die eigene Hypothese bestätigt oder widerlegt wurde, sind hier vor allem überzeugende Belege von zentraler Bedeutung. Dies kann z. B. in Form von empirischen Daten erfolgen. Diese müssen unbedingt exakt und korrekt dargestellt werden, z. B. in Hinblick auf die Größenbezeichnungen (z. B. elektrische Spannung: *U*) und Maßeinheiten (z. B. Volt: V).

> ✓ **Checkliste: Argumentieren**
>
> ✓ Vermeiden Sie pauschale Aussagen!
> ✓ Vermeiden Sie Übertreibungen!
> ✓ Stützen Sie Behauptungen stets mit Belegen!
> ✓ Vermeiden Sie inhaltliche Überschneidungen!
> ✓ Schweifen Sie nicht vom Thema ab!

> **Literaturempfehlungen zum Argumentieren**
>
> Die folgenden Bücher richten sich zwar vornehmlich an Studienanfänger, können in Auszügen aber auch beim Schreiben der eigenen Seminararbeit hilfreich sein.
>
> - Kruse, Otto. Keine Angst vor dem leeren Blatt. Ohne Schreibblockaden durchs Studium. 12., völlig neu bearb. Auflage. Frankfurt am Main: Campus 2007
> - Esselborn-Krumbiegel, Helga. Von der Idee zum Text. Eine Anleitung zum wissenschaftlichen Schreiben. 3., überarb. Auflage. Stuttgart: UTB 2008

4. Zitieren und Urheberrecht

Plagiieren, verfälschen, erfinden

Wissenschaftliche Gemeinschaften sind auf exakte Rezeption von Texten angewiesen. Wissen kann nur dann sukzessive aufgebaut werden, wenn die Verweise auf frühere Veröffentlichungen korrekt sind. Deshalb ist das Zitieren in den Wissenschaften hohen Qualitätsanforderungen unterworfen. Generell gilt, dass alles Wissen, das veröffentlicht ist, von allen Menschen verwendet werden darf. Das ist ein hoher Wert in einer Zeit zunehmender Kommerzialisierung. Die einzigen Einschränkungen für die Verwendung liegen darin, dass die Quelle, aus der das Wissen stammt, offengelegt und die Person oder Gruppe, die das Wissen entwickelt hat, benannt werden muss. Die geistige Urheberschaft von Werken ist ein hohes Gut in den Wissenschaften. Sie bezieht sich nicht nur auf das, was man gelesen, sondern auch auf das, was man in Gesprächen, Interviews, Webseiten, Vorträgen erfahren hat. Auch andere Produkte geistiger Arbeit wie Computerprogramme, Entwürfe für Gebäude (wie bei Architekten üblich) oder mathematische Formeln sind dadurch geschützt.

Es ist also eine zentrale Anforderung an alle wissenschaftlichen Texte, dass sämtliche Bezüge zu fremder Literatur nachgewiesen werden und kein Material ungekennzeichnet übernommen werden darf. *Plagiieren* heißt, den Text einer anderen Person als eigenen ausgeben. Es ist eine Art Todsünde im wissenschaftlichen Schreiben, die Ihre Arbeit augenblicklich entwertet, da sie gegen einen zentralen ethischen Code aller Wissenschaften verstößt. Es empfiehlt sich, energische Maßnahmen zu treffen, um nicht in den Verdacht des Plagiierens zu geraten.

Plagiieren bezieht sich sowohl auf die Wortwahl bei der Wiedergabe eines fremden Werkes als auch auf die Benennung des Werkes. Wenn man einen Text wiedergibt, muss man also nicht nur die Quelle benennen, sondern auch deutlich machen, welche Teile man in den Originalformulierungen übernommen hat und sie durch Anführungszeichen kenntlich machen. Sie können also auch des Plagiats bezichtigt werden, wenn Sie eine Quelle benannt haben, den Text aber nicht in eine eigene Sprache transformiert haben. Im Zweifelsfall sollte man also immer Zitieren, Ausnahmen vom Zitiergebot gelten nur für Aussagen, die trivial oder Teil des Alltagswissens sind, sodass praktisch jeder Mensch einer Kultur im Besitz dieses Wissens ist. Das übliche Wissen des Faches hingegen ist zitierpflichtig. [...]

Kruse, Otto. Keine Angst vor dem leeren Blatt. Ohne Schreibblockaden durchs Studium. Frankfurt am Main: Campus 2007, S. 82 f.

10. Arbeiten Sie aus dem Text die Gründe heraus, die der Verfasser für ein gültiges Zitieren nennt!

Sich korrekt auf bereits veröffentlichte Texte zu beziehen, ist in der Wissenschaft von erheblicher Bedeutung. Das heißt für eine wissenschaftspropädeutische Seminararbeit, dass auch sie sich unbedingt um korrektes Zitieren bemühen muss, da dies eines der wichtigsten Qualitätskriterien darstellt. Ein weiterer Aspekt in diesem Zusammenhang ist das Urheberrecht, welches am Ende dieses Kapitels in einem Exkurs dargestellt wird.

Funktionen von Zitaten aus wissenschaftlicher Fachliteratur

Man sollte sich zunächst vor Augen führen, aus welchen Gründen Zitate eingebracht werden, um daraus zu schließen, an welchen Stellen sie nötig sind. Textverweise sagen zunächst immer auch etwas über denjenigen aus, der sie einbezogen hat. Ihre Auswahl zeigt, dass sich ein Verfasser mit einem Thema in einer bestimmten Ausführlichkeit auseinandergesetzt hat. Textstellenverweise stellen also damit seine Kompetenz auf diesem Gebiet unter Beweis. Wenn nur wenig oder gar keine Zitate vorhanden sind, wird man eine Arbeit schwer als fundiert anerkennen. Mit Verweisen auf andere wissenschaftlich anerkannte Quellen verhindert er diesen Vorwurf und sichert seine Aussagen auch gegen Kritik ab, indem er sich auf andere Autoritäten bezieht.

Der Verfasser zeigt außerdem seine Fähigkeit, seine eigenen Gedanken mit den Darlegungen anderer Verfasser in Beziehung zu setzen. Aus diesem Grund sollte eine Arbeit auch nicht ausschließlich eine Aneinanderreihung von Zitaten darstellen, da dies keine eigene gedankliche Ausführung mehr darstellt.

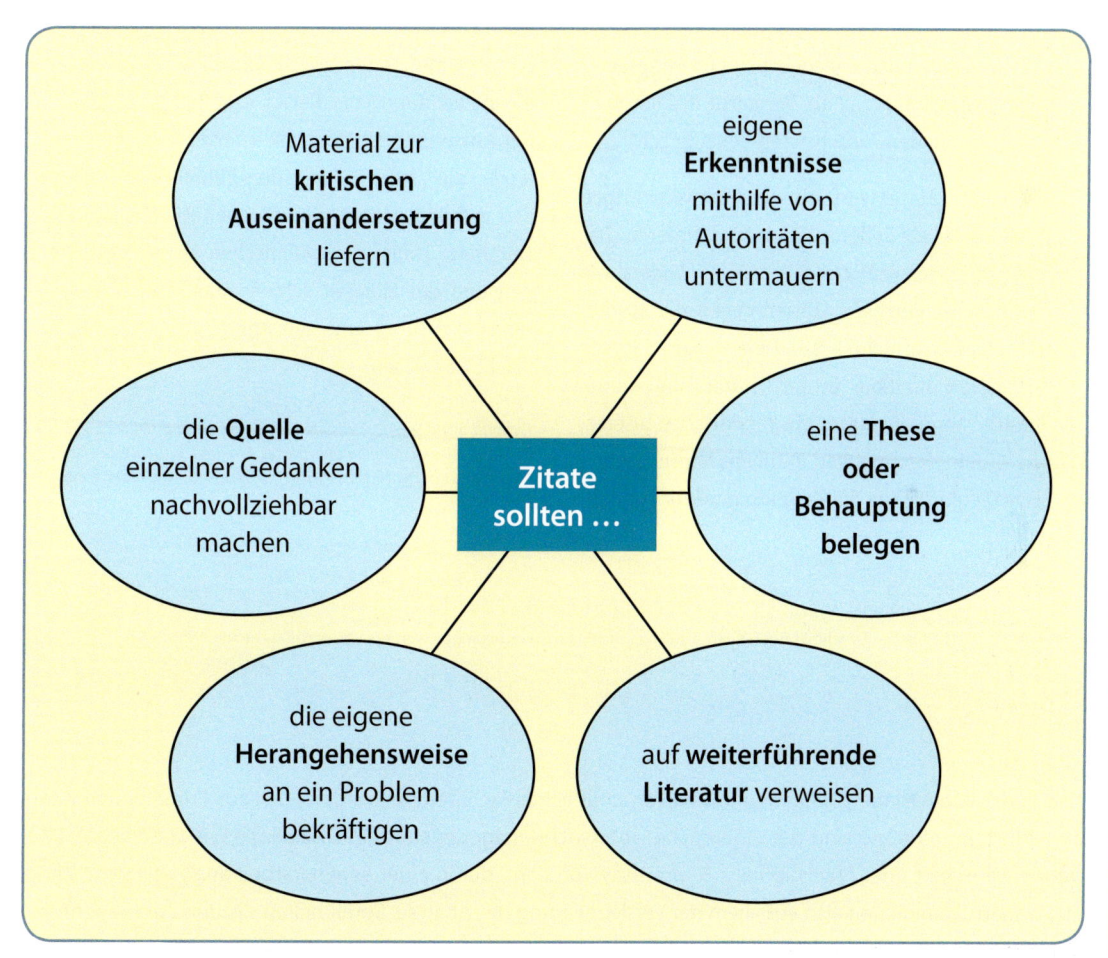

Zitate sollten …
- Material zur **kritischen Auseinandersetzung** liefern
- eigene **Erkenntnisse** mithilfe von Autoritäten untermauern
- die **Quelle** einzelner Gedanken nachvollziehbar machen
- eine **These** oder **Behauptung** belegen
- die eigene **Herangehensweise** an ein Problem bekräftigen
- auf **weiterführende Literatur** verweisen

Abb. 12: Zitate und ihre Funktionen

11. Lesen Sie den nachstehenden Text und diskutieren Sie, welche Funktion das jeweilige Zitat erfüllt!

Es ging während des Dreißigjährigen Krieges nicht nur um nationale Interessen und die Verteilung der Macht im Reich, sondern auch um religiöse Selbstbestimmung. Militärische Antagonisten wie die katholische Liga und die protestantische Union waren konfessionelle Bünde, fast jede Kriegsintervention erfolgte mit Berufung auf den Glauben.

> Religion war sowohl die stärkste Legitimationsbasis für den universalen Herrschaftsanspruch auf katholischer [...] wie auf protestantischer [...] Seite, als auch das wirksamste Mobilisierungsmittel für das Volk, vor allem für die in die Defensive getriebenen Protestanten, die in Habsburg [...] die Vormacht des Katholizismus, ja den Antichristen bekämpften[41].

Trotzdem wäre es verfehlt, den Dreißigjährigen Krieg primär als Religionskrieg zu definieren. Das französisch-schwedische Bündnis, der Widerstand katholischer Reichsterritorien gegen die absolutistischen Ansprüche des Kaisers zeigen, dass die Konfession durchaus in den Hintergrund treten konnte, wenn es darum ging, politische Interessen durchzusetzen. Van Dülmens Einschätzung „Zentral ging es um die Verteilung weltlicher politisch-ökonomischer Macht in Mitteleuropa"[42] dürfte zutreffend sein.

Der Ausbruch des Dreißigjährigen Krieges wird allgemein mit dem Beginn des böhmischen Aufstands gleichgesetzt[43]. Die seit einigen Jahren dauernde rechtliche Unsicherheit in Bezug auf das Machtverhältnis zwischen den mehrheitlich evangelischen Ständen und der katholischen Landesherrschaft in den östlichen Erblanden der Habsburger führte 1618 in Böhmen zur Bildung eines Landtags und der Aufstellung einer eigenen Armee. Kurz vorher war durch den „Prager Fenstersturz", Opfer waren zwei kaiserliche Statthalter, die Abwendung vom Kaiser signalisiert worden. Der Aufruhr ergriff auch die österreichischen Erblande, die sich 1619 mit den böhmischen Ständen verbündeten. In der Zwischenzeit war Kaiser Matthias, Träger der böhmischen Krone, gestorben und der Moment schien günstig, das Haus Habsburg durch eine selbstgewählte Herrschermacht abzulösen.

Tschopp, Silvia Serena. Heilsgeschichtliche Deutungsmuster in der Publizistik des Dreißigjährigen Krieges. Pro- und antischwedische Propaganda in Deutschland 1628-1635. Frankfurt am Main: Lang 1991, S. 14 f.

---

[41] Van Dülmen, 1982, S. 400
[42] Van Dülmen, 1982, S. 401
[43] Auf die Vorgeschichte des Dreißigjährigen Krieges soll hier nicht näher eingegangen werden. Vgl. dazu Schormann, 1985, S. 9 ff.

Zitate aus Primärliteratur

Neben der Wiedergabe von Stellen aus wissenschaftlicher Fachliteratur werden auch aus Primärtexten Zitate angeführt. Primärtexte sind der eigentliche Untersuchungsgegenstand in Disziplinen wie Geschichte, Literaturwissenschaft oder Philosophie, z. B. ein Essay von Kant, der in einer Seminararbeit analysiert wird. Zitate aus Primärtexten dienen also vor allem der Verdeutlichung der Analyse. Somit helfen sie, den Zusammenhang mit der Quelle oder dem Ausgangstext zu wahren, sind also für eine fundierte Auseinandersetzung mit einem Gegenstand von großer Bedeutung. Ein Verfasser kommt damit seiner Quellenpflicht nach. Es werden aber nur erhebliche Sachverhalte oder Aussagen zitiert.

Sinngemäßes und wörtliches Zitieren von Primär- und Sekundärquellen

Bezugnahme auf fremde Quellen

Sinngemäßes Zitat

Häufig beim Bezug auf längere Gedankenkomplexe: Die Aussage wird in eigenen Worten zusammengefasst, der Sinn beibehalten. Am Ende der Ausführung genügt der Verweis auf den Text mit angefügten Formulierungen wie „Siehe hierzu …", „Vergleiche hierzu …".

Wörtliches Zitat

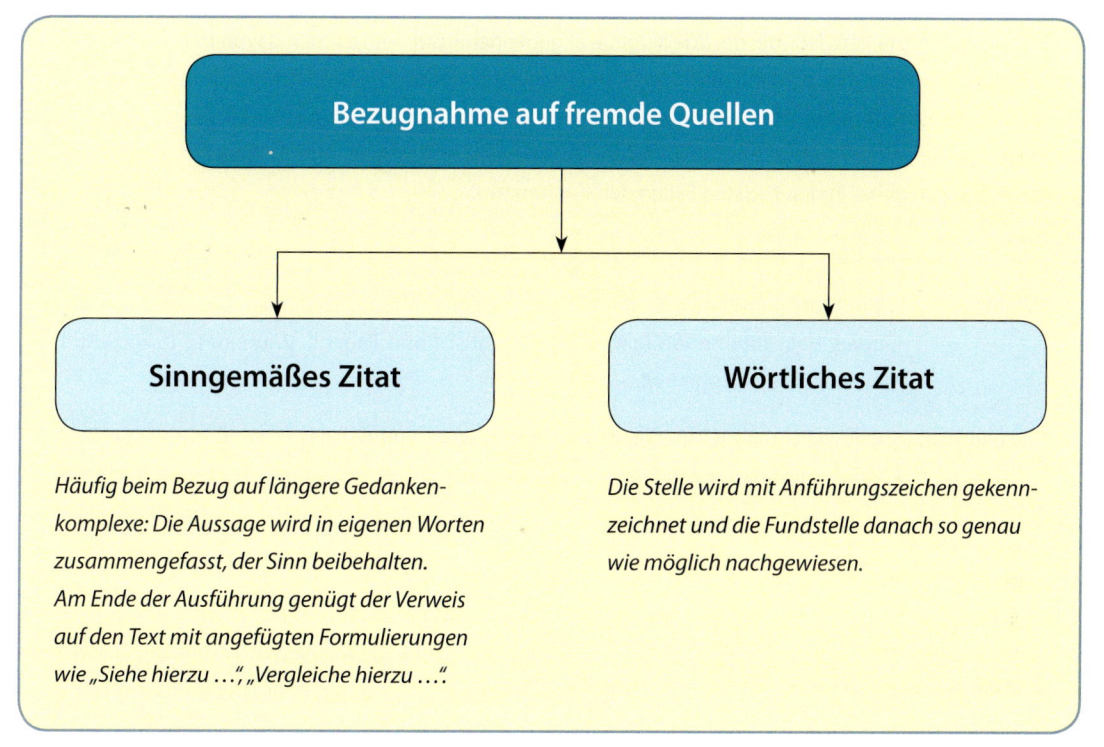

Die Stelle wird mit Anführungszeichen gekennzeichnet und die Fundstelle danach so genau wie möglich nachgewiesen.

Abb. 13: Möglichkeiten des Zitierens

Grundsätze des Zitierens

- Historische Daten und Fakten (z. B. Lebensdaten von Picasso) bzw. allgemeine Fachbegriffe und Aussagen (z. B. „Die Erde kreist um die Sonne.") müssen nicht zitiert werden.
- Zitieren sollte kein ästhetisches Prinzip sein, sondern Ihre Gedanken weiterentwickeln helfen. Wörtliche Zitate aus Sekundärliteratur sollten Sie gezielt einsetzen, wenn die Textstelle von besonderem Gewicht ist und Ihre Gedanken exakt auf den Punkt bringt. Andernfalls greifen Sie besser auf sinngemäße Zitate zurück, da diese Ihr eigenes Verständnis erkennen lassen.
- Besonders wichtige Auszüge aus Primärliteratur, die Sie in Ihrer Arbeit analysieren und interpretieren (z. B. Auszug aus einem Drama von Shakespeare), sollten Sie wörtlich und in Originalsprache zitieren, soweit der Umfang Ihrer Arbeit dies zulässt. Generell gelten bei Primärtexten die gleichen Grundsätze wie bei Sekundärtexten.
- Zitate dürfen nicht durch starke Kürzungen verfälscht werden. Der Leser muss, ohne die Originaltextstelle zu kennen, das Zitat verstehen können.
- Zitate dürfen nicht aus dem Zusammenhang des Fremdtextes gerissen oder in einen anderen Kontext gestellt werden.
- Zitate dürfen nicht aus unseriösen Quellen stammen, z. B. sind Zitate aus Wikipedia wissenschaftlich nicht anerkannt.

Grundlegende formale Regeln beim Zitieren

Beim indirekten oder sinngemäßen Zitieren muss auf den korrekten **Modus** geachtet werden, wenn man in der indirekten Rede formuliert. Nur bei der Wiedergabe allgemeiner Positionen ist man davon befreit. Daraus kann aber auch gefolgert werden, dass mit dem Setzen des jeweiligen Modus eine bestimmte Haltung zu der zitierten Aussage zum Ausdruck gebracht wird. Konjunktiv II hat eine zweifelnde Wirkung, der Indikativ hingegen drückt aus, dass man sich einer Aussage anschließt oder sie als bewiesen akzeptiert. Um Aussagen neutral wiederzugeben, wählt man daher in den meisten Fällen den Konjunktiv I.

> **Original:** „Dem Titanen Prometheus gleich, liegt Faust im Kräfteringen mit der Gottheit."
> (Sudau, Ralf. Johann Wolfgang Goethe. Faust I und Faust II. 2. überarb. u. korr. Aufl. München: Oldenburg 1998, S. 65)
>
> **Beispielzitat:** Sudau weist darauf hin, dass man Fausts Haltung mit der des Prometheus vergleichen könne (vgl. Sudau, 1998, S. 65).

Die für die Darstellung der indirekten Rede gewählten redeeinleitenden Verben, z. B. *nachweisen, belegen, berichten, informieren, hinweisen, betonen, behaupten, kommentieren, relativieren, warnen, kritisieren, erörtern, auseinandersetzen* etc., zeigen überdies, welche Bedeutung Sie der jeweiligen Aussage beimessen. Leiten Sie die indirekte Rede daher immer mit Bedacht ein! Beim **wörtlichen Zitieren** sind zudem folgende Standards unbedingt zu beachten:

Einbinden in die Gedankengänge

Längere wörtliche Passagen können durch einen Absatz und ein anderes, z. B. kursives Schriftbild kenntlich gemacht werden. Meist werden längere Zitate auch eingerückt und mit einzeiligem Zeilenabstand gesetzt.
Kürzere Zitate werden möglichst in die Gedankengänge der Ausführungen übernommen, d. h. auch in deren Satzbau integriert. Dabei kann es vorkommen, dass Veränderungen im Original nötig werden, um die grammatische Richtigkeit zu wahren. Alle Änderungen muss man als Verfasser kennzeichnen.
→ Auslassungen werden mit Punkten [...] in einer eckigen Klammer dargestellt.
→ Grammatische Veränderung[en], z. B. Hinzufügungen von Buchstaben oder von Wörtern zur Aufrechterhaltung des Satzbaus, kommen ebenfalls in eckige Klammern.

> **Original:** „Faust verzweifelt an der Unmöglichkeit einer Heil stiftenden Erkenntnis und an dem der Natur um und in sich entfremdeten Dasein. So weit ist er Opfer seiner wachen Sinne und seines geschärften Verstandes, die ihm sagen, was er leidet. Doch Faust ist zugleich Täter, der seine Lebenskrise selbst mit heraufbeschwört." (Sudau, 1998, S. 64)
>
> **Beispielzitate:**
> - Sudau stellt fest, dass „Faust [...] an der Unmöglichkeit einer Heil stiftenden Erkenntnis und an dem der Natur um und in sich entfremdeten Dasein [verzweifelt]". (Sudau, 1998, S. 64)
> - Faust ist also „Opfer seiner wachen Sinne und seines geschärften Verstandes [...]. Doch Faust ist zugleich Täter, der seine Lebenskrise selbst mit heraufbeschwört". (Sudau, 1998, S. 64)

Beibehalten des Originaltextes

Das Original muss in all seinen Besonderheiten abgedruckt werden, so auch Markierungen oder Hervorhebungen, z. B. kursive Schreibweise, die ebenso im direkten Zitat wiedergegeben werden muss. Auch Abweichungen von der gängigen Rechtschreibung können beibehalten werden.

→ Diese können, um darauf hinzuweisen, dass sie nicht von einem selbst stammen, mit „sic!" (lat. für „so vorgefunden") gekennzeichnet werden.

> **Original:** Faust ist ein Werk der detuschen Literatur, das jeder Schüler in der Oberstufe liest.
>
> **Beispielzitat:** „Faust ist ein Werk der detuschen (sic!) Literatur, das jeder Schüler in der Oberstufe liest."

Anmerkungen des Verfassers der Seminararbeit

Greift der Verfasser der Seminararbeit klärend in den Originaltext ein, muss dies deutlich gemacht werden durch Kennzeichnung in Klammern, so z. B. Hervorhebungen wie Fettdruck.

→ Dargestellt wird dies durch „(Hervorhebung vom Verf.)" oder „(Anm. d. Verf.)" bei Anmerkungen.

> **Original:** „Zu groß ist sein Glaube, seine Sehnsucht nach dem Heil der Weltordnung." (Sudau, 1998, S. 64)
>
> **Beispielzitat:** „Zu groß ist sein [gemeint ist hier Goethe, Anm. d. Verf.] Glaube, seine Sehnsucht nach dem Heil der Weltordnung." (Sudau, 1998, S. 64)

Fremdsprachliche Zitate

Zitate in anderen Sprachen können auch in einer auf Deutsch abgefassten Arbeit in der Fremdsprache übernommen werden, wenn man davon ausgehen kann, dass der Leser dieser Sprache kundig ist. In den meisten Arbeiten wird dies die englische Sprache sein. Fremdsprachliche Zitate anderer Sprachen sollten in Übersetzungen zugänglich gemacht werden, die in der Fußnote eingebracht werden können. Bei Arbeiten, die komplett in der Fremdsprache abgefasst werden, ist eine Übersetzung dagegen nicht erforderlich. Im Wesentlichen gelten hier dieselben Regeln wie im Deutschen. Wichtig ist, dass man beim Einfügen wörtlicher Zitate besonders auf den richtigen Satzbau und korrekte Grammatik achtet.

Zitate in Originaltexten

Befindet sich im wiederzugebenden Text bereits ein Zitat, wird dieses systematisch durch halbe Anführungszeichen („...') gekennzeichnet.

Anführungsstriche in wissenschaftspropädeutischen Texten

Anführungsstriche dürfen nicht dazu verwendet werden, ein Wort besonders hervorzuheben, wenn mit wörtlichen Zitaten gearbeitet wird. Sie müssen dann eine andere Art der Betonung finden, z. B. Kursivschreibung. Um Unklarheiten ganz sicher zu umgehen, erklären Sie die nötige Hervorhebung am besten mit Worten.

Fußnoten und andere Quellenangaben

Grundsätzlich gilt, dass gewährleistet sein muss, dass jede Textstelle wieder auffindbar ist – und dass ein einheitliches Vorgehen vorliegt, das möglichst in dem Fachgebiet Ihrer Seminararbeit anerkannt wird (siehe dazu auch das Kapitel „Seminararbeit: Bibliografieren"). Für jedes sinngemäße oder wörtliche Zitat muss die Fundstelle angegeben werden. Dies kann zum einen in einer Fußnote erfolgen, die nach dem Zitat hochgestellt eingefügt wird. In der Fußzeile selbst erscheint die Fundstelle mit der Seitenangabe.

Daneben wird der sogenannte **„Harvard-Beleg"** sehr häufig verwendet. Nach der ersten vollständigen Nennung in der Fußzeile wird nach dem jeweiligen Zitat nur noch ein Kurztitel in Klammern notiert, bestehend aus Autorennachname, Erscheinungsjahr und Seitenangabe (Beispiel: Sudau, 1998, S. 65). Der Harvard-Beleg wird in den Haupttext integriert. Dies hat den Vorteil, dass nicht jedes Mal die lange Nennung aller Elemente wiederholt werden muss, der Beleg aber dennoch eindeutig zugeordnet werden kann. Im Literaturverzeichnis muss die vollständige Nennung erfolgen.

Daneben gibt es auch Fächer, die im fließenden Text nur mit einer Zahl in Klammern auf die Liste des durchnummerierten Literaturverzeichnisses verweisen. Die in Klammern gesetzte (7) würde also auf die siebte Angabe verweisen.

> **12.** Verschaffen Sie sich einen Überblick über wissenschaftliche Literatur Ihres Faches und prüfen Sie, wie Fundstellen im Text dargestellt werden!

Exkurs: Urheberrecht

Im Zusammenhang mit diesem Seminar und insbesondere bei der Anfertigung der Seminararbeit spielt das **Urheberrecht** eine wichtige Rolle. Ganz gleich, ob Sie im Internet surfen, Fernsehsendungen oder Videos mitschneiden, Bilder von Personen oder neuen Gebäuden veröffentlichen, einen Blog oder eine MySpace-Seite haben, einen Artikel bzw. Aufsatz in der Bibliothek kopieren oder Computerspiele nutzen – stets ist das Urheberrecht tangiert. Aus diesem Grund sollten Sie zumindest einige Bestimmungen des Urheberrechts kennen, um zu wissen, was oder was nicht gemacht werden darf. Abb. 14 gibt einen Überblick über wesentliche Bestimmungen des Urheberrechts und des Copyrights.

Urheberrecht und Copyright
Vergleich zweier ungleicher Brüder

Urheberrecht	Tradition	Copyright
Schützt die geistigen und wirtschaftlichen Interessen des Autors; Werk ist untrennbarer Teil der Autorenperson	Ansatz	Schützt die wirtschaftlichen Interessen der Verleger; soll öffentliches Wohl durch wirtschaftlichen Anreiz fördern
Verzicht auf Urheberrecht ist unmöglich; Recht geht durch Tod des Autors auf Erben über; Urheber kann nur Nutzungsrechte einräumen	Übertragbarkeit	Verzicht auf Copyright ist möglich (Werk fällt dann in Public Domain); kann vom Autor vollständig übertragen und vom Empfänger weiterübertragen werden
Zitate: Teile eines Werks dürfen unter Hinweis auf Autor und Beachtung weiterer Regelungen verwendet werden **Privatkopie:** Vervielfältigung für private Zwecke ist in festgelegtem Umfang erlaubt **Bildung & Forschung:** Werk kann ohne Zustimmung des Autors einem abgrenzbaren Personenkreis für Forschung und Bildung zugänglich gemacht werden	Beschränkungen	**Fair use (USA):** „angemessene Verwendung" geschützter Werke (für Bildung, als Anregung neuer Werke) ist ohne Zustimmung des Rechteinhabers erlaubt **First sale doctrine (USA):** Einmal im Warenverkehr befindliche Werke können ohne Zustimmung weiterverkauft werden **Fair dealing (Commonwealth):** erlaubt Erstellung weniger Kopien ohne Zustimmung für privates Studium, Rezensionen, Kritik, Berichterstattung
Deutschland & Frankreich: 70 Jahre nach Tod des Autors	Schutzdauer	**USA:** 70/95 Jahre nach Tod des Autors **GB:** 70 Jahre nach Tod des Autors
U.a. Deutschland, Frankreich, Schweiz, Österreich, Niederlande, teilw. EU-Recht	Verbreitung	U.a. USA, Großbritannien, Commonwealth

Beim Schutz geistiger Schöpfungen gibt es weltweit zwei Rechtstraditionen, die sich in vielen Punkten unterscheiden: das kontinentaleuropäische Urheberrecht bzw. droit d'auteur, und das angloamerikanische des Copyright.

(cc) BY-NC-ND   bpb: 2007 Bundeszentrale für politische Bildung

Abb. 14: Urheberrecht und Copyright

Das Urheberrecht dient primär dazu, die wirtschaftlichen Interessen des Urhebers zu schützen; dieser soll für sein geistiges Eigentum einen gerechten Lohn erhalten. In Abb. 15 ist am traditionellen Beispiel von Druckwerken der damit verbundene Kreislauf dargestellt. Digitale Medien wie Computer oder Internet haben das am Buchdruck orientierte Urheberrecht revolutioniert, sodass eine Anpassung an die Bedürfnisse von Gegenwart und Zukunft erforderlich war. Das Urheberrechtsgesetz (UrhG) von 1965 wurde durch den sogenannten ersten Korb (Erstes Gesetz zur Regelung des Urheberrechts) im Jahr 2003 und durch den zweiten Korb im Jahr vom 1. Januar 2008 an moderne Entwicklungen angepasst. Denn 1965 gab es beispielsweise noch kein Internet, es bestand keine Notwendigkeit, Online-Nutzungen von Musik oder den digitalen Kopienversand zu regeln. Bei den Diskussionen um Neuregelungen geht es vor allem um den alltäglichen Umgang mit geschützten Werken wie Filme, Musikstücke oder Radio- und Fernsehsendungen für private Zwecke.

Die sogenannten „Privatkopieschranke" erlaubt allerhand Nutzungen für private Zwecke, wie etwa Sendungen aufzuzeichnen, CDs zu brennen, einen Text aus dem Internet herunterzuladen, Bei-
5 träge aus Büchern in der Bibliothek zu kopieren und vieles mehr. Der Gesetzgeber hat sich nach langen Debatten letztlich nicht dafür entschieden, die digitale Privatkopie massiv einzuschränken oder gar abzuschaffen. Denn die Privatkopieregelung bringt den Inhabern von Urheber- und 10 Nutzungsrechten Geld über die sogenannte Kopiervergütung.

Bundeszentrale für politische Bildung. „Zweiter Korb". 17.06.2009. www.bpb.de/themen/SY4WRG.0.Zweiter_Korb.html

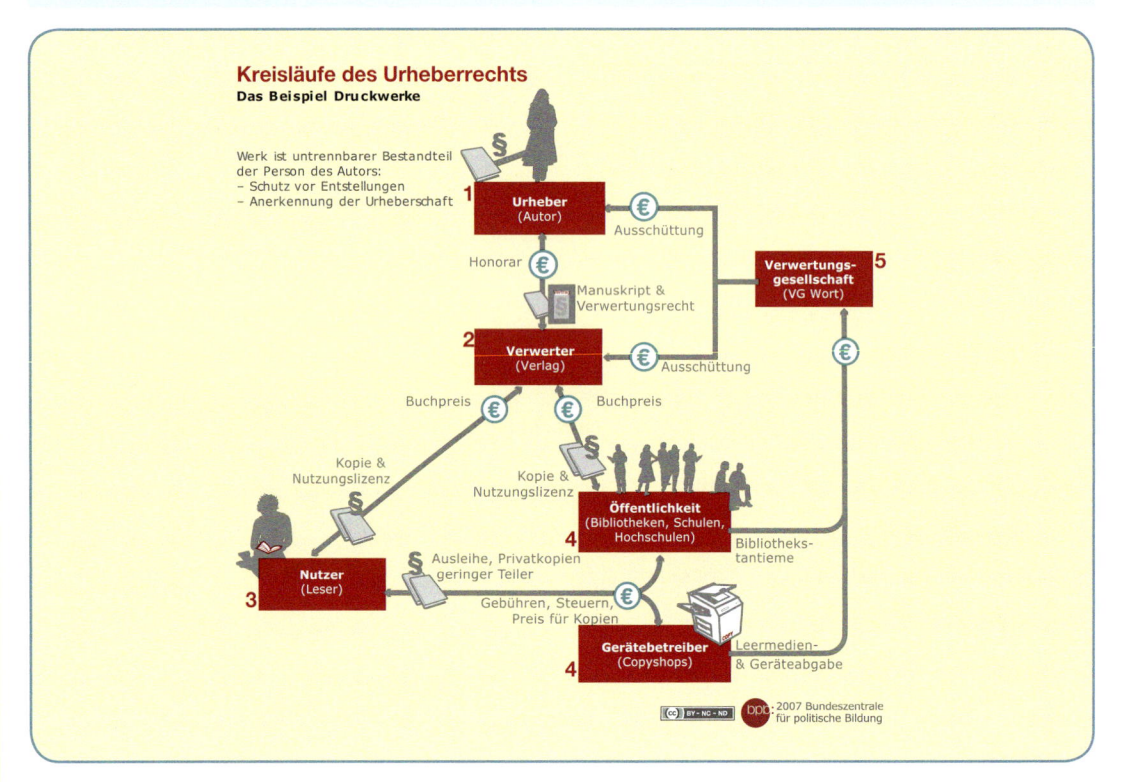

Abb. 15: Kreisläufe des Urheberrechts. Das Beispiel Druckwerke

13. Erläutern Sie anhand der Abb. 15 die Kreisläufe des Urheberrechts!
14. Welche Formalien müssen Sie in Ihrer Seminararbeit erfüllen, damit Sie unter Berücksichtigung urheberrechtlicher Bestimmungen digitale Medien einbeziehen können?
15. Suchen Sie nach geeigneten Möglichkeiten, Ihre Seminararbeit zu veröffentlichen! Wägen Sie dabei die Vor- und Nachteile einzelner Möglichkeiten ab! Für welche Möglichkeit würden Sie sich entscheiden? Begründen Sie Ihre Entscheidung!
16. Wählen Sie in Teamarbeit einen der folgenden Aspekte zum Thema Urheberrecht aus und bereiten Sie ein Kurzreferat dazu vor, das Sie im Seminarkurs präsentieren! Informieren Sie sich dazu u. a. auf der Internetseite der Bundeszentrale für politische Bildung (www.bpb.de, Zugang über „Themen" → „Medien" → „Urheberrecht")!
    - Geschichte des Urheberrechts
    - Urheberrecht im Alltag
    - Urheberrecht in Zahlen
    - Urheberrecht international

Seminararbeit: Fertigstellung

1. Layout

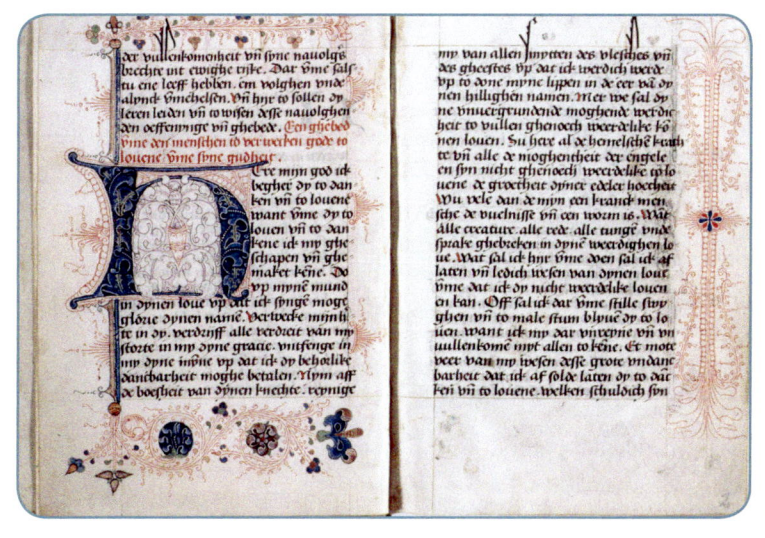

Abb. 1: Seit Anbeginn des Buches wurde Wert auf die äußere Form gelegt.

Grundsätze für die äußere Form

Die formale Gestalt wissenschaftlicher Arbeiten ist durch bestimmte Standards festgelegt, die eine gewisse Gleichartigkeit aller Veröffentlichungen sichern und damit verhindern, dass der Leser sich in jeder Arbeit neu zurechtfinden muss. Prinzipiell sollte ein Vorgehen durchgängig beibehalten werden. Eine korrekte Form stellt in einer Seminararbeit meist sogar ein Bewertungskriterium dar. Bei allen Vorgaben sollte immer darauf geachtet werden, dass die Informationen auf einer Seite gut zu erfassen sind. Zu verkünstelte Schriftarten oder originelle Hervorhebungen sind daher zu vermeiden.

Grundsätzlich gilt, dass das Layout am günstigsten **nach** dem eigentlichen Schreibprozess stattfinden sollte. Wird die gesamte Arbeit schon am Anfang gestaltet, besteht die Gefahr, viel Zeit unnötig zu investieren, wenn z. B. am Ende angesichts des gesamten Textes festgestellt wird, dass andere Hervorhebungen oder Absatzregelungen sinnvoller gewesen wären.

Einige **Basisbausteine** können bereits am Anfang im Seitenlayout festgelegt werden.

Die wichtigsten formalen Kriterien im fortlaufenden Text

↓

Durchgängige EINHEITLICHKEIT

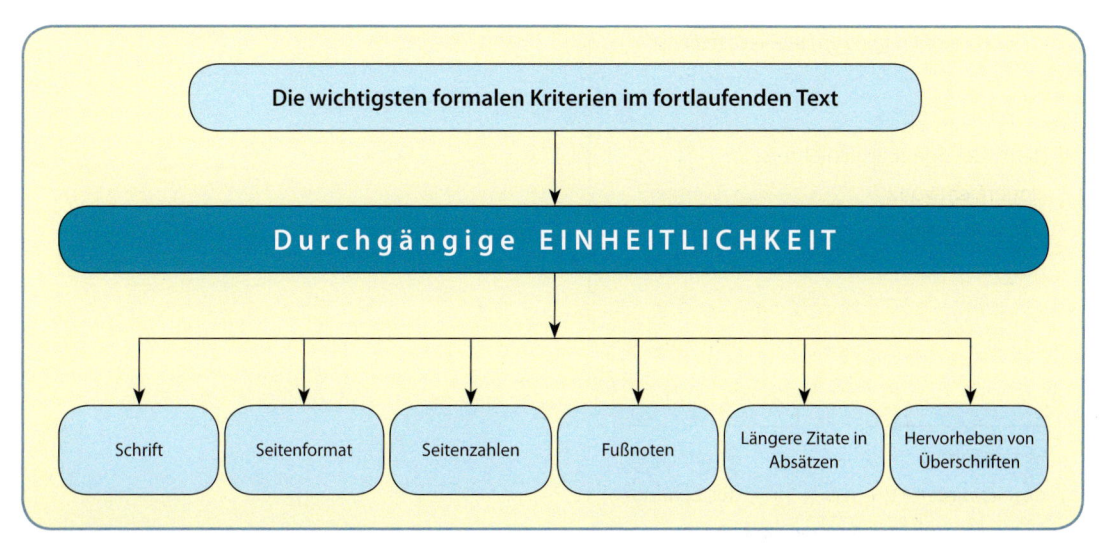

- Schrift
- Seitenformat
- Seitenzahlen
- Fußnoten
- Längere Zitate in Absätzen
- Hervorheben von Überschriften

Abb. 2: Basisbausteine beim Seitenlayout

1. Vergleichen Sie Werke mit unterschiedlicher Handhabung der Fußnoten! Welche Alternative scheint Ihnen die sinnvollste Lösung zu sein?
2. Legen Sie im Kurs ein sinnvolles Format fest, das die in Abb. 2 dargestellten Kriterien berücksichtigt!

Das Titelblatt

Im 18. Jahrhundert wurden bei wissenschaftlichen Abhandlungen noch Titelseiten gestaltet, denen künstlerische Schmucktitelblätter, sogenannte Frontispize vorangestellt waren. Solchermaßen kreativ muss das Titelblatt einer Seminararbeit nicht gestaltet sein. Es ist jedoch ein wichtiger Bestandteil der Arbeit, der bestimmte wesentliche Aspekte darstellen und einige Vorgaben beachten muss. Die Anordnung und die Vorgaben über das Layout werden an unterschiedlichen Schulen in unterschiedlicher Weise gehandhabt.

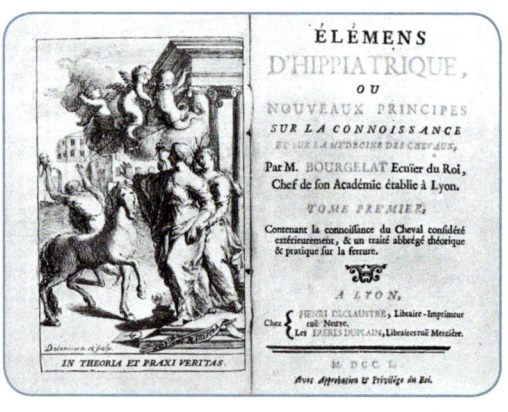

Abb. 3: Frontispiz und Titel des ersten Bandes der Élémens d'hippiatrique, Lyon 1750, einer Abhandlung über die Pferdeheilkunst.

Checkliste: Angaben auf einem Titelblatt
- ✓ Name der Schule
- ✓ Schuljahr, Seminarkurs, Fach
- ✓ Titel/ggf. Untertitel der Arbeit
- ✓ Name des Verfassers
- ✓ Name des betreuenden Lehrers
- ✓ Datum der Abgabe

Name des Gymnasiums   Schuljahr:

Seminararbeit
aus dem W-Seminar
Literaturverfilmungen (Deutsch)

Die Unterschiede
bei Literaturverfilmungen
für Fernsehen und Kino:
Jane Austens „Stolz und Vorurteil"
als Kinofilm und Fernseh-Sechsteiler

Name des Seminarfachlehrers:
Eingereicht von:
Datum der Abgabe:
Note:

_____   _____
Unterschrift   Unterschrift
des Schülers   des Lehrers

Abb. 4: Beispiel für das Titelblatt einer Seminararbeit

2. Redaktion

Wenn alle formalen und inhaltlichen Vorbereitungen abgeschlossen sind, folgt als nächster zentraler Schritt das Schreiben der Arbeit. Dabei sollten Sie auch genügend Zeit für eine inhaltliche, sprachliche und formale Prüfung des Rohtextes einplanen.

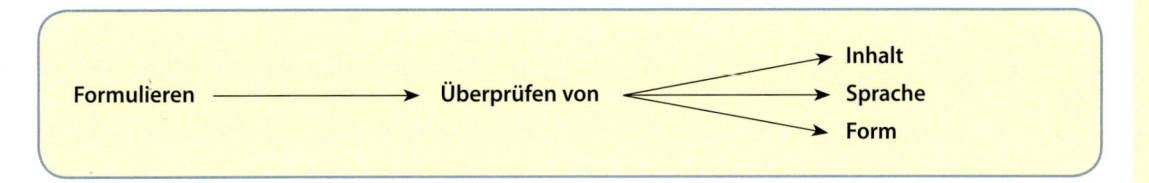

Formulieren → Überprüfen von → Inhalt / Sprache / Form

Formulieren von Texten

Die Verständlichkeit einer Seminararbeit ist abhängig vom Stil, argumentativen Aufbau und von der Sprache. In folgender Übersicht werden knapp einige Einzelheiten dargestellt, auf die schon beim Formulieren geachtet werden sollte. Beim abschließenden Korrekturlesen sollten Sie prüfen, ob Sie sich an diese Regeln gehalten haben.

Einfachheit
- Verzicht auf Nebensächliches
- Nutzen von Anmerkungen oder Exkursen
- Nutzen von Visualisierungen, z. B. Einbeziehen von Grafiken, Tabellen, Diagrammen

Ordnung
- Folgerichtigkeit der Erläuterungen
- Sinngemäße Absätze
- Zusammenfassungen am Ende eines argumentativen Gedankengangs
- Verwenden von verknüpfenden Konjunktionen und Adverbien

Verständlichkeit wissenschaftlicher Texte

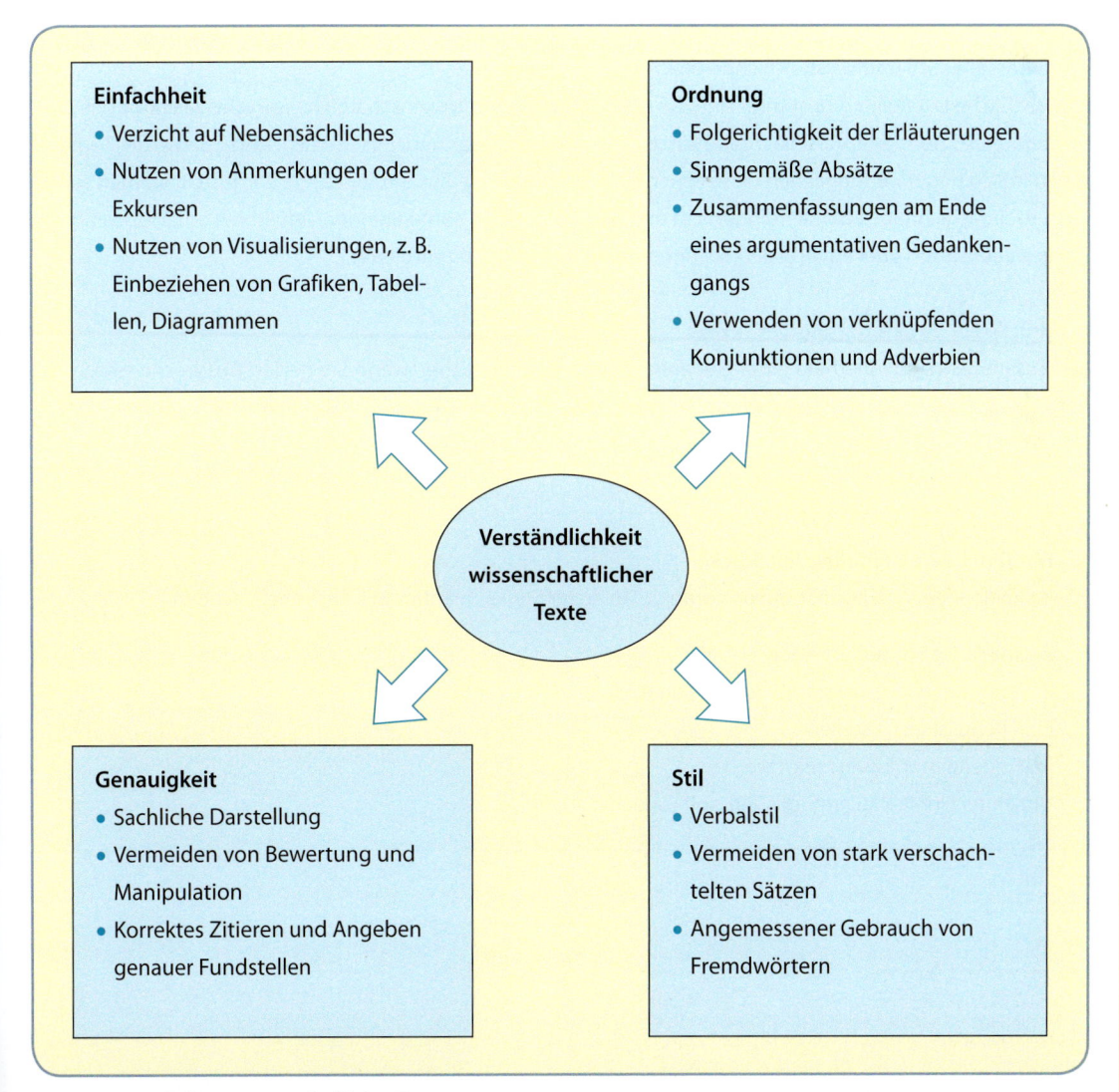

Genauigkeit
- Sachliche Darstellung
- Vermeiden von Bewertung und Manipulation
- Korrektes Zitieren und Angeben genauer Fundstellen

Stil
- Verbalstil
- Vermeiden von stark verschachtelten Sätzen
- Angemessener Gebrauch von Fremdwörtern

Abb. 5: Verständlichkeit wissenschaftlicher Texte

Einfachheit durch formale Mittel

Eine gut geschriebene Seminararbeit stellt den Inhalt verständlich dar. Dazu gehört, dass man Gedankengänge nicht durch Nebensächlichkeiten ausdehnt, die die eigentlichen Aussagen untergehen lassen. Nutzen Sie gezielt formale Mittel, um den Argumentationsgang hervorzuheben und ihn von sekundären Erläuterungen freizuhalten. Um die Argumentation im fließenden Text nicht zu behindern, können Hinweise, Erläuterungen oder weitere Beispiele als Anmerkungen in Fußnoten stehen. Auch Abbildungen helfen, Aussagen strukturiert darzustellen. Sie bieten eine weitere Erklärungsmöglichkeit neben der sprachlichen Darstellung. Erläutern Sie jedoch Tabellen, Diagramme und Grafiken immer auch mit Worten.

Argumentativer Aufbau als Ordnungsprinzip

Sie haben Ihre Ausführungen nach den Prinzipien des Argumentierens und Aufbauens entwickelt (siehe auch Kapitel „Seminararbeit: Aufbau"). Ein Gedankengang darf nicht abbrechen, bevor er nicht seinen logischen Schluss erreicht hat. Es hilft, sich vor dem Formulieren einen Plan zu skizzieren, nach dem man vorgeht. Um vor der Abgabe der Arbeit die Nachvollziehbarkeit Ihrer Gedankengänge zu prüfen, sollten Sie Ihre Arbeit unbedingt noch einmal kritisch lesen und dabei besonders auf eventuelle logische Brüche in der Gedankenführung achten.

Angemessener Stil und verständliche Sprache

Eine sachliche Darstellung bestimmt den Stil der Seminararbeit. Wissenschaftliche Sprache zeichnet sich aber nicht durch komplizierte, verschachtelte Sätze aus, sondern ist klar und verständlich. Kurze Sätze, die Kernaussagen in sich tragen, ermöglichen dieses eher. Sobald komplexere Zusammenhänge dargestellt werden sollen, reichen einfache Hauptsätze allerdings nicht mehr aus. Nutzen Sie Konjunktionen, Adverbien und Präpositionen, um in Nebensätzen oder adverbialen Bestimmungen logisch zu akzentuieren.

Ausdrücke zur Strukturierung des Textes

Der Zusammenhang innerhalb eines Gedankengangs wird deutlicher, wenn Sie gezielt Ausdrücke setzen, die dem Leser zeigen, wie Sie die jeweilige Aussage innerhalb Ihrer Argumentation einordnen. Mithilfe der folgenden (nicht vollständigen) Liste strukturieren Sie Ihre Gedankenabfolge.

> **Hinführende/einleitende Ausdrücke**
> Im Folgenden, … zunächst, zuvor, vorab, … an erster Stelle, … anfangs, bevor, ehe, nachdem …
>
> **Beispiele für Formulierungen:**
> Bevor … genauer analysiert wird, soll zunächst …
> Einleitend ist festzustellen …
> Im Folgenden soll aufgezeigt werden …
> Um einen Einblick zu ermöglichen, soll zunächst …

Überleitende Ausdrücke

- allgemeine Überleitungen: weiterhin, überdies, zudem, nicht nur … sondern auch, auch, daran anschließend, darauf aufbauend, ferner …
- Ausdrücke für Gründe/Ursachen: weil, da, daher, aufgrund, wegen, durch, aus diesem Grund …
- Ausdrücke für Gegensätze/Bedingungen: einerseits … andererseits, während, hingegen, sondern, jedoch, aber, obwohl, gleichwohl, zwar …
- Ausdrücke für Zweck/Folgen: damit, infolge, sodass, um … zu, zwecks …

Beispiele für Formulierungen:

Ein weiterer Aspekt … betrifft/ liegt in

Aus diesem Grund wird diese Frage …/ Aufgrund der Aktualität …

Einerseits ist festzustellen, dass … Andererseits ist jedoch zu beobachten …

Darauf aufbauend kann man …/ Näher zu untersuchen ist …

Um dieses Phänomen näher zu beschreiben, muss man …

In diesem Zusammenhang muss man sehen/ ist darauf hinzuweisen …

Während dieser Aspekt ein Beispiel für … darstellt, …

Dennoch ist zu betonen, dass …

Abschließende Ausdrücke

Folglich, schließlich, endlich, also, so, somit, kurz gefasst, zusammenfassend, abschließend

Beispiele für Formulierungen:

Hieraus resultiert …/ Die Konsequenz ist …

Hieraus lässt sich schließen …/ schlussfolgern …

Ein Ergebnis, das sich …/ Ein logischer Schluss, der sich hieraus ergibt, ist …

3. Untersuchen Sie den Bedeutungsunterschied, der sich in dem folgenden Beispiel durch das Ersetzen des Wortes „also" durch die angegeben Alternativen ergibt! Überlegen Sie, an welcher Stelle der Argumentation der Satz jeweils stehen müsste!

Beispiel (Originalstelle aus einer Interpretation zu Goethes Faust, Sudau, 1998, S. 51):

„Der Prolog (sic!) charakterisiert Mephisto also als ein Werkzeug Gottes […] des Menschen."

zum einen

zudem

letztlich

Typische Schwierigkeiten

• Verwenden vieler Fremdwörter

Sie sollten zwar Fachbegriffe nutzen, jedoch nicht durch absichtlich eingebaute Fremdwörter zu glänzen versuchen. Zudem liegt in einem solchen Vorgehen die Gefahr, die Fremdwörter falsch zu verwenden. Finden Sie den Ausdruck, der am präzisesten das ausdrücken kann, was Sie sagen wollen.

- **Nominalstil**

Nominalstil nennt man den Stil, der Nomen ohne Verben und aussagekräftige Konjunktionen aneinanderstellt. Dieser Stil ist für das Inhaltsverzeichnis angemessen, den Haupttext sollten Sie besser mithilfe aussagekräftiger Verben formulieren. Im Nominalstil verfasste Sätze wirken schwerfällig und können zudem zu Verständnisproblemen führen, da die Zusammenhänge nicht durch Verben oder Konjunktionen geklärt werden. Lösen Sie unnötige Substantivierungen daher auf!

> **Nicht:** Jemand beschäftigt sich mit der Archivierung von Informationen.
> Die Verdeutlichung durch Beispiele zeigt ...
> **Sondern:** Jemand archiviert Informationen.
> Beispiele verdeutlichen ...
>
> **Beispiel im Textzusammenhang:**
> **Nicht:** „Zur Vermeidung der Erschaffung einer blutleeren Konstruktion anstelle einer Dramenfigur mit poetischer Wirkung kam es zur Ausstattung Mephistos mit indirekten, poetischen Zügen durch Goethe."
> **Sondern:** „Dennoch musste Goethe, wollte er keine blutleeren Konstruktionen, sondern eine poetische wirksame Dramenfigur schaffen, Mephisto mit individuellen, persönlichen Zügen ausstatten." (Sudau, 1998, S. 109)

- **Zu lange Komposita**

Auch Komposita sind Formulierungen im Nominalstil, die dem ungeübten Schreiber den Eindruck vermitteln, viel auf wenig Raum ausdrücken zu können. Das Gegenteil ist aber der Fall. Die Zusammenhänge der aneinandergestellten Wörter können ohne zuordnende Präpositionen nicht deutlich werden. Lösen Sie sehr lange Komposita auf!

> **Nicht:** Aufsatzartenbestimmung, Schreibmusterbeispiele, Kompositavermeidungsstrategien
> **Sondern:** Aufsatzarten bestimmen, Beispiele von Schreibmustern, Strategien, mit deren Hilfe sich Komposita vermeiden lassen
>
> **Beispiel im Textzusammenhang:**
> **Nicht:** „Wie ein furchtbarer Widerruf wirkt das Ausstoßen des nihilistischen Fluchs durch Faust vor der Teufelspaktseinwilligung."
> **Sondern:** „Wie ein furchtbarer Widerruf [...] wirkt dann der nihilistische Fluch, den Faust wenig später ausstößt [...], bevor er in den Teufelspakt einwilligt." (Sudau, 1998, S. 55)

- **Mit „und" verbundene Satzreihen**

Die Konjunktion „und" ist wichtig, um zu zeigen, dass zwei Aussagen gleichrangig nebeneinanderstehen. Lassen Sie sich aber nicht dazu verleiten, „und" in allen Zusammenhängen zu setzen. Die logischen Bezüge können sehr häufig durch andere Konjunktionen präziser aufgezeigt werden. Prüfen Sie, ob Sie die Konjunktion immer zweckmäßig verwendet haben.

> **Nicht:** Der Autor bekräftigt die These und fügt wesentliche Gründe an.
> **Sondern:** Der Autor bekräftigt die These, indem er wesentliche Gründe anfügt.
> Um die These zu bekräftigen, fügt der Autor wesentliche Gründe an.

- **Doppelungen**

Die aufeinanderfolgende Nennung zweier bedeutungsähnlicher Wörter führt zu unnötiger Weitschweifigkeit. Entscheiden Sie sich für das Wort, das Ihre Aussage am besten unterstützt, und streichen Sie die Doppelung.

> **Nicht:** Diese Darlegung beweist und stützt folgenden Gedanken …
> Ein kritischer Einwand könnte lauten …

- **Unnötige Füllwörter oder unpräzise Ausdrücke**

Füllwörter benutzt man in der gesprochenen Sprache häufig, um Verlegenheit zu überspielen oder unbewusst auszuweichen. Prüfen Sie, ob diese Worte etwas zur Präzisierung Ihrer Aussage beitragen. Bringen Sie die Aussage auf den Punkt!

> **Nicht:** irgendwie, irgendeine, gewissermaßen, an und für sich, natürlich, beziehungsweise, sozusagen, eigentlich …
>
> **Beispiel im Textzusammenhang:**
> **Nicht:** „Prolog und Epilog im Himmel sind gewissermaßen Sinnbilder eines Göttlichen, das Faust sozusagen umfasst und erhebt."
> **Sondern:** „Prolog und Epilog im Himmel sind Sinnbilder eines Göttlichen, das Faust umfasst und erhebt."
> (Sudau, 1998, S. 55)

4. Verfassen Sie in Partnerarbeit eine kurze Zusammenfassung des Textes „Plagiieren, verfälschen, erfinden" (S. 136), in die Sie bewusst Nominalstil, Komposita, Doppelungen und Füllwörter einbauen!
5. Erstellen Sie im Anschluss daran eine Musterfassung, die diese Fehler tilgt, und vergleichen Sie die Texte auf ihre Flüssigkeit und Verständlichkeit!

Überarbeiten der Seminararbeit

Bevor die Arbeit abgabefertig ist, muss sie noch einmal geprüft werden. Die Zeit, die dafür benötigt wird, darf nicht unterschätzt werden. Bei in einer Fremdsprache verfassten Arbeit sollten Sie besonders auf korrekte Schreibweisen (z. B. Akzentsetzung im Französischen) und Grammatik achten. Achten Sie in naturwissenschaftlichen Arbeiten darauf, dass Sie alle Formeln und Symbole, z. B. für Maßeinheiten, korrekt verwendet haben.

> ✓ **Checkliste: Prüfen des roten Fadens, der sich inhaltlich durch Ihre Arbeit ziehen muss**
>
> ✓ Zusammenhang von Kapitelüberschriften mit den Inhalten
> ✓ Inhaltlich passender Zusammenhang der einzelnen Kapitel mit dem Thema
> ✓ Quantitative Ausgewogenheit der einzelnen Teilaspekte
> (Ist diese nicht gegeben, muss geprüft werden, ob der Aspekt unterentwickelt oder nicht ausführlich genug dargestellt ist – oder ob er einem anderen Punkt zugeordnet werden kann.)
> ✓ Überleitungen zwischen den einzelnen Kapiteln und Unterpunkten
> ✓ Prüfen der Argumentation:
> - Ist sie verständlich,
> - gibt es Lücken in der Argumentation,
> - liegen Wiederholungen oder Ausschweifungen vor,
> - muss Überflüssiges getilgt werden,
> - sind die zentralen Fragestellungen beantwortet?
>
> ✓ Abstimmen von Einleitung und Schlussbemerkung
> ✓ Gegebenenfalls Verständlichkeitsüberprüfung durch eine andere Person

8 Präsentieren von Ergebnissen

Abb. 8.1: Die Präsentation der Seminararbeit vor Publikum ist der letzte Meilenstein für ein erfolgreiches Bestehen des W-Seminars.

8.1 Verschiedene Arten von Präsentationen

„Sprich unbekümmert um die Wirkung, um die Leute, um die Luft im Saale; immer sprich, mein Guter. Gott wird es dir lohnen."

Kurt Tucholsky

Wer Inhalte erarbeitet und eine gut geschriebene Seminararbeit vorzuweisen hat, muss sich um seine Präsentation keine Gedanken mehr machen, sondern kann – wie Tucholsky sagt – „unbekümmert um die Wirkung" sprechen? Falsch! Jeder kennt diese Vorträge, die zwar die komplexesten Zusammenhänge darstellen, jedoch gähnende Langeweile verursachen. Schade, wenn der Vortragende nicht darauf geachtet hat, sein Publikum mitzureißen, witzige Pointen einzubauen oder die Aufmerksamkeit mit einem gekonnten Medieneinsatz zu fesseln: So entpuppt sich das Tucholsky-Zitat nur als reine Ironie: Die Gedanken des Zuhörers werden bei solch einem Vorgehen leicht abschweifen.

Ratschläge für einen schlechten Redner

Fang nie mit dem Anfang an, sondern immer drei Meilen vor dem Anfang! Etwa so: „Meine Damen und meine Herren! Bevor ich zum Thema des heutigen Abends komme, lassen Sie mich Ihnen kurz ..."

Hier hast du schon ziemlich alles, was einen schönen Anfang ausmacht: eine steife Anrede; der Anfang vor dem Anfang; die Ankündigung, dass und was du zu sprechen beabsichtigst, und das Wörtchen kurz. So gewinnst du im Nu die Herzen und Ohren der Zuhörer.

Denn das hat der Zuhörer gern: dass er deine Rede wie ein schweres Schulpensum aufbekommt; dass du mit dem drohst, was du sagen wirst, sagst und schon gesagt hast. Immer schön umständlich. Sprich nicht frei – das macht einen so unruhigen Eindruck. Am besten ist es: du liest deine Rede ab. Das ist sicher, zuverlässig, auch freut es jedermann, wenn der lesende Redner nach jedem viertel Satz misstrauisch hochblickt, ob auch noch alle da sind.

Wenn du gar nicht hören kannst, was man dir so freundlich rät, und du willst durchaus und durchum frei sprechen ... du Laie! Du lächerlicher Cicero! Nimm dir doch ein Beispiel an unseren professionellen Rednern, an den Reichstagsabgeordneten – hast du die schon mal frei sprechen hören? Die schreiben sich sicherlich zu Hause auf, wann sie „Hört! Hört" rufen ... ja, also wenn du denn frei sprechen musst: Sprich, wie du schreibst. Und ich weiß, wie du schreibst.

Sprich mit langen, langen Sätzen – solchen, bei denen du, der du dich zu Hause, wo du ja die Ruhe, deren du so sehr benötigst, deiner Kinder ungeachtet, hast, vorbereitest, genau weißt, wie das Ende ist, die Nebensätze schön ineinander geschachtelt, sodass der Hörer, ungeduldig auf seinem Sitz hin und her träumend, sich in einem Kolleg wähnend, in dem er früher so gern geschlummert hat, auf das Ende solcher Periode wartet ... nun, ich habe dir eben ein Beispiel gegeben. So musst du sprechen.

Fang immer bei den alten Römern an und gib stets, wovon du auch sprichst, die geschichtlichen Hintergründe der Sache. Das ist nicht nur deutsch – das tun alle Brillenmenschen. Ich habe einmal an der Sorbonne einen chinesischen Studenten sprechen hören, der sprach glatt und gut französisch, aber er begann zu allgemeiner Freude so: „Lassen Sie mich Ihnen in aller Kürze die Entwicklungsgeschichte meiner chinesischen Heimat seit dem Jahre 2000 vor Christi Geburt ..." Er blickte ganz erstaunt auf, weil die Leute so lachten.

So musst du das auch machen. Du hast ganz recht: man versteht es ja sonst nicht, wer kann denn das alles verstehen, ohne die geschichtlichen Hintergründe ... sehr richtig! Die Leute sind doch nicht in deinen Vortrag gekommen, um lebendiges Leben zu hören, sondern das, was sie auch in Büchern nachschlagen können ... sehr richtig! Immer gib ihm Historie, immer gib ihm.

Kümmere dich nicht darum, ob die Wellen, die von dir ins Publikum laufen, auch zurückkommen – das sind Kinkerlitzchen. Sprich unbekümmert um die Wirkung, um die Leute, um die Luft im Saale; immer sprich, mein Guter. Gott wird es dir lohnen.

Du musst alles in Nebensätze legen. Sag nie: „Die Steuern sind zu hoch." Das ist zu einfach. Sag: „Ich möchte zu dem, was ich soeben gesagt habe, noch kurz bemerken, dass mir die Steuern bei Weitem ..." So heißt das.

Trink den Leuten ab und zu ein Glas Wasser vor – man sieht das gern.

Wenn du einen Witz machst, lach vorher, damit man auch weiß, wo die Pointe ist.

Eine Rede ist, wie könnte es anders sein, ein Monolog. Weil doch nur einer spricht. Du brauchst auch nach vierzehn Jahren öffentlicher Rednerei noch nicht zu wissen, dass eine Rede nicht nur ein Dialog, sondern ein Orchesterstück ist; eine stumme Masse spricht nämlich ununterbrochen mit. Und das musst du hören. Nein, das brauchst du nicht zu hören. Sprich nur, lies nur, donnere nur, geschichtele nur.

Zu dem, was ich soeben über die Technik der Rede gesagt habe, möchte ich noch kurz bemerken, dass viel Statistik eine Rede immer sehr hebt. Das beruhigt ungemein, und da jeder imstande ist, zehn verschiedene Zahlen mühelos zu behalten, so macht das viel Spaß.

Kündige den Schluss deiner Rede lange vorher an, damit die Hörer vor Freude nicht einen Schlaganfall bekommen. (Paul Lindau hat einmal einen dieser gefürchteten Hochzeitstoaste so angefangen: „Ich komme zum Schluss.") Kündige den Schluss an, und dann beginne deine Rede von vorn und rede noch eine halbe Stunde. Dies kann man mehrere Male wiederholen.

Du musst dir nicht nur eine Disposition machen, du musst sie den Leuten auch vortragen – das würzt die Rede.

Sprich nie unter anderthalb Stunden, sonst lohnt es sich gar nicht erst anzufangen. Wenn einer spricht, müssen die andern zuhören – das ist deine Gelegenheit! Missbrauche sie. [...]

Tucholsky, Kurt. „Ratschläge für einen schlechten Redner". Gesammelte Werke in 10 Bänden, Band 8 (1930). Mary Gerold-Tucholsky und Fritz J. Raddatz (Hrsg.). Reinbek: Rowohlt 1975, S. 290 f.

8.1 Verschiedene Arten von Präsentationen

> 1. Lesen Sie die Ratschläge Tucholskys für einen schlechten Redner und schließen Sie daraus, welche Ratschläge er einem guten Redner geben würde!

Im Seminarfach geht es darum, bereits erarbeitete Inhalte, z. B. den Zwischenstand der Arbeitsergebnisse, einem Publikum vorzustellen, das durch das vorgegebene Rahmenthema bereits ein gewisses Interesse mitbringt. Dieses Interesse gilt es, bei einer gelungenen Präsentation zu erhalten oder sogar noch zu steigern.

Vorstellbar sind, wie in Abb. 8.2 (S. 156) dargestellt, prinzipiell vier Präsentationsformen: die mündliche, schriftliche, visuelle oder die interaktive Präsentation. Auch die Seminararbeit ist beispielsweise eine schriftliche Präsentation der Arbeitsergebnisse. Die meisten Präsentationen weisen mündliche, visuelle oder schriftliche Bestandteile auf. Interaktiv hingegen wird eine Präsentation, wenn sie neben der Vermittlung von Informationen das Publikum in die Präsentation einbezieht, z. B. durch Diskussionen oder Rollenspiele. Wichtig ist, bereits in der Vorbereitung der Seminararbeit an die vier Präsentationsformen zu denken: Es geht um die zweckdienliche Vorstellung der Ergebnisse in mindestens einer weiteren als der schriftlichen Form.

Was ist also eine gute Präsentation?

Eine gute Präsentation vermittelt in fachgerechter Sprache sachgerecht Inhalte, die zuvor gründlich recherchiert und erarbeitet wurden. Darüber hinaus aber leistet eine Präsentation mehr als beispielsweise ein Referat. Sie setzt sich ein bestimmtes Ziel, nämlich zu informieren, zu motivieren oder zu überzeugen, und muss hierfür das Publikum berücksichtigen und die Inhalte anschaulich darbieten. Dies lässt sich durch passenden Medieneinsatz und Visualisierung erreichen. Eine gute Präsentation ist immer eine **Kommunikation mit dem Publikum**, dessen Interessen und Bedürfnisse in die Vorüberlegungen einbezogen werden müssen.

Bei jeder Präsentation gibt es also prinzipiell **zwei Ebenen**, die beachtet werden müssen:

> Dies ist zum einen die **Sachebene**. Bewertet werden in erster Linie der angemessene und richtige Inhalt und die Erklärung der wichtigen Zusammenhänge.

↕

> Um diese Informationen dem Zuhörer so zu vermitteln, dass er der Präsentation aufmerksam folgt, ist zudem die **Darstellungsebene** zu beachten. Durch ihr Einbeziehen sollen dem Zuhörer die Inhalte interessant und vielfältig dargeboten werden.

Gute Präsentatoren denken an diese beiden Ebenen bereits in der Vorbereitungsphase.

> 2. Diskutieren Sie im Seminar, welcher Schritt in der Abb. 8.2 am meisten Zeit beanspruchen dürfte!
> 3. Planen Sie Ihre nächste Präsentation, indem Sie einen Zeitplan für die einzelnen Schritte der Abb. 8.2 festlegen und Schritt für Schritt danach vorgehen!

8 Präsentieren von Ergebnissen

```
Problem/Thema erfassen
        ↓
Recherchieren/Informationen sammeln
        ↓
Ziele festlegen (Inhalt, Zeit, Zielgruppe, Präsentationsanlass)
        ↓
Material auswerten und ordnen
        ↓
Reihenfolge festlegen (schlüssiger Aufbau)
        ↓
Vortrag ausarbeiten: Methoden der Visualisierung und passende Medien aussuchen
        ↓
Stichwortzettel erstellen/Vortragen üben/Zielgerichtetheit überprüfen
```

- Unwichtiges **aussortieren**
- wichtige Informationen **herausarbeiten**

interaktiv: Podiumsdiskussion, Rollenspiel

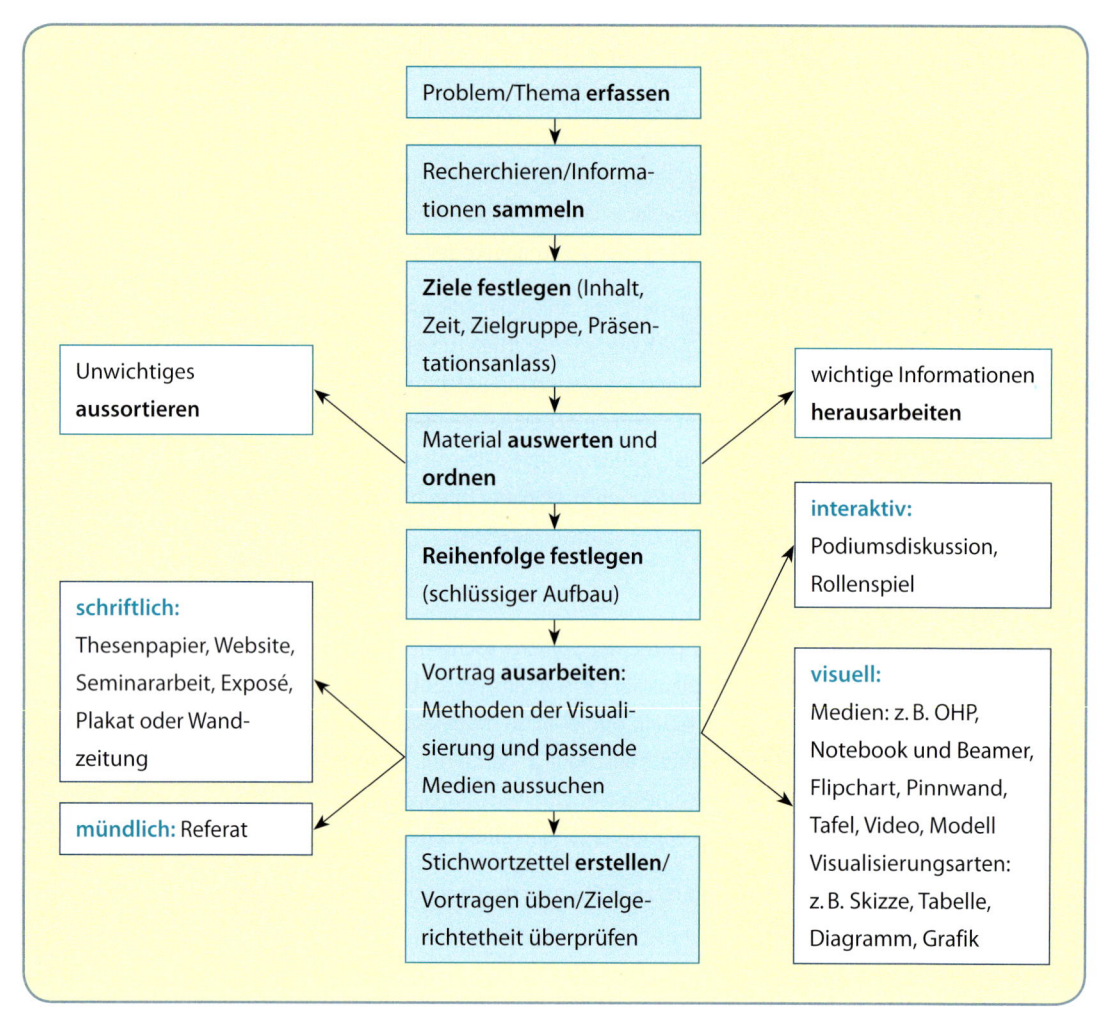

schriftlich: Thesenpapier, Website, Seminararbeit, Exposé, Plakat oder Wandzeitung

mündlich: Referat

visuell: Medien: z. B. OHP, Notebook und Beamer, Flipchart, Pinnwand, Tafel, Video, Modell
Visualisierungsarten: z. B. Skizze, Tabelle, Diagramm, Grafik

Abb. 8.2: Die Vorbereitungsphase

Ein weiterer Aspekt, der bereits in der Vorbereitungsphase beachtet werden sollte, ist die Bewertung der Präsentation.

4. Untersuchen Sie den in Abb. 8.3 dargestellten Bewertungsbogen kritisch und diskutieren Sie, ob Sie die einbezogenen Beurteilungskriterien als ausreichend empfinden und ob die Gewichtungsfaktoren Ihrer Vorstellung entsprechen!
5. Erstellen Sie gemeinsam einen passenden Bewertungsbogen für Ihr Seminar!

Beispiel eines Bewertungsbogens einer Präsentation

Der folgende Bewertungsbogen bezieht sich auf eine Präsentation mit Experiment. Die gewählte Gewichtung hat dabei reinen Beispielcharakter und kann individuell variiert werden.

Bewertungs-bereiche	Beurteilungskriterien, z. B.	Gewichtung, z. B.
I. Inhalt/Aufbau	**Erfassen/Darstellung des Themas:** richtige Gewichtung der Einzelteile innerhalb des Gesamtzusammenhangs	3
	Aufbau/Strukturierung: zwingend logisch, klar	2
	Gehalt/sachliche Richtigkeit: Richtigkeit der Aussagen, Begriffserklärungen, Vollständigkeit	3
	Ergebnissicherung (z. B. Handout und Bibliografie): richtige Quellenangaben, inhaltlich und formal korrektes Handout, Vollständigkeit in erheblichen Aussagen etc.	2
II. Präsentation/ Diskussion/ Kommunikation	**Einstieg:** dem Thema angemessen, motivierend, originell	2
	Klarheit der Darstellung/sprachliche Gewandtheit	3
	Zuhörerbezug/Lebendigkeit der Darstellung: ständiges Einbinden durch Blickkontakt, passende Stimmmodulation, flüssige, freie Vortragsweise	3
	Auswahl/Beherrschen der Präsentationsmittel: reibungsloses Einbinden der Medien, gewinnbringende Visualisierung mit nachvollziehbaren Erklärungen	2
III. Experimente	**Auswahl der Teilexperimente**	1
	Beherrschen der Geräte: während des Vorführens und/oder Aufbauens	2
	Durchführung der Experimente	3
	Auswertung und Interpretation	3
	Flexibilität	1

Abb. 8.3: Beispiel für einen Bewertungsbogen einer Präsentation mit Experiment

8.2 Inhaltliche Auswahl und Aufbau

Abb. 8.4 Verschiedene Zuhörertypen

> 6. Suchen Sie passende Strategien, mit deren Hilfe Sie allen in Abb. 8.4 dargestellten Zuhörertypen gerecht werden und ihr Interesse für die Präsentation aufrechterhalten können!

Die Darstellung von Inhalten betrifft oberflächlich betrachtet ausschließlich die Sachebene, zeigt sich bei näherem Hinsehen aber als verflochten mit den Erwartungen und Voraussetzungen der Zuhörer. Jede gute Präsentation, vor allem, wenn sie gut recherchiert ist, möchte bestimmte Inhalte vermitteln, bestimmte Kernpunkte als Ergebnis festmachen. Um einen Eindruck zu hinterlassen, müssen also auch die Erwartungen des Zuhörers einbezogen werden, müssen die Ziele klar sein, die mit der Präsentation verfolgt werden. Folgende Checkliste kann dabei helfen.

☑ **Welches Ziel verfolge ich?** ─────────── *Vordringliches Anliegen ist also: _____*
Informieren über den Stand meiner Recherchen
Überzeugen des Publikums von meiner These
Wecken von Interesse für eine Methode/ein Produkt

☑ **Welche Inhalte/Aussagen sollen vermittelt werden?** ───────
Welches sind die zentralen Aussagen?   *Besondere Aspekte:*
Welche Zusammenhänge gehören dargestellt?
Gibt es schwer verständliche Aspekte, die besonders
bedacht werden müssen?

☑ **Zu wem spreche ich?** ────────────
Wofür interessiert sich mein Zuhörer?
Welche Erwartungen verbindet er mit meiner Präsentation?   *Was weiß ich über meinen Zuhörer?*
Welches Vorwissen darf ich voraussetzen?
Wo driftet seine Aufmerksamkeit möglicherweise ab?

☑ **Wie viel Zeit steht mir zur Verfügung?** ───────

→ Wahl des Mediums/der visuellen Darbietung

Abb. 8.5: Checkliste zur Festlegung der Präsentationsziele

> 7. Kopieren Sie die Checkliste und füllen Sie sie für Ihre Präsentation aus! Besprechen Sie anschließend Ihre Ergebnisse in einer Arbeitsgruppe!

Die richtige Auswahl und Gewichtung der Inhalte

Allein der zeitliche festgelegte Rahmen verlangt es, sich von dem Anspruch zu lösen, alle aufgefundenen Informationen wiederzugeben. In die Präsentation sollte nur das wirklich Wichtige aufgenommen werden, von unwichtigen Aspekten trennt man sich. Doch was ist wichtig, was unwichtig? Diese Frage ist für jedes Thema unterschiedlich zu beantworten. Grundsätzlich sollten, abhängig von den Zuhörern, einige Richtlinien beherzigt werden. Die in der Literatur am häufigsten genannten sind:

- Die Informationen sollten **wesentlich** sein.
- Die Informationen sollten zwingend **in Verbindung mit dem Thema** stehen.
- **Neue Informationen haben Vorrang** vor bereits Bekanntem.
- Die Informationen sollten **von Interesse für die Zielgruppe** sein.
- Es geht um **Nachhaltigkeit**, also um Informationen, die sich **der Zuhörer merken soll**.
- Nötig sind auch **Informationen, die der Zuhörer für das Verständnis** braucht, z. B. über Hintergründe oder Zusammenhänge.

Immer wieder werden Sie trotz dieser Hilfestellungen abwägen müssen, ob bestimmte Inhalte die Kernergebnisse der Präsentation fördern oder nur am Rande von Bedeutung sind. Auch wenn diese Inhalte keinen Eingang in die Präsentation finden, sollten Sie sie im Hinterkopf behalten; möglicherweise helfen sie bei der Beantwortung von Rückfragen aus dem Publikum oder können als Zusatzservice auf einem Handout zur Verfügung gestellt werden.

Eine weitere Aufgabe ist die **Gewichtung** der Inhalte: Die Informationen müssen je nach Zielgruppe und Zielthema ausgewogen dargestellt werden, d. h. Sie müssen passende Schwerpunkte setzen.

> **Beispiel:** Wird die Biografie Albert Einsteins und seine Bedeutung für die Naturwissenschaften dargestellt, müssen bestimmte Fakten natürlich erwähnt werden, die Meilensteine in Einsteins Leben darstellen. Solch ein Meilenstein (z. B. Einsteins Heirat mit seiner ersten Frau) aber muss für das eigentliche Thema der Präsentation keine zentrale Bedeutung haben. Er muss zwar genannt, jedoch weniger betont werden als ein Ereignis, das im Zusammenhang mit dem Kern der Präsentation steht (z. B. die Verleihung des Nobelpreises).

Eine deutliche Gewichtung setzt man durch einen **verbalen Hinweis**, durch eine **ausführliche Erläuterung** bestimmter Aspekte und möglicherweise durch eine **besondere Kennzeichnung auf dem Handout**. Dieses Vorgehen hat auch für den Zuhörer Vorteile: Er kann der Präsentation leichter folgen, da nicht allen Inhalten einförmig die gleiche Bedeutung zugemessen, sondern herausgehoben wird, welche Fakten von besonderem Interesse sind.

8. Suchen Sie sich die Kurzbiografie einer historischen Persönlichkeit, die in Ihrem Seminar von Interesse ist, und einigen Sie sich – ähnlich wie in unten stehenden Beispielen – auf ein bestimmtes Thema, das im Mittelpunkt stehen soll!
9. Stellen Sie in Teamarbeit durch Recherche in Lexika die notwendigen Fakten zusammen und wählen Sie diese abstufend aus, je nachdem, ob die Fakten in den Mittelpunkt gestellt werden oder nur Erwähnung finden müssen – oder ob sie gar wegfallen können!
10. Diskutieren Sie danach im Plenum, ob alle Gruppen gleichermaßen sinnvoll gestrichen oder betont haben!

Thema: Die Bedeutung Albert Einsteins für die Naturwissenschaften

Thema: Die Haltung Thomas Manns gegenüber dem nationalsozialistischen Regime

Thema: Die Innenpolitik Bismarcks als Reichskanzler

Thema eigener Wahl:
....
....
....

Abb. 8.6: Mögliche Themen

Der Aufbau der Präsentation

Als Aufbauschema bietet sich in allen Präsentationsformen eine Dreiteilung in **Einstieg – Hauptteil – Schluss** an. Dabei muss vor allem in einer mündlichen Präsentation auf den Zuhörer geachtet werden. Ist z. B. der Einstieg schon besonders trocken und sachlich, dürfte es schwerfallen, die notwendige Aufmerksamkeit des Publikums zu erhalten.

1. Der Einstieg

An dieser Stelle soll der Zuhörer motiviert werden, der Präsentation seine Aufmerksamkeit zu schenken. Motivation erreicht man am leichtesten über Emotionalisierung. Die Gefühle der Zuhörer lassen sich durch verschiedene Möglichkeiten stimulieren.

Einstieg, z. B.
- Aktuelle Bezüge
- Sprichwörter oder Zitate
- Illustrationen oder Demonstrationen
- Provokationen oder Überraschungseffekte
- Fragestellungen
- Anekdoten oder witzige Begebenheiten

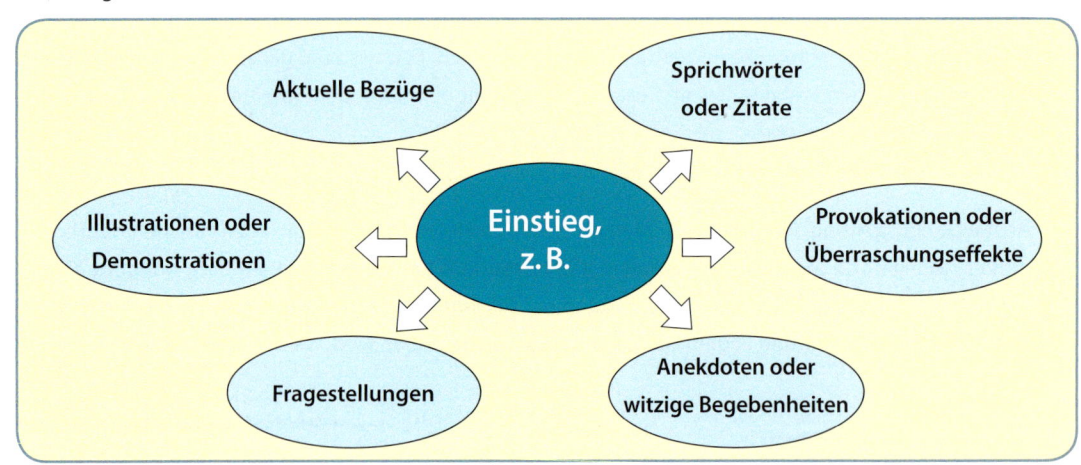

Abb. 8.7: Möglichkeiten des Einstiegs in eine Präsentation

- **Aktuelle Bezüge**, z. B. kurze Zeitungsmeldungen aus einem Bereich, den der Zuhörer kennt, sodass er das Thema einordnen kann und eher als relevant ansieht. Dies sichert Aufmerksamkeit.
- **Sprichwörter oder Zitate bekannter Personen** stärken die Einordnung in einen Zusammenhang. Besonders günstig ist es, wenn darauf immer wieder zurückgegriffen wird. Auch könnte man ein Zitat vorgeben und ein kurzes Brainstorming anregen, indem man die Assoziationen der Zuhörer dazu sammelt. Der Vorteil daran ist: Das Publikum nimmt gleich zu Beginn an der Präsentation teil – und zwar aktiv!
- **Fragestellungen**, die zum Mitdenken anregen, funktionieren ähnlich. Sie können schriftlich an einer Pinnwand oder auf Folie festgehalten und zur Beantwortung freigegeben werden. Es können auch rhetorische Fragen sein, deren Beantwortung dem Zuhörer zunächst selbst überlassen bleibt. Die eigentliche Antwort durch den Präsentierenden leitet dann zum Hauptteil über.
- **Provokationen oder Überraschungseffekte** wecken am leichtesten Emotionen und erzeugen dadurch Spannung, die sich günstigstenfalls über den gesamten Vortrag erhält. Niemals sollte man dabei aber jemanden persönlich angreifen. Falschmeldungen oder ungewohnte Zusammenhänge provozieren oder überraschen ebenfalls und regen dazu an, die Sache richtigzustellen – und schon ist man in seinen Ausführungen!
- **Anekdoten oder witzige Begebenheiten** können zur Erheiterung beitragen und den Zuhörer so für sich einnehmen, gesetzt den Fall, sie sind gelungen und nicht etwa plump.
- **Illustrationen oder Demonstrationen**, z. B. Hörbeispiele, Karikaturen, kurze Szenen aus einem Video, stellen eine weitere Möglichkeit dar, beim Zuhörer durch einen anderen Wahrnehmungskanal Interesse zu wecken.

> 11. Testen Sie alle Einstiegsmöglichkeiten für eine Präsentation über die von Ihnen in Aufgabe 8 gewählte Persönlichkeit!

2. Die Entwicklung des Themas im Hauptteil

Nach einem möglichst gelungenen Einstieg kommt es nun darauf an, die Aufmerksamkeit des Zuhörers zu halten und diesen systematisch durch die Präsentation zu führen: Dem Einzelnen im Publikum sollte immer klar sein, in welchem Abschnitt er sich befindet. Dafür empfiehlt es sich, die Gliederung der Präsentation zu Beginn kurz vorzustellen und auch während des Vortragens immer wieder darauf zu verweisen.

In einem Vortrag über das Notebook sollten dazu die einzelnen Folien mit Kapitelüberschriften gekennzeichnet werden, um so eine durchgängige Orientierung zu ermöglichen. Eine andere Möglichkeit ist es, die Gliederung vorab auf einem Flipchart oder einer Pinnwand darzustellen und den Aspekt, der gerade behandelt wird, jeweils zu kennzeichnen, z. B. durch Unterstreichen, einen verschiebbaren Pfeil oder Klebepunkte.

Abb. 8.8: Nutzen Sie Medien wie Flipcharts, um die Aufmerksamkeit Ihrer Zuhörer zu erhalten.

Die eigentliche gedankliche Entwicklung der Inhalte sollte ebenfalls einer inneren Ordnung folgen. Man strukturiert also die einzelnen Inhalte und bringt sie in einen sinngemäßen Zusammenhang. Die Prinzipien, nach denen Sie einzelne Inhalte anordnen, unterscheiden sich auch in der mündlichen Präsentation nicht von den Prinzipien, die der schriftlichen Seminararbeit zugrunde liegen: Der Aufbau kann chronologischen Gesichtspunkten folgen, er kann sich nach den stofflichen Voraussetzungen richten oder er kann verschiedene Standpunkte oder Anschauungen voneinander trennen. Eine Präsentation folgt damit dem argumentativen Aufbau, der auch im Kapitel „Seminararbeit: Aufbau" vorgestellt wurde.

Der rote Faden durch die Präsentation

So viel Gedanken man sich auch über den Aufbau gemacht hat – der Zuhörer, der sich im Thema nicht so gut auskennt, kann ihn möglicherweise nicht immer sofort nachvollziehen. Um ihm zu zeigen, dass sich ein roter Faden durch die Präsentation zieht, muss man den Zuhörer an bestimmten Stellen darauf aufmerksam machen:

- Beim Übergang zu **einem anderen Punkt**: Sorgen Sie für Überleitungen, z. B. durch rhetorische Fragen, oder fassen Sie das zuvor dargestellte Kapitel kurz zusammen!
- An **besonders wichtigen Stellen**: Weisen Sie explizit darauf hin – entweder verbal oder durch eine besondere Form der Visualisierung!
- Bei **Exkursen** zu einem Thema: Erklären Sie dies durch eine Überleitung! Dies lässt sich neben den Mitteln der Visualisierung z. B. auch unterstützen, indem Sie bewusst Ihren Standort wechseln.

> 12. Entwerfen Sie, ebenfalls für die in Aufgabe 8 ausgewählte Biografie, einen stichpunktartigen Plan der Inhalte, indem Sie die oben genannten Regeln berücksichtigen!

3. Der Schluss

„Nun bin ich am Ende, hat noch jemand Fragen?" – Diese Formulierung wird häufig verwendet, reicht für eine gute Präsentation jedoch nicht aus. Wurden für die Präsentation viel Zeit und Nerven investiert, sollte man seine Präsentation nicht einfach mit einer banalen Feststellung beenden. Besonders der Schluss hinterlässt bleibenden Eindruck – umso wichtiger ist es, hier Durchhaltevermögen zu beweisen!

Idealerweise schlagen Sie am Schluss einen Bogen zum Beginn zurück, als Sie das Thema eingeführt oder die zentrale Fragestellung genannt haben. Indem noch einmal kurz die wichtigsten Ergebnisse zusammengefasst werden, erfahren diese eine endgültige Beantwortung. Besonders wirkungsvoll ist es, wenn Sie am Schluss noch einmal konkret auf Ihren Einstieg eingehen, indem Sie z. B. eine Karikatur aufgreifen und erweitern, eine provozierende Bemerkung noch einmal wiederholen und prüfen oder ein weiteres Zitat zum ersten ergänzen.

> ☑ **Checkliste: Schluss**
> ☑ Zusammenfassung der wichtigsten Ergebnisse und damit die Beantwortung der Themenstellung
> ☑ Schlussfolgerungen aus dem Erarbeiteten
> ☑ Rückgriff auf die Einleitung
> ☑ gegebenenfalls Aufzeigen von ungeklärten Fragen oder festgestellten Widersprüchen
> ☑ Ausblick auf zukünftige Entwicklungen
> ☑ gegebenenfalls Wertungen oder konkrete Forderungen

8.2 Inhaltliche Auswahl und Aufbau

13. Finden Sie eine Möglichkeit, wie Sie Ihren Einleitungsgedanken, ebenfalls für die in Aufgabe 8 gewählte Biografie, im Schluss wieder aufnehmen könnten!

Die zeitliche Strukturierung einer Präsentation

Der Aufbau der Inhalte wurde bis hierher auf einer vorwiegend sachlichen Ebene dargestellt. Die Zeit, die den einzelnen inhaltlichen Aspekten eingeräumt werden kann, ist abhängig vom gesamten Zeitrahmen. Darüber hinaus muss in der zeitlichen Planung auch der Zuhörer immer mit berücksichtigt werden. Nach etwa einer Viertelstunde nämlich lässt die Aufmerksamkeit mehr und mehr nach (siehe Abb. 8.9). Die folgenden Strategien können Ihnen dabei helfen, die Aufmerksamkeit Ihrer Zuhörer zu erhalten.

Strategien zum Halten der Aufmerksamkeit

- Zu Beginn eine **erste Visualisierung** einbauen, z. B. Foto, Dia, Folie
- **Aktivität** durch Fragerunde ermöglichen
- **Zusammenfassungen** bringen
- **Position** verändern, eventuell ins Publikum gehen
- **Sprechlautstärke** variieren, Medien wechseln
- regelmäßig weitere **Visualisierungen** einbauen
- Schluss der Präsentation ankündigen

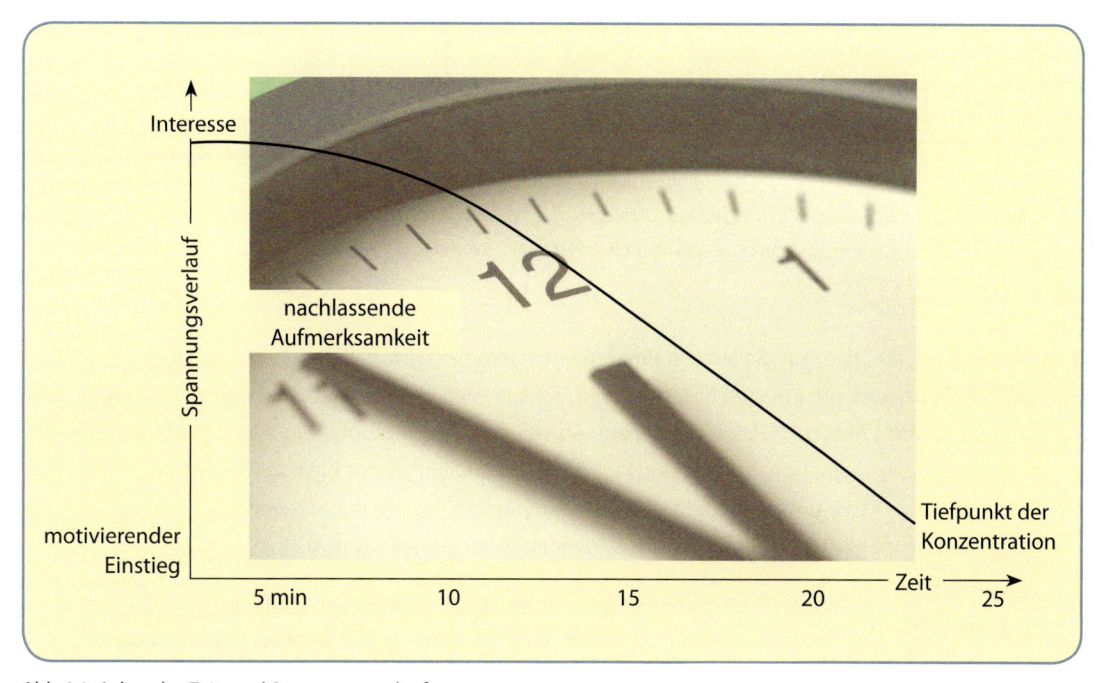

Abb. 8.9: Achse des Zeit- und Spannungsverlaufes

8.3 Planung des Medieneinsatzes

„Was du mir sagst, das vergesse ich. Was du mir zeigst, daran erinnere ich mich. Was du mich tun lässt, das verstehe ich."

Konfuzius

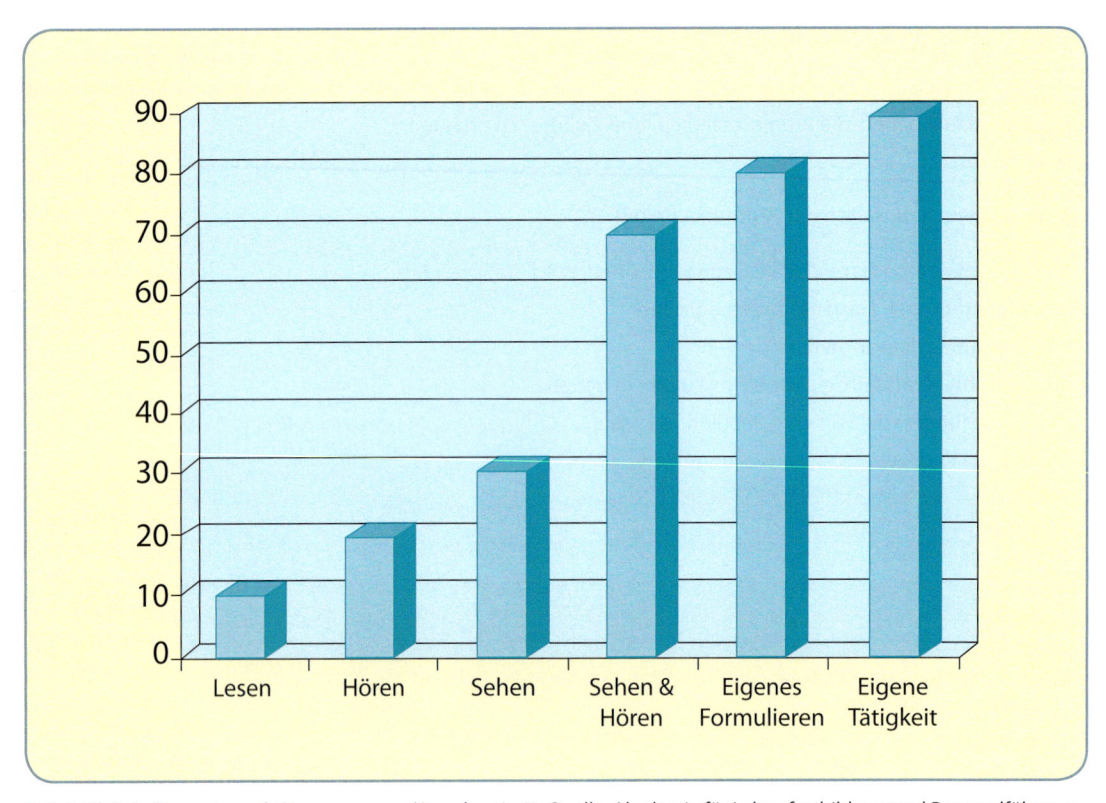

Abb. 8.10: Behaltensrate nach Sinnesorganen (Angaben in %; Quelle: Akademie für Lehrerfortbildung und Personalführung. Pädagogik. Dillingen 1999, S. 137)

Verschiedene Lerntheorien, auf die auch in Rhetorikseminaren häufig zurückgegriffen wird, gehen davon aus, dass die Behaltenswerte von Inhalten unterschiedlich sind, je nachdem auf welchem Wege die Aussagen übermittelt wurden (siehe Abb. 8.10). Ob diese genaue Abstufung nach Sinnesorganen für das Erstellen einer Präsentation wirklich Nutzen bringt, muss dahingestellt bleiben. Wesentlich ist aber, dass die unterschiedlichen Wahrnehmungskanäle dem Präsentierenden vielfältige Möglichkeiten eröffnen, wie im Folgenden näher aufgezeigt wird.

Ein häufiger Fehler vieler Referenten ist, dass sie ausschließlich wesentliche Informationen aneinanderreihen. Zu viele trockene Fakten aber, so wichtig sie auch sein mögen, überfordern den Zuhörer und sorgen dafür, dass er über kurz oder lang nicht mehr folgen kann. Eine gute Präsentation wirkt diesem Problem entgegen, indem wichtige Inhalte veranschaulicht und dabei unterschiedliche Wahrnehmungskanäle berücksichtigt werden. So lässt sich die Effizienz der Informationsvermittlung leicht steigern. Zudem wird der Zuhörer so eher interessiert folgen und geistig im Thema bleiben. Die gängigen Mittel der Veranschaulichung sind Illustrationen, Diagramme, Schaubilder, aber auch Filmsequenzen, Hörbeispiele oder Fotos, die über bestimmte Medien dargeboten werden.

> Jede Veranschaulichung und jedes Medium muss angemessen sein. Eine reine Materialschlacht bloß zur Erzeugung von Effekten sollte man vermeiden.

Medienunabhängige Gestaltung und Visualisierung

Filme, Dias oder auch Hörsequenzen in die Präsentationen einzubauen, ist nicht immer leicht zu verwirklichen, weil dies stark von Thema und Auffindbarkeit abhängt. Immer möglich ist es hingegen, Inhalte durch einfache Visualisierungen wie Grafiken, Schaubilder oder Fotos zu veranschaulichen – unabhängig davon, über welches Medium sie präsentiert werden. Durch die Kombination von Aussage und Bild wird die Abspeicherung der Inhalte auf einfachste Weise optimiert. Im mündlichen Vortrag stehen dafür Tafel, Plakate oder Overheadfolien zur Verfügung. Aber auch ein Handout, auf dem Sie für den Zuhörer wichtige Inhalte festhalten, oder eine Tischvorlage, die Sie dem Zuhörer als Grundgerüst für mögliche Notizen während des Vortrages anbieten, lassen sich durch Visualisierungen verbessern (siehe dazu auch Kapitel 8.5).

> ✓ **Checkliste: Visualisierung**
>
> ✓ Folien mit Diagrammen oder Strukturbildern sind ohne Verbalisierung nutzlos. Auch eine Illustration, die Zusammenhänge auf einen Blick erkennbar macht, bedarf immer einer **Erklärung**.
>
> ✓ Eine Skizze muss die Zusammenhänge einfach und verständlich darstellen – eine Vereinfachung ist aber gleichzeitig auch eine **Reduktion**. Keine Angst davor – dies verringert die Bedeutung der jeweiligen Inhalte nicht.
>
> ✓ Die Visualisierung muss für alle Zuhörer **gut zu erkennen** sein: Das betrifft sowohl die Größe von Schrift und Bild als auch die Zeit, die der Einzelne braucht, um eine Darstellung zu betrachten.

Farbe, Grafik, Wort – die grundlegendsten Gestaltungsmittel

Eine Veranschaulichung von Zusammenhängen durch Visualisierung können Sie durch unterschiedliche Möglichkeiten erreichen: durch **Farbe**, **Symbole**, **Grafiken** oder auch einfach durch einen **Text**. Schon die Überschriften, die für jedes Kapitel oder für jede Folie verwendet werden, sind bereits Hilfen zur Strukturierung und Ordnung.

Schrift
- unverschnörkelte Druck- statt Handschrift verwenden
- Großbuchstaben vermeiden
- lesbare Schriftgröße wählen
- nur Wesentliches nennen: Schlagwörter

Farben
- zur Verdeutlichung, nicht zum Dekor nutzen
- maximal drei Farben verwenden
- lesbare, eher dunkle, kräftige Farben bevorzugen
- Farben einheitlich einsetzen (eine bestimmte Farbe für bestimmte Elemente)
- gängige Farbsymbolik nutzen
    - rot = Spannung, Dynamik
    - blau = Seriosität, Konzentration
    - grün = Neutralität, Sicherung
    - weiß = Schlichtheit, Klarheit

Symbole
- standardisierte Symbole nutzen:
    - → Grund *oder* Folge
    - ♦ positive Aspekte
    - ✓ geprüfte Inhalte
    - ⓘ wichtige Informationen
    - ? wichtige Fragestellungen
    - = Gleichsetzung
    - ≠ Gegenteil
- neu eingeführte Symbole erklären
- Symbole einheitlich verwenden

Grafiken
- nicht überladen mit zu vielen Details
- reduzieren auf das Wesentliche
- Zweck verdeutlichen
- Deutung oder Erklärung hinzufügen

Abb. 8.11: Tipps für die einzelnen Gestaltungsmittel

Grundmuster der Strukturierung

Möglichkeiten der Strukturierung von Inhalten finden Sie auch im 7. Kapitel dieses Buches. Einige Grundmuster, z. B. von Fluss- oder Netzstrukturen, sind für die Gestaltung besonders nützlich, denn auch über die Anordnung der einzelnen Gestaltungselemente lässt sich eine Aussage vermitteln.

Dynamik
Zur Darstellung z. B. von Prozessen, Entwicklungen, Verfahren

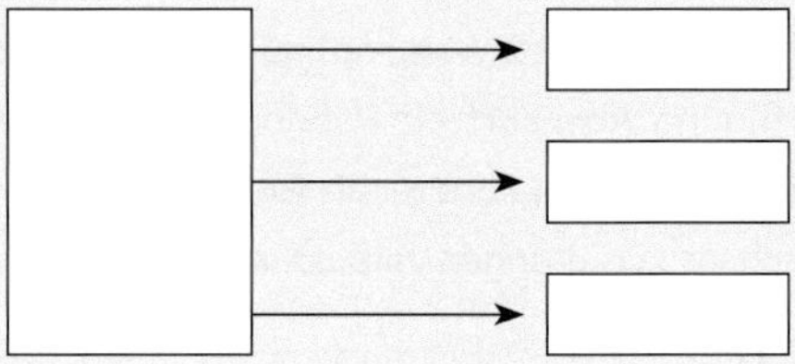

Rhythmus
Zur Darstellung z. B. einer bestimmten Regelmäßigkeit oder eines bestimmten Ablaufes

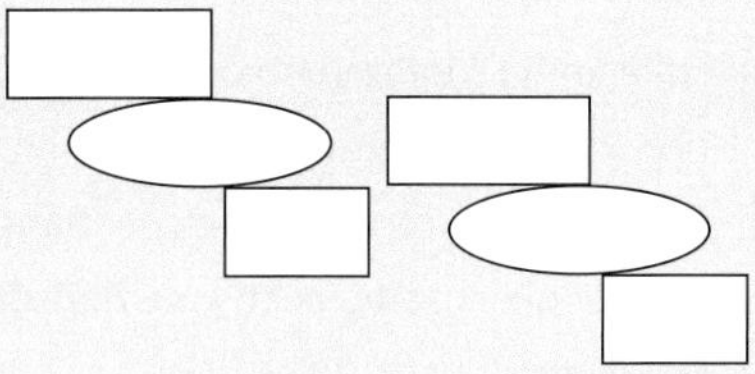

Reihung
Zur besseren Veranschaulichung von Listen oder Aufzählungen

Symmetrie
Zur Visualisierung bestimmter Zugehörigkeiten bzw. Unterschiede (eine andere Aussage lässt sich durch die ungleiche Verteilung der Unterpunkte erzielen)

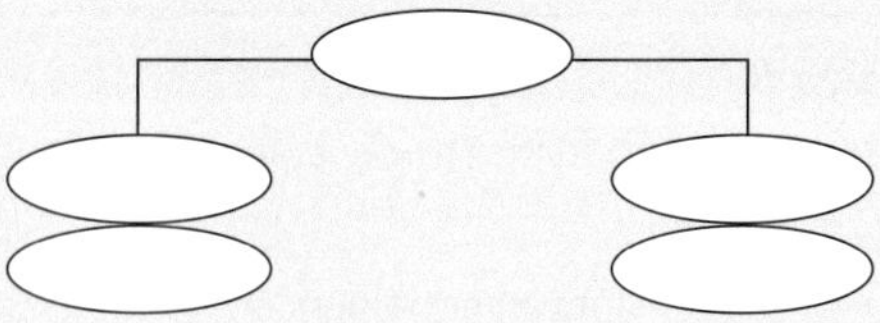

Betonung
Zur Hervorhebung eines Elements durch eine andere Form oder Farbe

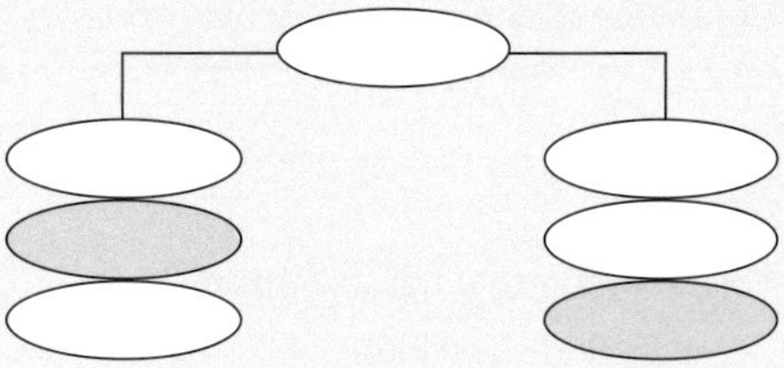

Streuung
Zur Visualisierung von Unordnung (diese könnte auch weiterentwickelt werden, indem sie anschließend in ein anderes Strukturmuster geordnet wird)

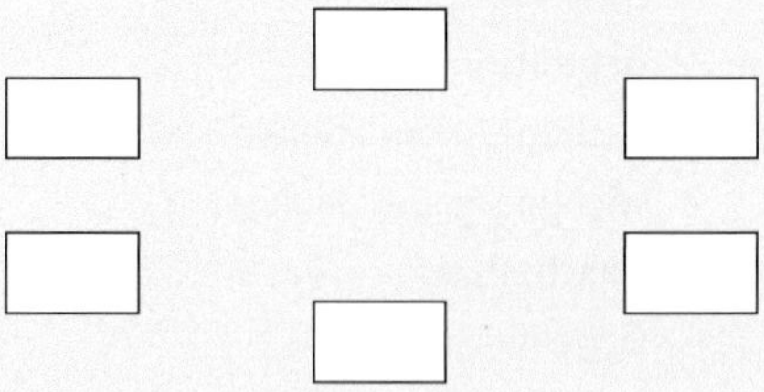

Abb. 8.12: Anordnung der Gestaltungselemente und Symbole

8.3 Planung des Medieneinsatzes

Um Prozesse oder Entwicklungen darzustellen, müssen zunächst einmal die Zusammenhänge aufgearbeitet werden, bevor man diese visuell umsetzen kann.

Visualisierung von komplexen Zusammenhängen

1. Dabei werden die einzelnen Aspekte in **Segmente getrennt** und diesen ein Gestaltungselement oder ein Schlagwort zugeordnet, das es erkennbar auszudrücken vermag.

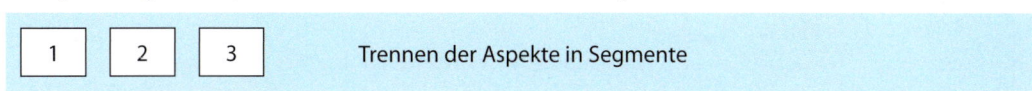

   | 1 | 2 | 3 | Trennen der Aspekte in Segmente

2. In einem zweiten Schritt wird überlegt, in welcher **Beziehung** die Aspekte zueinander stehen. Sie werden dann dementsprechend angeordnet. Hier kommen die oben genannten Darstellungsgrundmuster aus Abb. 8.12 zum Tragen.

3. Wichtige Beziehungen werden ihrerseits ebenfalls durch ein **gestalterisches Element**, z. B. eine Verbindungslinie, einen Pfeil, eine unterbrochene Linie etc., dargestellt und möglicherweise beschriftet.

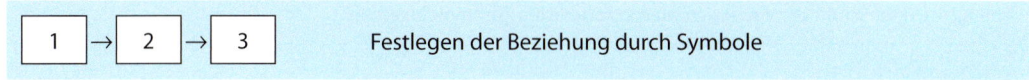

   | 1 | → | 2 | → | 3 | Festlegen der Beziehung durch Symbole

---

Beispiel für die Visualisierung von komplexen Zusammenhängen: Literaturtheoretische Einordnung des Werkes „Das Fräulein von Scuderi" als Detektivstück (siehe S. 130).

Die Seminararbeit möchte das Werk als Detektivstück einordnen und prüft dabei u. a., ob die Elemente vorhanden sind, die in der Sekundärliteratur für eine Kriminalerzählung gefordert werden.

In einem **ersten Schritt** werden diese Elemente segmentiert:

- Mord
- verdächtiger Unschuldiger: Olivier
- unschuldiger Verdächtiger: Cardillac
- verschlossenes Mordzimmer
- Aufklärung des Verbrechens durch Außenseiterin Scuderi – Versuch der Aufklärung durch die Polizei
- bestätigende Zeugenaussagen

In einem **zweiten Schritt** wird untersucht, in welchem Zusammenhang die Elemente zueinander stehen und wie man sie anordnen muss, um diesen deutlich zu machen. Im vorliegenden Beispiel soll veranschaulicht werden, dass das Vorgehen der Hauptfigur, der Außenseiterin Fräulein von Scuderi, zu einem anderen Ergebnis führt als das der Polizei:

Konstituierende Elemente einer Kriminalerzählung

Mord

verschlossenes Mordzimmer

bestätigende Zeugenaussagen

| Versuch der Aufklärung durch die **Polizei**: Olivier als Täter | verdächtiger Unschuldiger | —— | unverdächtiger Schuldiger | Aufklärung des Verbrechens durch **Außenseiterin** Scuderi: Cardillac als Täter |

Abb. 8.13: Zweiter Schritt der Visualisierung von komplexen Zusammenhängen

In einem **dritten Schritt** werden die Beziehungen durch gestalterische Elemente dargestellt. Deutlich wird also in dieser Visualisierung nicht nur, dass die Elemente der Kriminalerzählung vorhanden sind, sondern auch in welcher Beziehung sie untereinander stehen.

Konstituierende Elemente einer Kriminalerzählung

Ratio

Mord
+
verschlossenes Mordzimmer
+
bestätigende Zeugenaussagen

Gefühl

Versuch der Aufklärung durch die **Polizei**: Olivier als Täter → Olivier als **verdächtiger** **Unschuldiger** | unverdächtiger **Schuldiger** Cardillac | Aufklärung des Verbrechens durch **Außenseiterin** Scuderi: Cardillac als Täter

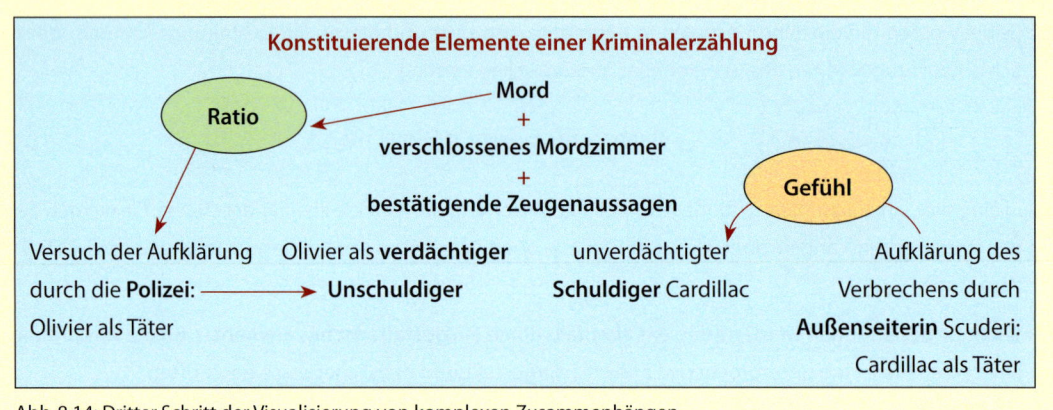

Abb. 8.14: Dritter Schritt der Visualisierung von komplexen Zusammenhängen

---

Wichtig: Eine bildhafte Darstellung ist immer auch eine Reduktion auf das Wesentliche: Elemente werden auf ihr bezeichnendes Merkmal reduziert, Beziehungen auf einfache Symbole. Die Vereinfachungen müssen daher unbedingt erläutert werden!

Visualisierung von zeitlichen Prozessen oder Entwicklungen

1. Prozesse und Entwicklungen erfordern meist eine **dynamische Darstellung**. Zunächst überlegt man sich den **Anfangs- und den Endpunkt des Verlaufs**. Diese beiden Punkte werden anhand eines wesentlichen Merkmals bestimmt und mit einem Schlagwort oder Symbol versehen (z. B. „Geschichte der DDR": Anfangspunkt = Ende des 2. Weltkriegs, Endpunkt = Mauerfall).

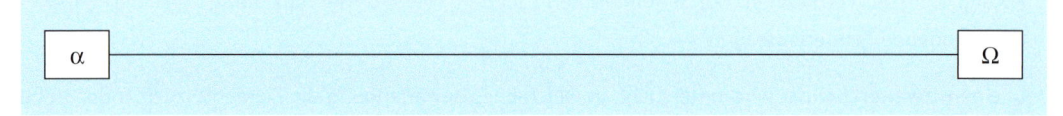

   α ——————————————— Ω

2. In einem zweiten Schritt werden die **verschiedenen Faktoren** herausgesucht, die auf den Verlauf so Einfluss genommen haben, dass eine Entwicklung stattfinden konnte (z. B. bestimmte historische Ereignisse).

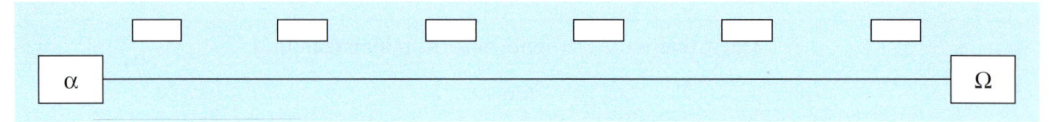

   α ——————————————— Ω

Der Prozess wird also somit in einzelne Facetten aufgeteilt. Die eigentliche Darstellung der unterschiedlichen Stufen kann dann deren Zusammenhänge visualisieren, indem sie z. B. linear angeordnet und Fort- oder Rückschritte, z. B. durch Höhen und Tiefen, gekennzeichnet werden. Auch hier ist eine Erklärung unbedingt nötig, da die Beziehungen möglicherweise noch komplexer sind und stark vereinfacht wurden.

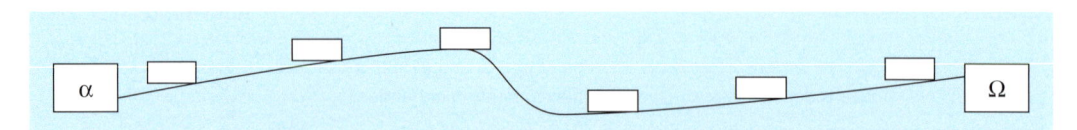

α ——————————————— Ω

Verschiedene Effekte sind in der Präsentation denkbar: So könnte man z. B. die Entwicklung Schritt für Schritt nachvollziehen und die Strukturskizze der ersten Stufe um je einen weiteren Faktor erweitern, indem man eine ausführlichere Folie über die erste legt, Kärtchen nacheinander anheftet und erst zum Schluss den Endpunkt aufdeckt.

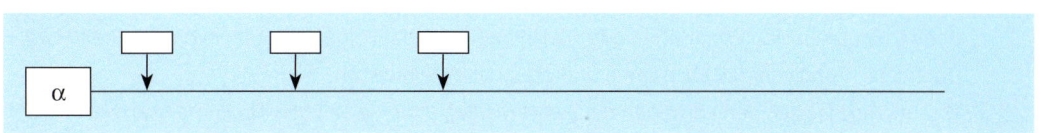

Beispiel für die Visualisierung von Entwicklungen/zeitlichen Abläufen: Visualisierung einer Destillation
In einem **ersten Schritt** wurden der Anfangs- und der Endpunkt des Versuchs der Visualisierung bestimmt, dann in einem **zweiten Schritt** die einzelnen Faktoren, die nötig sind, um das Endprodukt herzustellen:

- Wärmequelle (hier: Heizhaube) (1)
- Destillierkolben (ein Rundkolben) (2)
- Thermometer (3)
- Kühler (4)
- Kühlwasserzufluss (5)
- Kühlwasserabfluss (6)
- Vorlage (7)

Im Anschluss daran erfolgt die Darstellung der Zusammenhänge der einzelnen Schritte. Statt den Ablauf rein chronologisch anzuordnen, z. B. auf einem Zeitstrahl, ist es auch möglich, den Versuchsaufbau vereinfacht z. B. an die Tafel zu zeichnen und während der Präsentation die einzelnen Versuchsschritte zu erläutern, indem man den einzelnen Elementen z. B. Schilder mit Nummern zuordnet. Diese Art der Visualisierung ist in den Naturwissenschaften üblich, kann aber auch auf andere Fächer übertragen werden.

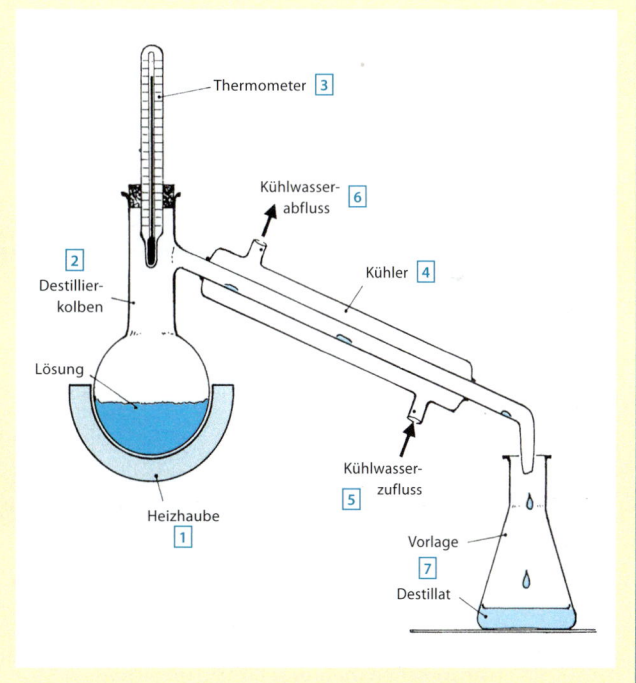

Abb. 8.15 Visualisierung eines zeitlichen Ablaufs bei einem Experiment

---

14. Schreiben Sie je einen Begriff zu einem allgemeinen Thema, z. B. Schule, Abitur, Politik, auf einen Zettel! Dieser wird in eine Schachtel geworfen und gemischt. Jeder Seminarkursteilnehmer zieht einen Zettel und versucht, den Begriff innerhalb von 30 Sekunden zu visualisieren.

8.4 Präsentationsmedien

> **15.** Suchen Sie gemeinsam nach einem bereits behandelten Thema aus Ihrem Seminarkurs! Das kann ein Fachartikel, ein Aspekt einer Lektüre, die Vorstellung des Rahmenthemas sein. Erarbeiten Sie dann in Gruppen eine Visualisierung für jeweils eines der im Folgenden näher vorgestellten Medien unter Beachtung von gestalterischen und praktischen Hinweisen.
> **16.** Diskutieren Sie nach den Vorträgen die Zweckmäßigkeit des jeweiligen Mediumeinsatzes!

Um die erarbeiteten Visualisierungen bei der Präsentation zu nutzen, muss ein jeweils geeignetes Medium ausgewählt werden. Dieser Medieneinsatz kann unterschiedliche Wirkungen hervorbringen:

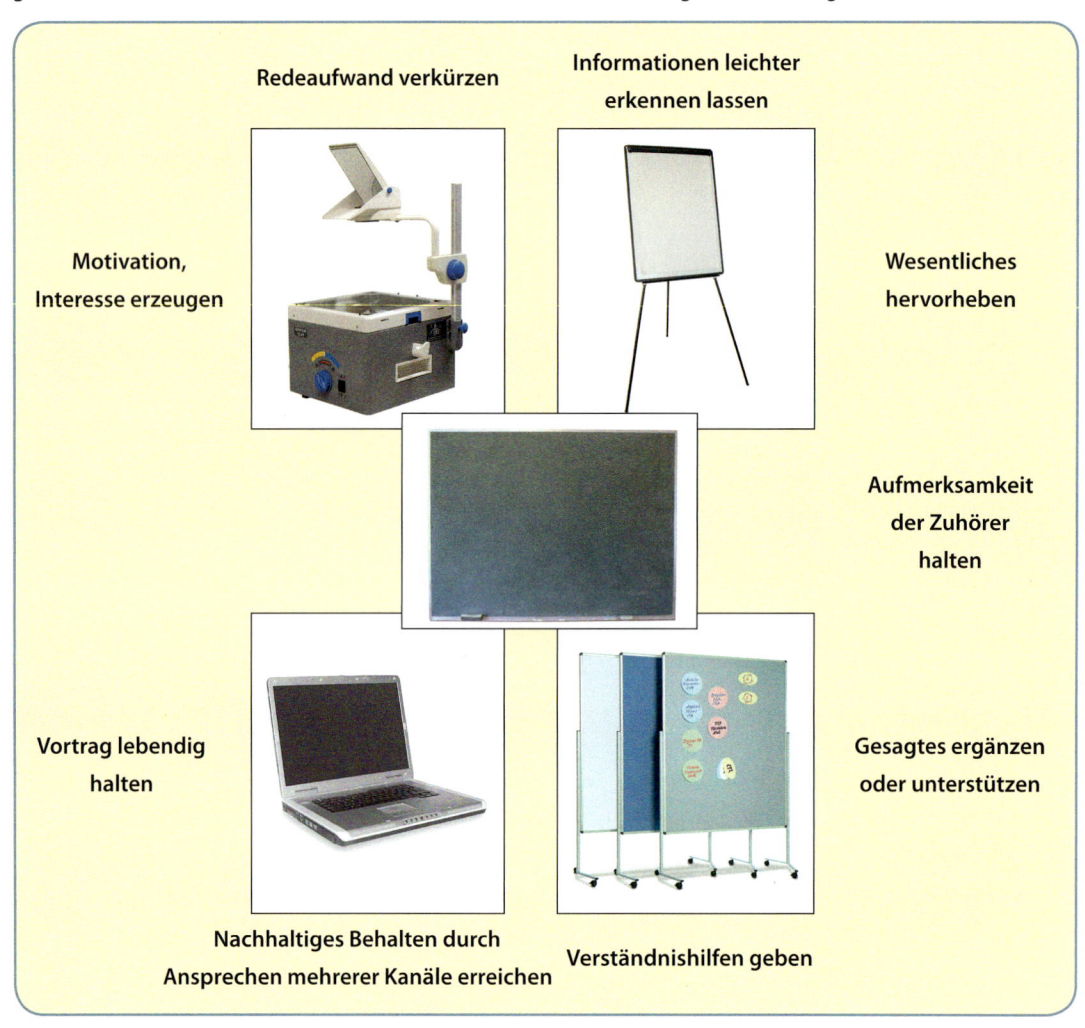

Abb. 8.16: Die verschiedenen Wirkungen eines Medieneinsatzes

Welches Medium letztendlich gewählt wird, ist abhängig von unterschiedlichen Bedingungen. Dazu zählen z. B. der benötigte Platz, die zur Verfügung stehende Zeit oder die zu vermittelnden Inhalte. Wenn Sie beispielsweise umfangreiche Aussagen, Textstellen oder viele Bilder präsentieren wollen, bietet sich ein Notebook eher als ein Overheadprojektor an. Das Notebook ist hingegen nicht geeignet, wenn Sie während der Präsentation handelnd eingreifen wollen. Hier sind Pinnwand, Tafel oder Flipchart besser geeignet. Auf den folgenden Seiten wird dargestellt, welche Medien sich für den jeweiligen Bedarf anbieten und worauf Sie bei der Vorbereitung achten müssen.

Tafel/Magnettafel

Die Tafel, die in praktisch jedem Klassenzimmer hängt, kann neben den modernen Medien auch sehr effektvoll genutzt werden. Sie bietet sich an:
- ✓ bei der Entwicklung von Ergebnissen während der Präsentation
- ✓ für Inhalte, die während der gesamten Präsentation sichtbar sein sollen
- ✓ für Skizzen und Darstellungen von Zusammenhängen
- ✓ für das Sammeln von Stichpunkten
- ✓ mit Magneten oder Tesafilm als Ersatz für eine Pinnwand

👍 Vorteile:
- + Vorhanden in jedem Klassenzimmer
- + Nutzung auch in Kombination mit anderen Medien: Vorstrukturiertes Tafelbild und Pinnwand etc.
- + Sicher zu handhabendes Medium
- + Möglichkeit der Vorbereitung

👎 Nachteile:
- − Zeitaufwand bei Entwickeln des Tafelbildes während der Präsentation
- − Begrenzter Platz
- − Keine Effekte möglich
- − Möglicherweise ständige Sicht der Zuhörer auf das Tafelbild

Hinweise zur effektvollen Gestaltung:
- ✓ Nur bei lesbarer Schrift nutzen.
- ✓ Auf ausreichend große Schrift achten.
- ✓ Kreide zugunsten der Lesbarkeit auf der Tafel fest aufdrücken.
- ✓ Bei Entwicklung eines Tafelbildes während der Präsentation Strukturierungen vorbereiten.
- ✓ Gleiche Farben zum Hervorheben zusammengehörender Aussagen nutzen.
- ✓ Möglicherweise Flügel der Tafel erst bei Nutzung des Tafelbildes öffnen.

Tipps für einen sicheren Einsatz:
- ✓ Auf sauberen Untergrund achten.
- ✓ Ausreichend Zeit zur Vorbereitung einplanen.
- ✓ Tafelbild mit Skizze planen.
- ✓ Bei der Nutzung als Magnettafel Magneten bereitlegen.
- ✓ Nicht in die Tafel, sondern in das Publikum reden.

Overheadprojektor

Folien auf dem Overheadprojektor sind geeignet
- ✓ für die Präsentation der **Gliederung**
- ✓ für die Visualisierung wichtiger **Definitionen, Textzitate, Merksätze**
- ✓ für **Tabellen** und **Grafiken**
- ✓ für **Abbildungen** und **Fotos**
- ✓ für das **Festhalten von gemeinsam Erarbeiteten**, möglicherweise auf einer vorstrukturierten Folie

👍 Vorteile:

- + Gute Verfügbarkeit und leichte Handhabung
- + Blickkontakt zum Publikum
- + Möglichkeit der Entwicklung von Gedankengängen durch weitere Beschriftung, Aufdecken oder Übereinanderlegen von Folien

👎 Nachteile:

- − Gefahr der Überfrachtung durch zu zahlreiche Folien (Aufnahmekapazität des Zuhörers bedenken!)
- − Gefahr der Überfrachtung durch zu umfangreiche Inhalte auf der Folie

Hinweise zur effektvollen Gestaltung:

- ✓ Unverschnörkelte Schrift ohne Serifen wählen, z. B. Arial.
- ✓ Wenige Schriftarten, Schriftgrößen, Schriftfarben wählen (maximal 2–3).
- ✓ Ausreichende Schriftgröße wählen, z. B. Arial 18–20 pt.
- ✓ Klein- und Großschreibung nutzen.
- ✓ Keine zu hellen oder zu blassen Farben wählen.
- ✓ Nur ein Thema pro Folie darstellen.
- ✓ Maximal 7 bis 10 Zeilen schreiben.
- ✓ Zentrale Aussagen hervorheben, z. B. mit Fettdruck oder während der Erläuterung einzeichnen.
- ✓ Durch Stichpunkte, Schlagwörter, Skizzen vereinfachen (außer bei der Darstellung von Definitionen).

Tipps für einen sicheren Einsatz:

- ✓ Folie mit Überschrift versehen und nummerieren.
- ✓ Passende Erklärungen zu den Folien geben.
- ✓ Folien anmoderieren (kurze Ankündigung, was gezeigt werden soll).
- ✓ Zeit für den Zuhörer einräumen, den Inhalt aufzunehmen.
- ✓ Folie aktiv nutzen: Anstreichen von Wesentlichem, deutliches Zeigen auf bestimmte Aspekte.
- ✓ Inhalt aufdecken, handschriftlich ergänzen.
- ✓ Auf ausreichende Verdunkelung, Schärfe, eigene Position achten.
- ✓ Overheadprojektor außerhalb der Nutzung ausschalten.

Flipchart

Flipcharts werden hauptsächlich dann eingesetzt, wenn während eines Gesprächs etwas festgehalten werden soll. Sie eignen sich:

- ✓ zum Festhalten von Aussagen **beim Sammeln von Aussagen**
- ✓ zur **Ergänzung anderer Medien**, z. B. des Overheadprojektors
- ✓ für Inhalte, die **während des gesamten Vortrags sichtbar** sein sollen
- ✓ für **sehr einfache Skizzen**
- ✓ für **Listen**

👍 Vorteile:

+ Spontane Nutzung möglich
+ Möglichkeit der Vorbereitung
+ Geringer Platzbedarf

👎 Nachteile:

- Schlechte Lesbarkeit bei vielen Zuhörern
- Geringer Platz zum Schreiben
- Unterbrechen des Blickkontakts während des Schreibens

Hinweise zur effektvollen Gestaltung:

- ✓ Nur für einfache Strukturen nutzen, dabei auf Übersichtlichkeit achten.
- ✓ Auf ausreichende Schriftgröße wegen der Lesbarkeit achten.
- ✓ Groß- und Kleinschreibung möglichst in sauberer Druckschrift anwenden.
- ✓ Platz planen – möglicherweise durch kleine Platzhalter für Überschrift, einzelne Punkte vorstrukturieren.
- ✓ Inhalte möglicherweise mit unbeschriebenem Blatt abdecken, erst bei der Nutzung aufdecken.

Tipps für einen sicheren Einsatz:

- ✓ Erst schreiben, dann mit Blick zum Publikum sprechen.
- ✓ Auf zentrale gut sichtbare Position im Raum achten.

Pinnwand

Die Pinnwand ist eines der vielfältigsten Medien. Auf ihr können Plakate ausgehängt oder Strukturen veranschaulicht werden. Sie kann auch Interaktivität, z. B. bei der gemeinsamen Erarbeitung von Inhalten, unterstützen. Sie eignet sich:

✓ für das **Sammeln von Ideen mit einer Kartenabfrage** und Ordnen in einer **Kartencollage**
✓ für die Entwicklung eines Themas während des Vortrages durch **Anstecken weiterer Karten**
✓ für den Vortrag auflockernde **Interaktionen zwischen den Zuhörern** (dabei werden mehrere dargestellte Sachverhalte durch die Zuhörer gesichtet und mit kleinen Symbolkärtchen bewertet)

👍 Vorteile:

+ Aktivität möglich
+ Große Fläche durch Zusammenstellen mehrerer Pinnwände
+ Nutzung auch in Kombination mit anderen Medien, z. B. Tafel

👎 Nachteile:

− Platzproblem in kleinen Räumen
− Lesbarkeit bei großem Publikum durch Kartengröße erschwert
− Zeitverlust durch Anstecken der Kärtchen

Hinweise zur effektvollen Gestaltung:

✓ Ausreichende Schrift- und Kartengröße beachten.
✓ Je Karte nur eine Angabe: Stichworte notieren.
✓ Auf Ordnung beim Anstecken achten.
✓ Vielfältige grafische Elemente, z. B. Pfeile, nutzen.
✓ Gleiche Farben für zusammengehörende Aussagen verwenden.
✓ Andere Formen und Farben für Überschriften oder Folgerungen nutzen.

Tipps für einen sicheren Einsatz:

✓ Erst Karte anstecken, dann mit Blick zum Publikum reden.
✓ Karten in richtiger Reihenfolge bereitlegen, möglicherweise auf der Rückseite nummerieren.
✓ Bei der Vorbereitung Skizze erstellen, nach der in der Präsentation die Karten angeordnet werden.

Notebook, PC

Präsentationsprogramme, deren Inhalte über einen Beamer an die Leinwand projiziert werden, werden häufig eingesetzt, sind aber nicht unbedingt ein Garant für eine gute Präsentation. Nur wenn das Programm richtig angewendet wird, kann es auch für die Veranschaulichung des Vortrags nützlich sein. Damit können

- ✓ **große Datenmengen** dargeboten werden
- ✓ **mehrere Medien zusammengeführt werden**, indem
  - Fotos oder farbige Illustrationen eingebunden
  - Videosequenzen oder Hörbeispiele eingebaut werden
- ✓ Strukturen, Entwicklungen durch **animierte Elemente** erweitert werden

Vorteile:

+ Blickkontakt nach vorne
+ Integration verschiedener Medien
+ Sicherheit durch vorbereitete Animation

Nachteile:

- Unpersönliches Medium
- Gefahr, das Medium anstelle des Vortrags in den Mittelpunkt zu stellen.
- Gefahr, dass Technik streikt

Hinweise zur effektvollen Gestaltung:

- ✓ Überschriften auf jeder Folie zum Aufzeigen des Gliederungspunktes einfügen.
- ✓ Auf durchgängig gleiche Position und Größe der einzelnen Textteile achten (Verhindern von „Springen" der Überschriften beim Wechsel der Folie).
- ✓ Gleichen Hintergrund bei allen Folien, der eine gute Lesbarkeit der Schrift ermöglicht, verwenden.
- ✓ Farbe vor allem vor buntem Hintergrund sparsam einsetzen.
- ✓ Keine ganzen Sätze, sondern auch hier Stichpunkte formulieren.
- ✓ Animationen sparsam einsetzen.

Tipps für einen sicheren Einsatz:

- ✓ Die Präsentationsfolien dürfen nicht einfach den Vortragstext wiedergeben: Über eine Folie muss noch mehr gesagt werden können: Auch sie stellt eine Vereinfachung, Veranschaulichung des Inhaltes dar.
- ✓ Eine Fernbedienung statt der Maus erleichtert das Blättern.
- ✓ Darauf achten, dass der Blickkontakt zum Publikum gehalten wird.
- ✓ Mit dem Medium vertraut machen und vorher proben.
- ✓ Vor dem Vortrag unbedingt das Funktionieren von Computer und Beamer testen.

8.5 Erstellen eines Redemanuskripts und eines Handouts

Welch ein Schreck, vor Publikum plötzlich den roten Faden zu verlieren – welch ein Glück, dann einen rettenden Blick in seine gut strukturierten Karteikarten werfen zu können! Jeder wird eine andere Hilfestellung für seinen Vortrag für sich finden – die beiden gängigsten Möglichkeiten sollen in Folge kurz dargestellt werden.

Abb. 8.17: Wichtig: Stichpunktzettel durchnummerieren!

Ausformuliertes Manuskript

Das gesamte Referat wird sprachlich ausgearbeitet. Dadurch lässt sich der Text in der Vorbereitungsphase gut einprägen. Im Vortrag, der frei gehalten werden muss, dient das Manuskript als Gedächtnisstütze.

Vorteile	Nachteile
• Ausgefeiltere Sprache • Garantierte Vollständigkeit • Möglichkeit der exakteren Zeiteinteilung • Sicherheit gegen Aussetzer: Stellen, bei denen man unsicher ist, werden beim Üben offensichtlich und für den Vortrag deutlich markiert • Sicherheit bei sehr großer Aufregung • Sicherheit bei Vorträgen in der Fremdsprache	• Schriftliche und damit ggf. komplizierte Sprache • Gefahr des Ablesens • Gefahr, den Blickkontakt zum Publikum zu verlieren aufgrund der Konzentration auf die Textfülle • Paralleler Medieneinsatz erschwert • Auf das Manuskript konzentrierte Haltung, z. B. Drehen der Blätter in der Hand oder sogar fehlende Gestik

Tipps für die Anwendung

- Blätter nur einseitig beschreiben.
- Blätter deutlich und fortlaufend nummerieren.
- Ausreichend große Schrift und übersichtliche Gliederung verwenden.
- Wichtige Stellen hervorheben, die das Auffinden konkreter Passagen z. B. nach einem Medieneinsatz erleichtern.
- Hinweise zum Medieneinsatz mit anderer Farbe einfügen (ein Rand für solche Anmerkungen bietet sich an).
- Text vorher gut einprägen für einen freien Vortrag mit ständigem Blickkontakt zum Publikum (Manuskript liegt für Notfälle auf dem Tisch).

Stichpunktartiges Manuskript

Der Vortrag wird nicht ausgearbeitet, sondern in Stichpunkten auf ein normales Blatt (DIN A4) oder auf Karteikarten (DIN A5) notiert. Auch wichtige oder umfangreiche Daten, Zitate oder Anweisungen für den Medieneinsatz finden sich dort.

Vorteile	Nachteile
• Freie Sprache • Langsameres Sprechen, da keine Gefahr des Ablesens droht	• Sprachliche Formulierungen sind möglicherweise spontan und unangemessen • Gefahr, den Faden zu verlieren • Fehlende Grundhilfe bei einem „Blackout" • Sprachliches Abschweifen vom eigentlichen Vortrag und damit Zeitverlust

Tipps für die Anwendung

- Stichworte, nützliche Vokabeln in der Fremdsprache, Beispiele, Visualisierungen und Zeitangaben notieren.
- Ein neues Blatt, eine neue Karte für einen neuen Präsentationsschritt beginnen.
- Ausreichend große Schrift verwenden.
- Stellen, die mit großer Wahrscheinlichkeit abgelesen werden (z. B. Zitate, Daten, Zahlen) deutlich markieren.
- Möglichst nur einseitig beschriften, auf jeden Fall aber gut sichtbar nummerieren.
- Angabe von Medieneinsatz farblich abheben oder einen ausreichend großen Rand hierfür lassen.
- Zeitlichen Rahmen deutlich angeben und vom Rest abheben.
- Bei computergestützten Präsentationsprogrammen Folien ausdrucken und mit weiteren Stichpunkten ergänzen.

Für beide Manuskriptarten gilt: Der Vortrag muss eingeübt werden, damit Stellen gekennzeichnet werden können, an denen man leicht hängen bleibt und damit die Zeit eingeschätzt werden kann, die der einzelne Teil benötigt.

Wie bringt man das Handout gewinnbringend ein?

An dieser Stelle gilt es, noch ein letztes Element vor dem eigentlichen Vortrag zu erarbeiten: das Handout oder Thesenpapier. Nach dem Verfassen eines Redemanuskripts ist es leicht herzustellen: Es geht nun nur noch darum, die wesentlichen Inhalte für den Zuhörer auf einem Blatt übersichtlich festzuhalten und ihm damit die Möglichkeit zu bieten, im Nachhinein noch einmal nachlesen zu können.

Ein Handout kann auch als Tischvorlage ausgegeben werden, die der Zuhörer während der Präsentation vor sich liegen hat. Die Tischvorlage ist meist kürzer gefasst, um nicht zu viel Aufmerksamkeit vom Vortrag abzuziehen. Wenn jedoch der eigentliche Zweck ist, dem Zuhörer die wesentlichen Informationen mit nach Hause zu geben, wird das Handout ausführlicher formuliert.

Vor dem Vortrag	**Während** des Vortrags	**Nach** dem Vortrag
Die Tischvorlage wird vor Beginn verteilt, um so ein Grundgerüst für mögliche Notizen zu schaffen: Gliederung, Kernaussagen etc. sind ersichtlich und können ergänzt werden. Bei einer Ausgabe der Tischvorlage noch vor dem Präsentationstermin können sich die Zuhörer z. B. auf Diskussionen vorbereiten.	Wenn während des Vortrags eine Vielzahl an konkreten Fakten oder Daten vermittelt werden, kann das Handout während des Vortrags verteilt werden.	Vor allem bei einer Präsentation, die medial aktiv ist, kann eine Tischvorlage stören. Für die Nachhaltigkeit der Inhalte werden diese im Nachhinein auf einem Handout zur Verfügung gestellt.
Wichtig: Beginn der Präsentation erst nach Verteilen und Sichten aller Unterlagen!	**Wichtig:** Redepause während des Verteilens und Einlesens!	**Wichtig:** Auf Wiedererkennbarkeit der Gliederungspunkte achten!
Mögliche Problematik: Störendes Rascheln während des Vortrags Fehlende Aufmerksamkeit wegen gleichzeitigen Sichtens der Inhalte		**Mögliche Problematik:** Keine Möglichkeit für Notizen Fehlende visuelle Stütze

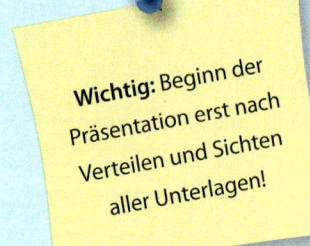

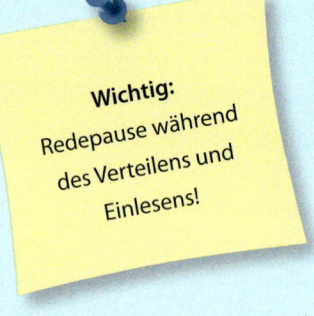

Abb. 8.18: Zeitpunkt der Ausgabe des Handouts oder der Tischvorlage

Im Handout wirkt die Präsentation nach. Will man eine wirkliche Nachhaltigkeit erreichen, muss es so formuliert sein, dass der Zuhörer auch noch einige Zeit später anhand der Stichpunkte die Inhalte rekapitulieren kann. Das Handout wird also in der Regel nicht nur Oberpunkte nennen, sondern darüber hinaus auch informative Erklärungen einbringen.

Inhaltlich kann es
- Kernpunkte und möglicherweise deren stichpunktartige Erklärungen festhalten
- wichtige Definitionen oder Merksätze wiedergeben
- Zahlen, Fakten und Daten darstellen
- Visualisierungen übernehmen, also Skizzen, Tabellen, Diagramme oder sogar Folien abbilden
- Hintergrundwissen oder Zusatzinformationen bieten
- Quellen und Bildnachweise festhalten

Grafisch sollten
- eine logische Gliederung
- ein ansehnliches, übersichtliches Layout
- die Hervorhebung wichtiger Punkte
- eine Durchgängigkeit im Layout, also gleiche Größe und Gestalt von gleichwertigen Überschriften gegeben sein

Immer sollten auch Titel, Referent, Datum und die Schule bzw. das Fach aufgeführt sein. Hierfür bietet sich die Kopfzeile an!

8.6 Der Vortrag

Was ist ein guter Vortrag?

Die beste Ausarbeitung des Inhalts, optimale Mediennutzung und Visualisierung nützen nichts, wenn der Vortragende gehemmt im Eck steht, zu leise spricht oder die gesamte Präsentation wie ein Nachrichtensprecher vom Blatt liest.

17. Finden Sie in Kleingruppen jeweils fünf Bewertungskriterien für Sprache, Haltung, Gestik und Medieneinsatz bei einem Vortrag (z. B: Sprache: Lautstärke, Sprechtempo …)!
18. Verfassen Sie gemeinsam ein Bewertungsschema mit Gewichtung der einzelnen Kriterien und beurteilen Sie sich damit gegenseitig bei einem Probedurchlauf!
19. Trainieren Sie mithilfe einiger unten stehender Übungen Haltung, Sprache und Medieneinsatz!

Übung: **Spontanreferate**

„Übung macht den Meister" – ohne praktische Übung werden Sie keine Erfahrung sammeln und sich nicht verbessern können. Halten Sie daher im W-Seminar Spontanreferate, mit denen Sie gemeinsam rhetorisches Verhalten üben und beobachten können.

Spontanreferate …
- … sind ganz „normale" Referate mit dem Aufbau Einleitung – Hauptteil – Schluss.
- … berücksichtigen Aspekte wie Körpersprache, Aufbau des Vortrags, Artikulation, Publikumsbezug, Sprache.
- … dauern allerdings nur 1½–2 Minuten und erfolgen ohne Vorbereitung.

Vorgehen:
1. Jeder Seminarteilnehmer erhält zwei Kärtchen, auf die er je einen Begriff aus einem vorgegebenen Rahmenthema notiert. Dieses kann z. B. aus dem Bereich des Unterrichts kommen, ein aktuelles (politisches) Ereignis darstellen oder die Freizeit betreffen. Wichtig ist aber, dass es aus dem jeweiligen Umfeld des Seminars stammt, also von allen bearbeitet werden kann.
2. Aus allen gesammelten und unsortierten Zetteln zieht der Vortragende zwei Begriffe, aus deren Kombination er einen spontanen Beitrag darbieten soll.
3. Wichtig ist dabei, dass Sie danach konstruktive Kritik äußern:
   - bezogen auf rhetorische Mittel, Sprache
   - bezogen auf Artikulation
   - bezogen auf Haltung, Gestik und Blickkontakt

Sie können dies zum Üben des Medieneinsatzes auch variieren, indem Sie sich eine Vorbereitungszeit von ca. zehn Minuten einräumen.

Richtige Körperhaltung

Abb. 8.19: Ausdruck der unterschiedlichen Haltungen

20. Welche Einstellung bringen die Haltungen in Abb. 8.19 zum Ausdruck?

✓ **Checkliste: Körperhaltung**

✓ **Lockere** Haltung, **Sicherheit** und **Offenheit** ausstrahlend
✓ **Keine Barriere** zwischen Redner und Publikum
✓ **Gleichmäßiger Stand** auf beiden Beinen
✓ Immer wieder einmal **Wechsel des Standortes**, wenn möglich sogar ins Publikum gehen
✓ Aufnahme von **Blickkontakt** mit allen Beteiligten, auch bei Arbeit mit Medien (z. B. Overheadprojektor)
✓ **Gestik** nur oberhalb der Körpermitte
✓ Lockeres Halten des **Manuskripts** (bestenfalls Ablage auf dem Tisch)

Übung: **Publikumsbezug**

Ein Redner sollte immer das gesamte Publikum einbeziehen, das ist bekannt. Wie aber schafft man das? Wichtig ist, durch Blickkontakt mit unterschiedlichen Personen eine Verbindung herzustellen. Auch das kann man trainieren: Sammeln Sie Zitate bekannter Persönlichkeiten oder die Aussage eines Politikers und notieren sich diese. In der folgenden Stunde trägt jeder Seminarteilnehmer seinen Satz vor dem Kurs vor.

Vorgehen:
1. Haltung: Nehmen Sie eine passende Haltung vor dem Kurs ein und bleiben Sie kurz stehen.
2. Kontaktaufnahme: Lassen Sie Ihren Blick bewusst über die einzelnen Gesichter wandern.
3. Blickkontakt zu einer vertrauten Person: Damit schaffen Sie für sich Selbstvertrauen.
4. Beginn des Vortrags: Halten Sie den Blickkontakt mit dieser Person.
5. Wechsel des Blickkontakts: Blicken Sie dann zu weiteren Personen.
6. Verabschiedung: Verharren Sie, bis Sie den Applaus entgegengenommen haben, in Blickkontakt.

> ✓ **Checkliste: Angemessenes Sprechen**
>
> ✓ **Abwechslungsreiches** Sprechen in **Lautstärke, Ausdruck, Tempo**
> ✓ Nicht zu schnelles **Sprechtempo**
> ✓ Einbau von **Redepausen,** z. B. vor dem Übergang zu einem neuen Abschnitt
> ✓ Klare **Artikulation**
> ✓ **Sach- und zuhörerangemessene Sprachebene**
> ✓ Möglichst freie, **nicht auswendig gelernte Sprache**
> ✓ **Kurze, prägnante** Sätze

Übung: **Saubere Artikulation**

Auch die Aussprache kann man trainieren. Suchen Sie Zungenbrecher wie das altbekannte Beispiel:

„Fischers Fritze fischt frische Fische, frische Fische fischt Fischers Fritze."

Sprechen Sie vor dem Kurs den jeweiligen Zungenbrecher
- langsam und betont
- immer schneller werdend
- mit einem Flaschenkorken zwischen den Schneidezähnen; damit wird die Deutlichkeit der Aussprache gefördert.

Übung: **Ausdruck und Sprechpausen**

Tragen Sie ein Gedicht, z. B. das folgende von Ernst Jandl, vor dem Kurs vor, indem Sie besonders darauf achten, ihm Ausdruckskraft zu verleihen. Sprechen Sie z. B. fröhlich, wütend, beleidigt, gelangweilt etc. Auch andere Gedichte z. B. von Paul Gernhard bieten sich hierfür an.

ottos mops

ottos mops trotzt
otto: fort mops fort
ottos mops hopst fort
otto: soso

otto holt koks
otto holt obst
otto horcht

otto: mops mops
otto hofft

ottos mops klopft
otto: komm mops komm
ottos mops kommt
ottos mops kotzt
otto: ogottogott

Jandl, Ernst. Der künstliche Baum. Neuwied: Luchterhand 1970

Einsatz der Medien

Wie bereits in Kapitel 8.4 erläutert, gehört der Einsatz von Medien zu einem guten Vortrag dazu. Hierbei sollten Sie u. a. Folgendes beachten:

> ✓ **Checkliste: Einsatz der Medien**
>
> ✓ **Sprechpausen während der Vorbereitung und Bedienung des** Mediums
> ✓ Sprechen nur bei **Blickkontakt zum Publikum**
> ✓ Verdeutlichen konkreter Aussagen, durch Hinweise mit dem Zeigestab oder Laserpointer, durch Unterstreichen auf Folie beim Overheadprojektor und durch das sukzessive Anstecken der Aussagen auf der Pinnwand
> ✓ Ausschalten des unbenutzten Mediums

Die folgende Checkliste gibt Ihnen letzte Hinweise, wenn Ihr Vortrag am Ende der 12/1 konkret ansteht:

> ✓ **Checkliste: Vor dem Vortrag**
>
> ✓ Generalprobe vor Publikum mit Einsatz aller Medien und Blick auf die Zeit
> ✓ Zurechtlegen des Redemanuskripts und des Handouts
> ✓ Vorbereiten der Medien
>   - Rechtzeitige Vorbereitung (Anschluss an Steckdose, Einstellung der scharfen Wiedergabe, richtige Position) und Überprüfung der Funktionstüchtigkeit
>   - Bereitlegen von nötigem Material (z. B. Folienstift, Reißzwecken, zugeschnittenes Klebeband etc.)
> ✓ Zurechtlegen des Materials
>   - Stifte zur Markierung, Beschriftung
>   - Plakate, Kärtchen in der richtigen Reihenfolge
>   - Klebeband oder Reißzwecken bei der Nutzung von Tafel oder Pinnwand
> ✓ **Und als wichtigste Regel:**
> Freuen Sie sich auf Ihren Vortrag. Wenn Sie mit einem guten Gefühl in die Präsentation gehen, werden Sie die richtige Lockerheit ausstrahlen und auf Ihr Publikum eine positive Wirkung haben.

Pannenhilfe

Es kann immer wieder einmal vorkommen, dass in einem Vortrag etwas nicht funktioniert. Achten Sie bei anderen Referenten einmal darauf: Am wenigsten fällt ein Lapsus auf, wenn der Vortragende offen und möglicherweise gewitzt damit umgeht. Werden Sie also nicht nervös:

- **Aussetzer im inhaltlichen Bereich:** Ein Blick ins Manuskript hilft. Sie können auch die gerade gemachte Aussage wiederholen. Notfalls mit dem nächsten Punkt fortfahren und danach auf den ausgelassenen Aspekt zurückkommen.
- **Versprecher:** So etwas passiert! Verbessern Sie sich kurz ohne Grimasse oder fahren Sie fort.
- **Aussetzer im sprachlichen Bereich:** Sie finden ein Wort nicht oder haben einen zu komplizierten Satz angefangen? Hier ist Offenheit angesagt: Geben Sie zu, dass Sie das Wort gerade nicht finden oder fangen Sie den Satz mit einer kurzen Überleitung neu an.
- **Versagen der Technik:** Souverän bleiben! Behalten Sie Publikum und Zeit im Auge: Wenn Sie das Problem nicht in absehbarer Zeit in den Griff bekommen, fahren Sie ohne technische Hilfsmittel fort.

Seminararbeit: Präsentation

Jeder Seminarteilnehmer stellt in einer Präsentation **am Ende von 12/1**, von November bis Januar die wichtigsten Ergebnisse seiner Seminararbeit vor und stellt sich den Fragen des Publikums.

Der Anteil der Präsentation innerhalb der Seminararbeitsnote beträgt **ein Viertel** der Gesamtnote. Da die Dauer und die Schwerpunkte von Schule zu Schule etwas differieren, gibt es keinen einheitlichen Leitfaden für diese Abschlusspräsentation. Durch Zwischenpräsentationen während des Seminars wurden aber schon viele Erfahrungswerte für eben diesen Zeitpunkt gesammelt. Im Gegensatz zu Zwischenpräsentationen bestehen erhöhte Anforderungen:

- Die Aufgabe liegt darin, die gesamten Ergebnisse darzustellen und in das Rahmenthema einzuordnen.
- Der zeitliche Rahmen ist im Vergleich mit dem Umfang der Aussagen eher knapp.
- Gegebenenfalls gibt es einen erweiterten Zuhörerkreis oder Präsentationsrahmen.
- Die öffentliche Diskussion der Ergebnisse kann eine Verteidigung der Thesen fordern.

Durch den knappen zeitlichen Rahmen und den umfangreichen Inhalt ergibt sich die Notwendigkeit, das Thema noch einmal zu überdenken: Nicht alle Lösungswege oder Prozessschritte können dargestellt werden. Möglicherweise ist der Aufbau in der Präsentation auch ein anderer als in der Seminararbeit. Wichtig ist, dass unbedingt die Ergebnisse deutlich gemacht und auf das Rahmenthema bezogen werden.

> **Tipp:** Neben dem klassischen mündlichen Vortrag sind auch andere Präsentationsformen möglich. Warum z. B. kein Poster in einer Naturwissenschaft?

Bei einem größeren Zuhörerkreis ist noch mehr auf Stressbewältigung zu achten. Eine gute Vorbereitung mit Übungsvortrag stellt einen gewaltigen Schritt dazu dar! Unbedingt sind für diese Präsentation die Räumlichkeit sowie das Funktionieren der Medien zuvor zu prüfen.

> **Tipp:** Das Wissen ist auf Ihrer Seite. Sie sind gut eingearbeitet in das Thema und haben so den meisten Zuhörern etwas voraus. Machen Sie sich diesen Expertenvorteil zunutze!

In der nachfolgenden Diskussion stellt sich der Einzelne den – möglicherweise kritischen – Fragen der Zuhörer. Hierauf sollte man gut vorbereitet sein, indem man auch Inhalte der Arbeit, die nicht aufgenommen werden konnten, parat hält.

> **Tipp:** Nehmen Sie kritische Fragen nicht persönlich: Hören Sie dem anderen gut zu und antworten Sie bei negativen Einwänden nicht sofort abwehrend. Zeit zum Überlegen kann durch Rückfragen oder durch die Bitte um Umformulierung der Frage gewonnen werden. Danach wird in Ruhe die eigene Position bekräftigt.

Literaturempfehlung für die Präsentation
Böhringer, Joachim u. a. Präsentieren in Schule, Studium und Beruf. Berlin: Springer 2008

Liste gängiger Suchmaschinen

Beispiele	Adresse	Merkmale
Metasuchmaschinen		
Highway61	www.highway61.com	universell, englischsprachig, einfache Bedienung, gefundene Dokumente werden aufgelistet, Details einzelner Suchmaschinen bleiben ungenutzt
MetaGer	www.rzn.uni-hannover.de	universell, deutschsprachig, einfache Bedienung, Ergebnisdarstellung nach Relevanz
Metacrawler	www.go2net.com	Suche erfolgt parallel in verschiedenen Suchmaschinen
klug-suchen	www.klug-suchen.de	Hier wird für einen bestimmten Begriff die geeignete Suchmaschine herausgefunden.

Kataloge
Die Inhalte der Suchmaschinen werden von einer Redaktion in Form eines Katalogs bearbeitet, d. h., die Informationen sind nach Themengebieten zusammengefasst und geordnet.

Yahoo (deutsch)	www.yahoo.de	viele Dokumente, die nach Suchkategorien geordnet sind
Yahoo (englisch)	www.yahoo.com	viele, vor allem internationale Dokumente, meist in Englisch, Suchergebnisse sind nach Suchkategorien und Datum sortiert
Dino	www.dino-online.de	gut gegliederte deutschsprachige Dokumente, die Titel werden redaktionell verwaltet und nach Katalogbereichen geführt
Kolibri	www.kolibri.de	auch für Suche nach Bildern, Videos, Sounds geeignet

Spezialsuchmaschinen
Sie beschränken sich entweder auf einen bestimmten Sachverhalt oder erschließen bestimmte Datenbanken.

Mediendatenbank	www.schule.bayern.de	bayerischer Schulserver mit schulspezifischem Filter
Bayerischer Rundfunk	www.br.online.de/Inhalt	Texte und Unterrichtsmaterialien zu Rundfunk- und Fernsehsendungen
Bibliotheken	www.dbi-berlin.de	erschließt umfassend bibliothekarische Quellen

Besprechungsdienste
Sie erfassen qualitativ hochwertige Internetadressen und bewerten diese nach ausgewählten Kriterien.

WebTIP	www.webtip.de	Bewertung der besten deutschsprachigen Internetseiten nach Aufbereitung, Aktualität, Inhalt u. Ä.

Liste gängiger Online-Lexika

Beispiele	Adresse	Merkmale
Allgemeine Enzyklopädien und Nachschlagewerke		
MSN Encarta	http://encarta.msn.com http://de.encarta.msn.com http://fr.encarta.msn.com http://it.encarta.msn.com http://es.encarta.msn.com	Portal des Microsoft-Konzerns, mit vielen Multimedia-Angeboten, gibt es in mehreren Sprachen
Wissen.de	www.wissen.de	Portal des Bertelmann-Konzerns, mit vielen Spezialgebieten (z. B. Technik, Gesundheit)
Encyclopaedia Britannica	www.britannica.com	Umfassende englische Standard-Enzyklopädie, enthält auch das Merriam-Webster's Collegiate Dictionary.
Fachspezifische Informationen		
Um den Rahmen dieser Liste nicht zu sprengen, sei auf die Internetseite **www.fix-finden.de** verwiesen. Diese bietet ein Verzeichnis hunderter Online-Nachschlagewerke zu verschiedensten Fachgebieten		

Weiterführende Literatur und Links

Die folgenden Werke sind eine Auswahl von allgemeinen Büchern zum wissenschaftlichen Arbeiten. Diese richten sich zwar vornehmlich an Studienanfänger, können jedoch auch eine gute Orientierung für das Verfassen der Seminararbeit bieten. Weitere Literaturempfehlungen finden sich in den jeweiligen Kapiteln dieses Buches.

- Esselborn-Krumbiegel, Helga. Von der Idee zum Text. Eine Anleitung zum wissenschaftlichen Schreiben. 3., überarb. Auflage. Stuttgart: UTB 2008
- Franck, Norbert: Handbuch Wissenschaftliches Arbeiten. 2. Auflage. Frankfurt am Main: Fischer (Tb) 2007
- Kruse, Otto. Keine Angst vor dem leeren Blatt. Ohne Schreibblockaden durchs Studium. 12., völlig neu bearb. Auflage. Frankfurt am Main: Campus 2007
- Sesinek, Werner. Einführung in das wissenschaftliche Arbeiten. Mit Internet – Textverarbeitung – Präsentation. 6. völlig überarb. und aktual. Auflage. München: R. Oldenbourg 2003
- Schreibwerkstatt der Universität Duisburg-Essen. „Der Schreibtrainer". 18.06.2009. www.uni-due.de/schreibwerkstatt/trainer/index.html
- Stickel-Wolf, Christine/Wolf, Joachim. Wissenschaftliches Arbeiten und Lerntechniken. Erfolgreich studieren – gewusst wie! 5. Auflage. Wiesbaden: Gabler 2009

Stichwortverzeichnis

Abbildungsverzeichnis 128
Abstract 128
Analysieren 24
Anhang 128
Anschlussfragen 76
APA-Standard 78
Archiv 39, 57 ff., 99 f.
Argumentieren 24, 107 ff., 125 ff., 132 ff.
Artikulation 182 f.
Auswertung von Interviews/Umfragen 91 ff.
Äußere Form 145 f.

Balkendiagramm 95
Befragung 65 ff.
Beispielsfragen 76
Bevölkerungsdiagramm 96
Bewertungsbogen 157
Bibliografieren 77 ff., 142
Bibliothek 39, 52 ff.

Datenbank 39, 46 f.
Deduktiv 16, 125
Definieren 16 f.
Dezimalgliederung 129 f.
Diagramm 94 ff.
Direkte Fragen 76
Dokumentieren 24

Einfachwahlfragen 68
Einleitung 123
Empirisch 26, 65 ff.
Erhebung 66 ff.
Erkundung 21 f.
Evaluieren 24
Experiment 16, 26, 66, 135
Exposé 37
Exzerpieren 85 f.
Exzerpte 85 f., 99
Exzerptkopf 86

Fachbibliothek 53 f.
Fachkompetenz 11
Fachzeitschriften 60

Falsifizieren 66
Feedback 113
Fernleihe 56
Fernsehen 39, 63 f.
Flächendiagramm 95
Flipchart 170, 173
Formalien 35, 129, 140 ff., 146
Forschungskreislauf 120 f.
Fragebogen 69 ff.
Fußnote 142

Gateway Bayern 54
Geschlossene Fragen 68
Gestaltungsmittel 165
Gliederung 122 ff., 129 ff.
Grundformen des Schreibens 24
Grundmuster der Strukturierung 117, 166

Handlungsorientiert 27
Handout 177 ff.
Harvard-Konzept 110
Harvard-Beleg 142
Hauptteil 124 ff.
Hermeneutischer Zirkel 87
Hierarchisieren 115
Hochschule 12 ff., 18 ff., 39
Hörfunk 39, 63 f.
Hypothese 66

Induktiv 16, 125
Indikator 66 f.
Indirekte Frage 76
Informationsquelle 38 ff.
Inhaltsverzeichnis 123, 129 ff.
Internet 39, 43 ff., 80
Interpretieren 24
Interview 65 ff., 91 ff.
Interviewleitfaden 69 ff.

Karlsruher Virtueller Katalog 54
Karteikarten 99 f.
Kartogramm 96
Kategorisieren 115

Kompetenz 5 f., 8 ff.
Kompilieren 24
Kontrastieren 24
Körperhaltung 181
Kreisdiagramm 96
Kreuztabelle 92
Kulturinstitut 55

Layout 145 f.
Linkliste 45
Liniendiagramm 95
Literaturanalytisch 26
Literaturverzeichnis 77 ff., 99 f., 128, 142

Manuskript 37
Markieren 84 f.
Medieneinsatz 164 ff., 170 ff., 183
Mehrfachwahlfragen 68
Metasuchmaschine 45
Methodenkompetenz 8 f.
MLA-Standard 78
Mind Map 118 f.
Moderation 101 ff.
Monografie 79
Museum 39, 61 f.

Nachschlagewerk 42
Netzdiagramm 97
Nicht-standardisiertes Interview 71
Nominalstil 129, 150
Notebook 170, 175
Notizen 22

Objektivität 16, 72
Offene Frage 68
Online-Lexika 51, 186
OPAC 55 f.
Operationalisierung 66
Operatoren 48, 55
Overheadprojektor 170, 172

Paraphrase 85 f.
Pinnwand 170, 174
Plagiieren 136
PQ4R-Lese-Methode 81 ff.

Präsentation 153 ff., 184
– Aufbau 160 ff.
– Formen 155 f.
– Inhaltliche Auswahl 158 f.
– Medien 164 ff., 170 ff., 183
Pretest 71 f.
Primärliteratur 77, 138
Produktionsorientiert 27
Pro-Kontra-Diskussion 107 ff.
Publikumsbezug 181 f.
Punktdiagramm 94

Qualitätsprüfung von Internetquellen 49 f.
Quelle 77 ff., 136 ff.

Recherche 38 ff., 43 ff., 55 f., 59 f., 64
Rechercheergebnis 40
Recherchieren 40 ff., 43 ff., 55 f., 59 f., 64
Redemanuskript 176 ff.
Reliabilität 16, 72
Rollenspiel 111 ff.
Roter Faden 152
Rücklaufquote 68
Rundfunk 63 f.

Sammelband 79
Säulendiagramm 95
Schlagwort 56
Schlussbetrachtung 127
Schlüsselbegriff 82
Schreibprozess 147 ff.
Sekundärliteratur 77
Selbstkompetenz 11
Selbstständigkeitserklärung 128
Seminararbeit 5 f., 23 ff., 77 ff., 120 ff., 145 ff., 184
Seminarexkursion 21 f.
Sinnabschnitte 82 ff.
Skalenfragen 68 f.
Skepsis 42
Sozialkompetenz 11
Spontanreferat 180
Sprache 148 ff.
Statistik 91 f., 94 f.
Stichprobe 73

Stichwort 56
Stil 148
Stoffanordnung 116, 120 ff.
Strukturieren 115 ff.
Studientag 20
Studium 12 ff., 18 ff.
Suchmaschinen 44 f., 185
Suggestivfragen 74
Systematisieren 24

Tafel 170 f.
Teilstandardisiertes Interview 70
Text 81 ff.
Textverständnis 86 f.
Themenfindung 25 ff.
These 37, 132 ff.
Tischvorlage 177 ff.
Titelblatt 146
Traditionelle Gliederung 129 ff.

Umfrage 65 ff., 91 ff.
Universität 12 ff., 18 ff., 45
Urheberrecht 142 ff.

Validität 16, 72
Variablen 66 f.
Verbundbibliothek 54 f.
Vergewisserungsfragen 76
Visualisieren 164 ff.
Vorlesung 19, 22
Vortrag 180 ff.
Vorverständnis 87
Vorwort 123

Wissenschaftliches Arbeiten 8 ff., 15 ff., 23 f.
Wissenschaftspropädeutisch 5, 8 ff., 15, 23 ff.
Wörterbuch 90, 134

Zeitplanung 35 ff.
Zeitschriftenartikel 79
Zeitungsarchiv 59
Zitieren 80, 136 ff.

Quellenverzeichnis

S. 8: Fotolia (Stephen Coburn)

S. 9: in Anlehnung an Kerstin Vonderau, in: Mitteilungen des Wirtschaftsphilologen Verbands Bayern e. V., Nr. 188, 1/2008, S. 19

S. 18: Jürgen Huhn, Technische Universität Dortmund

S. 23: Uli Knorr

S. 24: in Anlehnung an Bünting, Karl-Dieter u. a. Schreiben im Studium. Berlin: Cornelsen Scriptor 1996, S. 17 ff.

S. 27: Vorschläge des Staatsinstituts für Schulqualität und Bildungsforschung (ISB) zu den W-Seminaren aus der Multiplikatorenausbildung

S. 36/37: in Anlehnung an Kerstin Vonderau, in: Mitteilungen des Wirtschaftsphilologen Verbands Bayern e. V, Nr. 188, 1/2008, S. 20

S. 38: Uli Knorr

S. 40: in Anlehnung an Haller, Michael. Recherchieren. 6. Auflage. Konstanz: UVK 2004, S. 48

S. 43: Fotolia (DWP)

S. 52: Fotolia (Warren Rosenberg)

S. 57: Fotolia (Johan Kalen)

S. 60: Fotolia (Feng Yu)

S. 62: Deutsches Museum München

S. 67: in Anlehnung an Atteslander, Peter. Methoden der empirischen Sozialforschung. Berlin: Erich Schmidt Verlag 2008, S. 44

S. 68: Fotolia (khz)

S. 72: in Anlehnung an http://www.fragebogen.de/pretest.htm

S. 73: (Abb. 4.32) in Anlehnung an Klammer, Bernd. Empirische Sozialforschung: Eine Einführung für Kommunikationswissenschaftler und Journalisten. Stuttgart: UTB 2005, S. 171 ff.; (Abb. 4.34) Uli Knorr

S. 74: in Anlehnung an Klammer, Bernd. Empirische Sozialforschung: Eine Einführung für Kommunikationswissenschaftler und Journalisten. Stuttgart: UTB 2005, S. 51 f. und Dieckmann, Andreas. Empirische Sozialforschung. Reinbek: Rowohlt (Tb) 2007, S. 446 ff.

S. 76: in Anlehnung an Mieg, Harald A./Näf, Matthias. Experteninterviews. 2. Auflage. Zürich: Institut für Mensch-Umwelt-Systeme an der ETH Zürich 2005

S. 77: Fotolia (Ilain Smith)

S. 85: Uli Knorr

S. 87: nach Stangel, Werner. 19.06.2009. http://paedpsych.jk.uni-linz.ac.at/INTERNET/aRBEITSBLaETTERORD/LITERATURORD/Textinterpretation.html

S. 91: Statistisches Amt des Wirtschafts- und Sozialdepartements des Kantons Basel-Stadt: Wanderungsbefragung 2008, S. 2 (http://www.statistik.bs.ch/kannzahlen/wb08/befragung/Anhang1_ Grundauswertung.pdf, 19.06.2009)

S. 94: Uli Knorr

S. 94–97: Statistisches Amt des Wirtschafts- und Sozialdepartements des Kantons Basel-Stadt: Wanderungsbefragung 2008, S. 3 ff. (http://www.statistik.bs.ch/kannzahlen/wb08/befragung/Anhang1_ Grundauswertung.pdf, 19.06.2009) und Bevölkerungsbericht

Zürich 2007 (http://www.stadtzuerich.ch/internet/stez/ste/home/Befragungen/bevoelkerungsbefragung.ParagraphContainerList.ParagraphContainer1.ParagraphList.0009.File.pdf/BevoelkerungsbefragungZH2007.pdf, 19.06.2009) und Bayerisches Landesamt für Statistik und Datenverarbeitung

S. 99: Fotolia (Ilan Amith)

S. 100: in Anlehnung an Kolossa, Bernd. Methodentrainer. Berlin: Cornelsen Scriptor 2000, S. 90 f.

S. 101: Fotolia (Kurt Duchatschek)

S. 103: Zentrum für Wissenschaftliche Weiterbildung an der Universität Bielefeld (http://www.zww.uni-bielefeld.de/home/index,id,77.html, 19.06.2009)

S. 104: (Abb. 6.3) in Anlehnung an Goetz, Peter H. (http://www.fh-friedberg.de/users/goetz/moderat/Mod2.htm#2.1 %2, 19.06.2009) und Fotolia (Endostock); (Abb. 6.4) in Anlehnung an Goetz, Peter H. (http://www.fh-friedberg.de/users/goetz/moderat/Mod2.htm#2.1 %2, 19.06.2009)

S. 106: in Anlehnung an Hartmann, Martin u. a. Gekonnt moderieren. 3. Auflage. Weinheim und Basel: Beltz 2000, S. 48 (Whiteboard: © 2001-2008 SMART Technologies ULC. All rights reserved)

S. 107: Uli Knorr

S. 115: (Abb. 7.1) Uli Knorr, (Abb. 7.2) in Anlehnung an Esselborn-Krumbiegel, Helga. Von der Idee zum Text. Eine Anleitung zum wissenschaftlichen Schreiben. Stuttgart: UTB 2008, S. 100 f.

S. 116: (Abb. 7.3) Fotolia (Michael Kempf); (Abb. 7.4) in Anlehnung an Schardt, Friedel. Meinungen äußern, Ergebnisse präsentieren. Freising: Stark 2002, S. 59

S. 120: Kruse, Otto. Keine Angst vor dem leeren Blatt. Frankfurt am Main: Campus 2007, S. 66

S. 137: in Anlehnung an Schardt, Bettina/Schardt, Friedel. Referate und Facharbeiten für die Oberstufe. Freising: Stark 1999, S. 24

S. 143/144: www.diesachbearbeiterinnen.de

S. 145: (Abb. 1) Thomas a Kempis. Dat myrren bundeken (Universitäts- und Landesbibliothek Münster); (Abb. 2) in Anlehnung an Brenner, Gerd. Die Facharbeit. Berlin: Cornelsen 2002

S. 147: in Anlehnung an Schardt, Bettina/Schardt, Friedel. Referate und Facharbeiten für die Oberstufe. Freising: Stark 1999, S. 66 f.

S. 153: Fotolia (endo Stock)

S. 156: in Anlehnung an Barsch-Gollnau, Sigune u. a. Erfolgreich lernen – kompetent handeln. Bamberg: Buchners 2004

S. 157: in Anlehnung an Staatsinstitut für Schulqualität und Bildungsforschung (ISB). Die Seminare der gymnasialen Oberstufe. München 2008, S. 86

S. 158: Uli Knorr

S. 160: Carl von Lechten. Library of Congress. Prints and Photograph Division. Van Vechten Collection, reproduction number LC-USZ62-45522 DLC (b&w film copy neg.); Fotolia (Silke Wolff); Fotolia (Stephi)

S. 161: Fotolia (Pressmaster)

S. 163: Fotolia

S. 164: Akademie für Lehrerfortbildung und Personalführung. Pädogogik. Dillingen 1999, S. 137

S. 165:	in Anlehnung an Hoffmann, Klaus-Dieter. Moderieren und Präsentieren. Berlin: Cornelsen Scriptor 2004, S. 59
S. 170–175:	Fotolia; MEDIUM GmbH Düsseldorf
S. 176:	Uli Knorr
S. 178:	Fotolia
S. 181:	Fotolia